21世纪应用型本科系列教材·文化产业类

文化市场营销学

Wenhua Shichang Yingxiaoxue 第二版

赵泽润 蒋昀契 温 芳 编著

中山大学出版社

·广州·

版权所有　翻印必究

图书在版编目（CIP）数据

文化市场营销学/赵泽润，蒋昀契，温芳编著. —2版. —广州：中山大学出版社，2015.8

(21世纪应用型本科系列教材·文化产业类)

ISBN 978-7-306-05209-4

Ⅰ. 文… Ⅱ. ①赵… ②蒋… ③温… Ⅲ. ①文化市场—市场营销学—高等学校—教材 Ⅳ. ①G114

中国版本图书馆 CIP 数据核字（2015）第 041719 号

出 版 人：徐　劲
策划编辑：邹岚萍
责任编辑：赵　婷
封面设计：林绵华
责任校对：刘丽丽
责任技编：何雅涛
出版发行：中山大学出版社
电　　话：编辑部 020-84111996，84113349
　　　　　发行部 020-84111998，84111981，84111160
地　　址：广州市新港西路135号
邮　　编：510275　传　真：020-84036565
网　　址：http://www.zsup.com.cn　E-mail：zdcbs@mail.sysu.edu.cn
印 刷 者：广州市友盛彩印有限公司
规　　格：787mm×960mm　1/16　17.75 印张　360 千字
版次印次：2010年3月第1版　2015年8月第2版　2021年8月第12次印刷
印　　数：28001～31000册　定　价：35.00元

本书如发现因印装质量问题影响阅读，请与出版社发行部联系调换

第二版前言

《文化市场营销学》是 2009 年在中国传媒大学南广学院领导精心组织和安排下，由我与蒋昀契、许瑶二位同事编写的一本教材，主要使用对象为高等学校文化产业相关专业本科学生。自 2010 年 3 月出版以来，《文化市场营销学》先后在部分高校使用，得到了读者的认可。使用本教材的老师和同学在使用教材过程中提出了富有建设性的意见和看法，对我有很大的启发，我也都积极主动地与他们进行了沟通和交流。同时，也产生了把这些好的意见和看法纳入教材的想法。

随着近几年国际和国内文化产业的快速发展，文化市场营销理论和实践都有了新的突破。特别是随着新技术、新科学的出现，文化市场营销策略、手段和方法不断变化和出新，并成为文化产品和服务营销的重要基础。作为一本应用型教材，《文化市场营销学》理应与丰富多彩的文化市场营销实践保持一致，把新的市场营销理论、方法纳入书中，并提供给广大读者，让读者能够从中了解这些新的理论和方法，以更好地服务于文化市场营销活动。

同时，《文化市场营销学》中提供的大量数据和案例等也变得陈旧，无法起到科学地支撑相应营销理论和方法的作用，迫切需要进行更新和调整。

当然，促使我对《文化市场营销学》进行修订的一个重要原因是中山大学出版社邹岚萍老师的多次督促。邹岚萍老师始终关注《文化市场营销学》的出版和发行情况，多次与我联系、沟通，并在 2013 年向我提出了修订的建议。只是我由于忙于日常工作，没有充足的时间静下心来想这件事，更没有时间系统地思考该如何修订。之后，邹岚萍老师又多次打电话给我，督促我加紧修订，我才于 2014 年春天开始动手做修订的准备工作，并于 2014 年底完成修订。

第二版主要从以下几个方面进行了修订：

1. 力求吸收近来国内外文化产业、市场营销等学科和专业的理论研究和应用的相关新成果、新案例，有针对性地把这些实用成果融入第一版的内容之中，以求得第二版的内容能够体现出与时俱进的特点。同时，又保证第一版内容的相对稳定。

2. 对所有章节中的案例进行了系统的梳理，并根据文化市场营销理论所涉及的内容进行了修订，把第一版中内容较宏大、读者较难理解和把握的案例更换为更加具体、翔实的案例，把现在已经没有价值的案例更换为现在具有一定影响力和价值的新案例，只保留了少许具有一定价值的经典案例。

3. 更新了所有需要更新的数据。由于第一版所用的数据大多是 2009 年及之前的数据，距今已经超过 5 年时间，已经与如今文化产业快速发展的现实不相适应。因此，我们花费了较多的时间对第一版中所有的数据进行了分析，确定了需要修订的内容，并通过多种途径搜集相关数据，按照要求对数据进行了处理和分析并运用到第二版中。

本书的编写和修订得到了中国传媒大学、中国传媒大学南广学院多位专家和同事，中山大学出版社邹岚萍、赵婷二位老师，腾讯公司微信事业群党金先生，江苏英迈文化传媒有限公司刘慧媛女士，等等的大力支持，在此一并向他们表示感谢！

本书在编写与修订过程中借鉴了国内外文化产业和市场营销等领域的学者、专家的最新研究成果，除注明出处外，限于体例没有再一一说明。在此，谨向文化产业和市场营销学界的各位学者、专家表示感谢！同时，对于本次修订中各章节所引用的相关资料来源不再加注，敬请原谅！

由于我们水平所限，在修订《文化市场营销学》时无法准确取舍来自各方面的意见和建议，定然会存在一些不足之处，敬请各位学者、专家和广大读者给予批评和指正。

赵泽润
2015 年 2 月

目　　录

第一章　文化市场营销概论 ………………………………………………… 1
　　知识要点 …………………………………………………………………… 1
　　导入案例　改革开放以来的中国文化产业 …………………………… 1
　第一节　市场营销概述 …………………………………………………… 3
　第二节　文化市场营销相关理论 ………………………………………… 12
　第三节　文化市场营销学的内容及研究方法 …………………………… 15
　　本章小结 …………………………………………………………………… 18
　　资料链接　文化及相关产业分类（2012）……………………………… 19
　　思考与练习 ………………………………………………………………… 20

第二章　文化市场调研 ……………………………………………………… 21
　　知识要点 …………………………………………………………………… 21
　　导入案例　国内收视率调查市场的龙头老大——央视－索福瑞 …… 21
　第一节　文化市场调研概述 ……………………………………………… 23
　第二节　文化市场调研资料收集方法 …………………………………… 29
　第三节　文化市场调研报告撰写 ………………………………………… 39
　　本章小结 …………………………………………………………………… 41
　　资料链接　《电视收视率调查准则》 …………………………………… 41
　　思考与练习 ………………………………………………………………… 42

第三章　文化市场营销环境 ………………………………………………… 43
　　知识要点 …………………………………………………………………… 43
　　导入案例　南京市七家区级电视台联手谋发展 ……………………… 43
　第一节　文化市场营销环境概述 ………………………………………… 46
　第二节　文化市场营销宏观环境 ………………………………………… 48
　第三节　文化市场营销微观环境 ………………………………………… 58
　第四节　文化市场营销环境分析 ………………………………………… 63
　　本章小结 …………………………………………………………………… 67

　　　　资料链接　中国对动漫产业的政策支持 …………………………………… 67
　　　　思考与练习 ……………………………………………………………… 69

第四章　文化消费者分析 ………………………………………………… 70
　　　　知识要点 ………………………………………………………………… 70
　　　　导入案例　移动旅游需紧跟"80后"、"90后"消费习惯 …………… 70
　　第一节　文化消费者行为的影响因素 …………………………………… 72
　　第二节　文化消费者购买决策过程 ……………………………………… 80
　　第三节　文化消费者群体心理与行为 …………………………………… 83
　　　　本章小结 ………………………………………………………………… 86
　　　　资料链接　我国网民的网络应用 ……………………………………… 86
　　　　思考与练习 ……………………………………………………………… 91

第五章　文化市场分析 …………………………………………………… 92
　　　　知识要点 ………………………………………………………………… 92
　　　　导入案例　专业频率的成功开拓者——北京交通台 ………………… 92
　　第一节　文化市场细分 …………………………………………………… 94
　　第二节　文化企业确定目标市场的步骤与策略 ………………………… 100
　　第三节　文化市场定位 …………………………………………………… 104
　　　　本章小结 ………………………………………………………………… 109
　　　　资料链接　中国音乐产业 ……………………………………………… 109
　　　　思考与练习 ……………………………………………………………… 110

第六章　文化市场竞争及竞争战略 ……………………………………… 111
　　　　知识要点 ………………………………………………………………… 111
　　　　导入案例　旅游演艺市场突围之战从哪里入手 ……………………… 111
　　第一节　文化市场竞争 …………………………………………………… 113
　　第二节　文化市场竞争者 ………………………………………………… 120
　　第三节　文化企业基本竞争战略 ………………………………………… 124
　　第四节　市场定位与市场竞争定位战略 ………………………………… 127
　　　　本章小结 ………………………………………………………………… 133
　　　　资料链接　我国演出市场未来几年逐步步入转型升级轨道 ………… 134
　　　　思考与练习 ……………………………………………………………… 135

第七章　文化产品策略 ··· 136
知识要点 ··· 136
导入案例　迪士尼——将"快乐营销"进行到底 ··· 136
第一节　文化产品及其组合 ··· 138
第二节　文化产品生命周期 ··· 140
第三节　文化新产品开发 ··· 145
第四节　文化产品品牌和包装策略 ··· 149
本章小结 ··· 158
资料链接　文化标准化中长期发展规划（2007—2020） ··· 158
思考与练习 ··· 161

第八章　文化产品价格策略 ··· 162
知识要点 ··· 162
导入案例　中国报业最著名的四次价格战 ··· 162
第一节　文化产品价格 ··· 165
第二节　文化产品定价方法 ··· 170
第三节　文化产品定价策略 ··· 174
第四节　文化产品定价程序 ··· 178
本章小结 ··· 182
资料链接　图书定价的主要依据 ··· 182
思考与练习 ··· 184

第九章　文化产品分销策略 ··· 185
知识要点 ··· 185
导入案例　艺术品网上销售渐趋火热 ··· 185
第一节　文化市场分销渠道 ··· 187
第二节　文化市场分销渠道成员 ··· 195
第三节　文化市场分销渠道策略选择 ··· 199
本章小结 ··· 205
资料链接　中国特色的城市院线 ··· 205
思考与练习 ··· 206

第十章　文化产品促销策略 ··· 207
知识要点 ··· 207
导入案例　央视广告招标唱大戏 ··· 207

    第一节　促销与促销组合·· 209
    第二节　人员推销·· 213
    第三节　广告策略·· 217
    第四节　营业推广和公共关系·· 221
        本章小结··· 228
        资料链接　中国（深圳）国际文化产业博览交易会··············· 228
        思考与练习·· 231

第十一章　文化市场营销管理·· 232
    知识要点··· 232
    导入案例　英迈传媒借《梦想星搭档》，助力洋河塑造公益品牌
              形象·· 232
    第一节　文化市场营销战略·· 235
    第二节　文化市场营销组织·· 241
    第三节　文化市场营销管理·· 242
    第四节　文化市场营销计划与控制··································· 247
        本章小结··· 251
        资料链接　文化市场营销策划书·································· 252
        思考与练习·· 254

第十二章　文化产品的国际市场营销······································ 255
    知识要点··· 255
    导入案例　打好营销组合拳，推动文化企业"走出去"················ 255
    第一节　国际市场营销概述·· 257
    第二节　文化产品的国际市场营销环境······························ 258
    第三节　文化产品的国际市场营销策略······························ 264
        本章小结··· 271
        资料链接　国务院关于加快发展对外文化贸易的意见············· 271
        思考与练习·· 274

参考书目··· 275

第一章　文化市场营销概论

● **知识要点**

　　理解市场的含义及作用。
　　理解市场营销的基本内容及主要构成要素。
　　掌握市场营销观念的类型、基本含义和产生的背景。
　　理解文化的含义和特征。
　　掌握文化产业的含义及分类。
　　理解文化市场的含义及特点。
　　掌握文化市场营销的含义及完整过程。
　　掌握文化市场营销学的研究方法。
　　掌握文化市场营销学的基本内容和结构。

改革开放以来的中国文化产业

　　改革开放以来，在党和国家政策的大力支持下，我国文化市场规模不断扩大，推动了我国文化产业的快速发展，使我国的文化产业逐步成为最具活力的产业，也将逐步发展成为国民经济的支柱产业。

　　一、文化产业发展的整体环境，特别是政策环境越来越好，为文化产业的发展提供了极为有利的政策条件。近年来，国家相继出台了一系列与文化产业相配套的扶持政策、法规和文件，这些政策的实施对文化产业的发展起到了积极推动作用。

　　二、文化产业的总体水平不断上升，对国民经济的贡献值不断增加。文化产业日益成为市场经济条件下繁荣社会主义文化、满足人民群众精神文化需求的重要途径，文化产业对国民经济增长的贡献不断增大。国家统计局依据第三次全国经济普查资料，对 2013 年我国文化及相关产业（以下简称"文化产业"）的主要指标进行了测算，2013 年我国文化产业增加值为 21351 亿元，与 GDP 的比值为 3.63%。其中，文化产业法人单位增加值为 20081 亿元，比上年增加 2010 亿元，增长 11.1%，比同期 GDP 现价增速高 1 个百分点。① 自

---

① 国家统计局：《2013 年我国文化及相关产业增加值超 2 亿元》，2015 年 1 月 23 日发布。

2009年开始，年增长平均速度达到22.78%，远高于同期国内生产总值、第三产业的年增长速度。

三、文化市场结构逐步趋于合理和完整。经过30多年的发展，我国文化市场已经逐步形成了由广播电影电视、新闻出版发行、演出、音像、艺术品、网络游戏、动漫、新媒体市场等组成的统一、开放、竞争、有序的文化市场体系。一批具有民族特色、自主知识产权和原创性的知名文化品牌应运而生。

四、文化企业的数量不断增加，经营管理水平不断提高，一批有较强实力、竞争力、影响力和自主创新能力的大型文化企业和企业集团脱颖而出。到2013年年底，全国文化市场经营单位近24.3万个，从业人员145.18万人。全国共有出版社582家，音像制品出版单位370家，电子出版物出版单位273家，音像制品批发零售出租机构87137家，广播电台153家，电视台166家，广播电视台2207座，艺术表演团体8180个，演出经纪机构1024个，艺术品经营机构1112家，网吧13万多家，其他文化经营单位11783家。动漫企业共有587个，其中重点动漫企业43个。

2013年年底，全国共有8个国家级文化产业示范园区、6个国家级文化产业试验园区和268个国家文化产业示范基地。

五、文化产业自主创造水平不断提高，资本赢利率比较高，成为投资回报最好的行业之一。投资者发展文化产业的积极性日益高涨，大量资本和人力资源投入文化产业领域，一个以公有制为主体、多种所有制共同发展的文化产业新格局正在逐步形成，并将成为文化产业大发展的基础。由此会进一步推动文化产业领域的投资热，并使这种投资热情长期存在。2013年，全国共有77家文化企业在沪深两地资金市场上市，全国各类型的文化产业股权投资基金57只，募集资金规模超过1350亿元。

六、一批有实力的文化企业积极走向世界，开拓国际市场，推动了我国国际文化贸易的发展。经过多年的发展，我国部分文化企业及文化产品和服务具备了走向世界的实力。通过积极开拓国际市场，我国的文化产品国际贸易取得了显著的成绩。据商务部统计，2013年，我国文化产品进出口总额达274.1亿美元。其中出口251.3亿美元，是2006年的2.6倍。文化产品出口以视觉艺术品（工艺品等）、新型媒介（游戏机等）、印刷品、乐器为主。2013—2014年度国家文化出口重点企业和项目共有366家企业、123个项目。

文化产业的发展，将会推动文化资本、人才、产品和服务、市场等的进一步发展，最终会提升我国文化产业的整体实力，为社会主义精神文明和物质文明建设作出重要的贡献。

（赵泽润编写）

世界经济发展的历史说明，市场是国家和地区经济发展必不可少的一种手段。借助于市场，国家可以进一步合理而有效地配置资源，调节产品和服务的供求关系，为各类经济信息的传递提供广阔的平台，对各类市场主体进行客观而公正的评价，同时发挥优胜劣汰的功能，更好地促进和推动经济持续、高效发展。因此，研究市场、开发市场并促进市场的发展，就成为国家、地区和企业的重要任务。

第一节 市场营销概述

一、市场的界定

对于什么是市场，不同学科的观点是不一样的，总结起来有上百种之多，但总体来说，目前人们对市场的认识主要有三种观点。

（一）地理学观点

地理学观点认为，市场是交换商品的场所。这实质上是一个时空概念，体现了对传统市场的直观认识。此观点强调了市场的直接作用，即市场是一个特殊的场所，具有一定交换目的的人在这个特定的场所进行商品交换，以实现自己的交换目标。我国古代有"日中为市，致天下之民，聚天下之货，交易而退，各得其所"的记载（《易·系辞下》），就是对这种在一定时空条件下进行商品交易的市场的描述。

尽管随着科学技术的发展，商品交换的场所和空间已经发生了很大的变化，甚至有些商品交换行为并不需要交换双方直接见面就可以完成，但作为市场核心部分的场所，其作用仍然非常大，仍然是现代市场最重要的特征。现代商品、劳务的绝大多数交易行为还是在一定的场所内进行的。因此，作为交易场所的市场，仍然会在相当长的时间内得到人们的认可。

（二）经济学观点

经济学观点认为，市场是某种产品的供应者、购买者与交易者各种交易关系的总和，体现了参与交易活动各方的交换关系。从市场交易分析，参与市场商品和劳务交易的主要是买卖双方，同时，还包括为买卖双方提供各种服务的交易参与者。参与交易的各个主体虽然目的不一样，但相互之间存在着紧密的关系，并通过相互之间的关系完成交易活动。因此，市场经常表现为参加交易活动的相关利益群体之间复杂的经济关系。

(三) 市场学观点

市场学观点认为市场是由具有一定购买能力、对某种商品和服务具有特定的需求和欲望，并愿意而且能够通过交换来满足需求和欲望的所有现实和潜在消费者所组成的群体。

市场学观点认为，一个完整的市场应该包含三个主要因素：有某种需求和欲望的一群特定的人、具有满足这种需求和欲望的购买能力以及购买欲望。

因此，简单地说，市场＝人＋购买能力＋购买欲望。三个因素相互制约、缺一不可。

首先，一个具有吸引力的市场应该具备足够多的人口。人口很少，其需求量就相对较小，不可能成为很大的市场，因而对大多数供应方来说没有什么吸引力。只有人口较多，才可能成为一个有潜力的大市场。其次，市场上的人应该是具备一定购买能力的人。如果一个国家或地区虽然人口较多，但收入很低，购买力有限，则不能构成容量很大的市场。最后，一定规模的人口要有一定的购买欲望。如果没有购买欲望，就不会形成购买行为，也就不能产生市场。同时，如果产品不适合消费者的需要，不能引起消费者的购买欲望，对销售者来说，市场仍然不能成为现实的市场。

只有这三者结合起来才能构成现实的市场，才能决定市场的规模和容量，才会让为市场提供产品和服务的企业、经销商等产生兴趣，并为之服务。所以，市场是上述三个因素的统一。任何一个要素不存在或者不明显地存在，都无法形成现实的市场。

二、市场营销

(一) 市场营销的定义

从不同角度及发展的观点出发，人们对市场营销的认识是不一样的，对市场营销下的定义也多种多样。美国学者基恩·凯洛斯曾将各种市场营销的定义分为三类：一是将市场营销看作一种为消费者服务的理论，二是强调市场营销是对社会现象的一种认识，三是认为市场营销是通过销售渠道把生产企业同市场联系起来的过程。

有代表性的定义主要有以下几种：

20世纪著名的营销学大师、4P理论的创始人杰罗姆·麦卡锡认为，市场营销是企业经营活动的职责，它将产品及劳务从生产者直接引向消费者或使用者，以便满足顾客需求及实现公司利润；同时也是一种社会经济活动过程，其目的在于满足社会或人类需要，实现社会目标。

被誉为"现代营销学之父"的菲利普·科特勒认为，市场营销是个人和集体通过创造并同他人交换产品和价值以满足需求和欲望的一种社会和管理过程。

1985年，美国市场营销协会（AMA）对市场营销作出明确的界定：市场营销是对思想、产品及劳务进行设计、定价、促销及分销的计划和实施的过程，从而产生满足个人和组织目标的交换。

我国学者对市场营销的定义也有多种表述。中国人民大学郭国庆教授认为，市场营销既是一种组织职能，也是为了组织自身及利益相关者的利益而创造、传播、传递客户价值，管理客户关系的一系列过程。

（二）影响市场营销的因素

尽管人们对市场营销的认识不一，观点多种多样，但透过这些观点就会发现，市场营销更多地体现为一个活动过程。正确把握市场营销，必须对涉及这一过程的相关因素进行分析和研究。

总体来说，与市场营销相关的因素主要包括：

1. 需求和欲望。需求是市场营销中最重要的因素。需求是市场存在的前提，没有需求，就不会有市场。因此，企业必须高度重视对需求的研究，准确把握需求的类型、规模、水平和发展变化的方向和趋势。

对于需求，不同的学科有不同的观点。在心理学中，需求一般指人体内部存在的一种不平衡状态，是对维持发展生命所必需的客观条件的反应。经济学对需求的表述则更侧重于经济属性，认为需求是在一定的时期，在既定的价格水平下，消费者愿意并且能够购买的商品数量。在市场营销学中，需求变得更加具体，更多的是指人们有能力购买并愿意购买某个具体产品的欲望，实际上，表现为消费者对某特定产品及服务的需求。

欲望一般指人们欲获取某种能满足自己需要的商品和服务的愿望，更多地表现为一种心理活动过程，而不是一种行为过程。受个人条件、社会环境等因素的影响，欲望的表现形式是不一样的。当欲望较模糊、目标不明确时，欲望一般不会产生现实需求。只有当欲望较强烈，且目的明确时，欲望才能转化成为现实需求。

2. 产品和服务。产品和服务是企业根据市场需求生产和提供，以满足人们各种需求与欲望的各种形式的东西，包括实体产品、服务、场所、思想等。对于产品和服务来说，重要的并不是它们的形态、性能和对它们的占有，而是它们所能解决的人们因需求与欲望而产生的问题的能力。

3. 效用和价值。效用是指产品和服务满足人们欲望的能力。效用实际上是一个人的自我心理感受，是消费者对产品和服务的主观评价。产品和服务效用越大，表明这个产品和服务对消费者来说价值越大，消费者越愿意去购买和消费。价值是一个很复杂的概念，按照马克思政治经济学的观点，价值就是凝结在商品中无差别的人类劳动,即产品价值。消费者根据不同产品和服务满足其需要的能力,来决定这些产品的价值,并据此选择购买效用最大的产品。在对能够满足某一特定需要的一组产品进行选择时,人们所依据的标准是各种产品的效用和价值。

4. 交换和交易。产品和服务的效用与价值表明了其适合消费者需求的主观属性,是企业根据自己的主观意愿生产和提供给消费者的。效用与价值较高的产品并不总是能够被消费者购买和消费的。只有当人们决定通过交换来取得产品、满足自己的需要时,营销才会发生。所以,市场交换是保证产品从企业向消费者转移的基础,即市场营销的基础。交换是一种以某些东西从其他人手中换取所需要产品的完整行为。交换不仅是一种交易,而且是建立关系的过程。精明的市场推销人员总是试图与顾客、批发商、零售商以及供应商建立起长期互利、相互信任的关系。

5. **市场营销与市场营销者**。在交换双方中,如果一方比另一方更主动、更积极地寻求交换,我们就将前者称为**市场营销者**,将后者称为**潜在顾客**。换句话说,所谓市场营销者,是指希望从别人那里取得资源并愿意以某种有价值的东西作为交换的人。市场营销者可以是卖方,也可以是买方。当买卖双方都表现积极时,我们就把双方都称为市场营销者,并将这种情况称为相互市场营销。

三、市场营销观念

市场营销是企业实施的一种有意识的经营活动,是在一定经营思想指导下进行的活动。这种指导企业开展市场营销活动的经营思想被称为"营销管理哲学",或者叫"市场营销观念"。市场营销观念是企业在开展市场营销活动的过程中,处理企业、顾客和社会三者利益方面所持的态度和指导思想。市场营销观念对企业经营的成败兴衰具有决定性作用。

综观市场营销发展的历史,市场营销观念总是随着社会经济的发展和市场形势的变化而变化。一定阶段中社会经济和市场形势的变化,必然会促使企业改变自己的营销观念,因此,市场营销观念的类型也较多。

西方的市场营销观念自20世纪初开始出现,经过百年发展,现在已经产生了多种形式,其中具有代表性的观念主要有生产观念、产品观念、推销观念、市场营销观念和社会市场营销观念。

(一)生产观念

生产观念是最古老的市场营销观念之一,产生于20世纪20年代。生产观念不是从消费者需求出发,而是从企业生产出发,其主要表现是"我生产什么,就卖什么"。生产观念的前提是消费者只求"买得到"(解决供不应求问题）和"买得起"（解决购买力水平不高问题）商品。企业以生产为中心，强调生产的产品数量和成本。产量越大、成本越低，赢利就越多，因而企业的主要任务就是努力提高效率，降低成本，扩大生产。同时，企业应致力于提高分销效率、扩展市场。例如，美国皮尔斯堡面粉公司从1869年至20世纪20年代，一直运用生产观念指导企业的经营，当时提出的口号是"本公司旨在制造面粉"。美国汽车大王亨利·福特曾宣称："不管顾客需要什么颜色的汽车，我只有一种黑色的。"显然，生产观念是一种重生产、轻市场营销的商业哲学。

生产观念是在卖方市场条件下产生的。在资本主义工业化初期、第二次世界大战末期和"二战"后一段时期内，由于物资短缺，市场产品供不应求，市场处于供小于求的状态，企业只要能够生产出产品，就可以轻松地卖掉，并获得利润。因此，企业的工作重点不在销售，而在于如何生产出尽可能多的产品。所以，生产观念在企业经营管理中颇为流行。中国在计划经济体制下，由于市场产品短缺，企业不愁产品没有销路，在经营管理中也奉行生产观念，具体表现为：工业企业集中力量发展生产，轻视市场营销，实行以产定销；商业企业集中力量抓货源，工业企业生产什么就收购什么、生产多少就收购多少，也不重视市场营销。

除了物资短缺、产品供不应求外，有些企业在产品成本高的条件下，其市场营销管理也受生产观念支配。例如，亨利·福特在20世纪初期曾倾全力于汽车的大规模生产，努力降低成本，使消费者购买得起，借以提高福特汽车的市场占有率。

（二）产品观念

产品观念也是一种较早的企业经营观念。这种观念认为，消费者最喜欢高质量、多功能和具有某种特色的产品，企业应以产品质量为中心，致力于生产高质量产品，并不断加以改进；并认为质量越高，赢利就越多。

产品观念也产生于市场产品供不应求的卖方市场形势下，只是比生产观念迟些时候出现。在生产观念的指导下，产品的产量不断增加。市场上的供求矛盾有所缓解，消费者在能够买到产品的情况下，对产品的质量有所关注。因此，产品质量观念在一些企业出现，并指导企业注意把产品质量作为生产的重点。所以，产品观念是一种较之生产观念更为先进的观念。

但产品观念有时会给企业带来一些负面影响。最明显的影响是会让企业在开发和生产产品时，产生"市场营销近视"，即不适当地把注意力放在产品上，而不是放在市场需求上，在市场营销管理中缺乏远见，只看到自己的产品质量好，看不到市场需求在变化，致使企业经营陷入困境。

产品观念尽管是一种产生于卖方市场条件下的市场营销观念，但在现在的市场条件下对企业仍然有一定的指导作用。企业依据这一观念指导生产经营活动，就可以为市场生产出质量好的产品，更好地满足消费者的需要。

（三）推销观念

推销观念认为，消费者通常表现出一种购买惰性或抗衡心理，如果听之任之，那么消费者一般不会足量购买某一企业的产品。因此，企业必须积极推销和大力促销，以刺激消费者大量购买本企业的产品，表现为"我卖什么，顾客就买什么"。

推销观念产生于市场产品供不应求但供需矛盾很小的卖方市场形势下，比产品观念迟些时候出现。随着生产的不断发展，产品的产量不断增加。市场中的供求矛盾基本上得以解决，消费者不仅能够买到产品，还有了一定的选择余地，并对产品有了更多的要求。由于产品供应相对充足，消费者不会集中或者大量购买产品。企业产品在有些情况下会处于过剩状态，产品的利润无法保证。为了保证产品不过剩，企业必须重视销售，甚至派推销员对个别过剩产品进行推销。推销观念在一些企业出现，并指导企业强行推销产品，因此，推销观念是一种市场意识较先进的观念。

推销观念在现代市场经济条件下被大量用于推销非渴求物品，即购买者一般不会想到要去购买的产品或服务。许多企业在产品过剩时，也常常奉行推销观念。

推销观念产生于资本主义国家由卖方市场向买方市场过渡的阶段。在1920—1945年，由于科学技术的进步、科学管理和大规模生产的推广，产品产量迅速增加，市场产品逐渐出现了供过于求、卖主之间竞争激烈的新形势。尤其在1929—1933年的特大经济危机期间，大量产品销售不出去，迫使企业重视采用广告术与推销术去推销产品。许多企业家感到，即使有物美价廉的产品，也未必能卖得出去；企业要在日益激烈的市场竞争中求得生存和发展，就必须重视推销。例如，美国皮尔斯堡面粉公司在此经营观念导向下提出"本公司旨在推销面粉"。推销观念仍存在于当今的企业营销活动中，如对于顾客不愿购买的产品，往往采用强行推销手段。

这种观念虽然比前两种观念前进了一步，开始重视广告术及推销术，但其实质仍然是以生产为中心的。

上述三种观念由于是以生产为中心的，体现了传统经济条件下的企业经营观念，所以又被称为传统营销观念。

（四）市场营销观念

第二次世界大战后，随着企业生产规模不断扩大，市场上的产品总体上处于供大于求的状况。同时，广大消费者的收入迅速提高，有可能对产品进行选择，企业之间竞争加剧，企业不能再以生产为中心，坚持以生产指导销售，只能按照消费者的需求来决定自己的生产，才能求得生存和发展。因此，市场营销观念出现。市场营销观念是1957年由美国学者约翰·麦克金特立克等阐述的。企业以消费者需求为中心，强调发现和满足消费者的特定需求，奉行"顾客至上（Consumer is the King）"，强调市场营销的核心要素，即目标市场、消费需求、整合营销、赢利性（以需求的满足为前提）。

市场营销观念是一种以顾客需要和欲望为导向的经营观念，它把企业的生产经营活动看作一个不断满足顾客需要的过程，而不仅仅是制造或销售某种产品的过程。简言之，市场营销观念是"发现需要并设法满足它们"，而不是"制造产品并设法推销出去"；是"制造能够销售出去的产品"，而不是"推销已经生产出来的产品"。因此，"顾客至上"、"顾客是上帝"、"顾客永远是正确的"、"爱你的顾客而非产品"、"顾客才是企业的真正主人"等口号，成为现代企业家的座右铭。

市场营销观念是以满足顾客需求为出发点的营销观念，它强调"顾客需要什么，就生产什么"。市场营销观念认为，实现企业各项目标的关键，在于正确确定目标市场的需要和欲望，并且比竞争者更有效地传送目标市场所期望的产品或服务，进而比竞争者更有效地满足目标市场的需要和欲望。

市场营销观念的出现，使企业经营观念发生了根本性变化，也使市场营销学发生了一次革命。

市场营销观念的产生推动了企业的发展。香港迪士尼乐园是全球第五个以迪士尼乐园模式兴建、迪士尼全球的第十一个主题乐园，是首个以加州迪士尼（包括睡公主城堡）为蓝本的主题乐园。到访香港迪士尼乐园的游客将会暂时远离现实世界，走进缤纷的童话故事王国，感受神秘奇幻的未来国度以及惊险刺激的历险世界。迪士尼乐园成立之时便明确了它的目标：它的产品不是米老鼠、唐老鸭，而是欢乐。人们来到这里是享受欢乐的，乐园提供的全是欢乐。

香港迪士尼乐园占地126公顷，是全球面积最小的迪士尼乐园。但为了方便消费者，香港地铁设有专用铁路迪士尼线来往欣澳站及迪士尼站，这是全世界第二条来往迪士尼的铁路专线。为了吸引华人去游玩，香港迪士尼乐园主题曲《让奇妙飞翔》由香港迪士尼名誉大使张学友主唱，而乐园的官方沟通语言为英文及中文（普通话及粤语）。除了家喻户晓的迪士尼经典故事及游乐设施外，还配合香港的文化特色，构思一些专为香港而设的游乐设施、娱乐表演及巡游。在乐园内还可寻得迪士尼的卡通人物米奇老鼠、小熊维尼、花木兰、灰姑娘、睡美人等。

（五）社会市场营销观念

20世纪70年代，由于经济发展的不均衡，西方资本主义社会出现了能源短缺、通货膨胀、失业增加、环境污染严重等重要社会问题。同时，企业过度追求利润、弄虚作假等做法极大地侵害了消费者的利益。很多国家掀起了消费者保护运动的浪潮。在这种背景下，人们纷纷对单纯的市场营销观念提出怀疑和指责，认为市场营销观念没有真正被付诸实施，虽然某些企业真正实行了市场营销，但忽视了满足消费者个人需要同社会长远利益之间的矛盾，从而造成了资源大量浪费和环境污染等社会弊端。例如，洗衣粉满足了人们对清洗衣服的需要，却污染了河流，不利于鱼类生长；汽油作为主要能源，使人们得以驱车驰骋，但汽油的大量使用污染了空气，有害于人们的健康；举世闻名的软饮料可口可乐和麦当劳汉堡包等畅销商品，都曾受到美国消费者组织及环境保护组织的指责。针对这种情况，有些学者提出了一些新的观念来修正和代替单纯的市场营销观念，如"人类观念"、"理智消费观念"、"生态主宰观念"等等。菲利普·科特勒则认为，可代之以"社会市场营销观念"，这一提法现在已经为多数人所接受。

社会市场营销观念认为，企业的任务是确定各个目标市场的需要、欲望和利益，并以保护或提高消费者和社会福利的方式，比竞争者更有效、更有利地向目标市场提供能够满足消费者需要、欲望和利益的物品或服务。社会市场营销观念要求市场营销者在制定市场营销政策时，要统筹兼顾三方面的利益，即企业利润、消费者需要的满足和社会利益。这显然有别于单纯的市场营销：一是不仅要迎合消费者已有的需要和欲望，而且还要发掘潜在需要，兼顾长远利益；二是要考虑社会的整体利益。因此，不能只顾满足消费者眼前的生理上或心理上的某种需要，还必须考虑个人和社会的长远利益，兼顾社会公众利益，奉行"绿色营销"和"可持续发展"。

20世纪90年代以来，"绿色营销"即重视生态环境、减少污染或无污染、维护人类长远利益的营销，在许多国家方兴未艾，这也可看作社会市场营销观念的一种新的更高的体现。

上述五种企业经营观念的产生和存在都有其历史背景和必然性，都是与一定的环境条件相联系、相适应的。当前，在不同的生产和发展阶段及具体的环境条件下，企业为了求得生存和发展，必须树立与所处环境条件相一致、符合现代意识的营销观念，不能只简单地根据不同观念产生的时间顺序进行选择。实际上，现在企业的营销观念已经过综合，形成了在不同生产经营阶段和环节采用不同观念指导活动的综合观念。例如，在产品开发阶段，企业主要以消费者为中心设计和开发产品，体现出市场营销观念的作用；在生产阶段，许多企业仍然以产品观念为核心，保证向市场生产和提供高品质的产品和服务；在销售阶段，推销观念则一直是企业的重要观念，在实践中得到广泛运用；同时，绝大多数企业都会在生产经营过程中，坚守社会市场营销观念，统筹兼顾企业利润、消费者需要的满足和社会利益。

随着新技术、新产业等的不断出现，市场营销观念也不断出新，世界范围内先后出现了大市场营销观念、整合营销观念、网络营销观念、新媒体营销观念等，更进一步丰富了市场营销观念的内容，也在实践中起到了指导市场营销活动的作用。

四、顾客满意及其表现形式

通过满足需求来促进和保证顾客满意，最终实现包括利润在内的企业目标，是现代市场营销的基本精神。顾客是否满意，取决于其实际感受到的绩效与期望的差异，是顾客的一种主观感受状态，是顾客对企业产品和服务满足需要程度的体验和综合评估，也是顾客再次消费同一产品的基础，更是影响其他顾客购买的要素。使顾客满意，是企业赢得顾客、占领和扩大市场、提高效益的关键。

（一）顾客满意度

顾客满意度的大小主要通过顾客让渡价值来表现。顾客让渡价值是指顾客在消费产品与服务时所得到的总价值与其支付的总成本之间的差额。

1. 顾客总价值。指顾客购买某一产品与服务时所期望获得的一组利益，主要包括：

（1）产品价值。指由产品的功能、特性、品质、品种、式样等所产生的价值。

（2）服务价值。指伴随文化产品的出售，企业向顾客提供的各种附加服务。

（3）人员价值。指员工的经营思想、知识水平、业务能力、工作效益与质量、经营作风、应变能力等所产生的价值。

（4）形象价值。指企业及产品在社会公众中形成的总体形象所产生的价值。

2. 顾客总成本。指顾客在购买某种产品或接受某种服务时的总支出，主要由以下成本构成：

（1）货币成本。指顾客获取产品和服务时的货币支出。货币成本是一种显性成本，可以直接表现出来，消费者也可以通过与其他类似产品的货币成本进行对比，掌握产品成本的大小。

（2）时间成本。指顾客获取产品和服务时付出的时间。时间成本是一种隐性成本，无法通过货币表现出来，也没有衡量标准，但对消费者却有一定的限定作用。

（3）精神成本与体力成本。指顾客购买产品和服务时，在精神和体力方面的耗费与支出。这是一种隐性成本，无法通过货币表现出来，没有衡量标准，对消费者的消费行为影响较大。

（二）顾客满意的表现形式

顾客满意度的大小可以直接通过顾客让渡价值来体现。消费者在购买过程中，首选顾客让渡价值最大的商品或服务。因此，企业在以顾客让渡价值为理念开展市场营销工作的过程中，应当注意以下几点：

1. 顾客是把购买总价值和总成本的各个要素作为整体看待的，其中的某一项价值最大或成本最低不一定能吸引顾客。

2. 顾客让渡价值的大小受顾客总价值和顾客总成本两个因素的影响，因此，必须从两个方面努力，以增加顾客让渡价值。

3. 不同顾客对顾客总价值和总成本中各因素的重视程度不同，不同时期顾客对产品价值的要求也不一样。

4. 追求顾客让渡价值最大化会导致企业成本增加、利润减少。

第二节　文化市场营销相关理论

随着我国改革开放进程的不断加快，文化产业得到了快速发展。党的"十八大"报告提出，文化实力和竞争力是国家富强、民族振兴的重要标志；要推动文化产业快速发展，到2020年全面建成小康社会，使文化产业成为国民经济支柱性产业；中华文化"走出去"迈出更大步伐，社会主义文化强国建设基础更加坚实；要坚持把社会效益放在首位、社会效益和经济效益相统一，推动文化事业全面繁荣、文化产业快速发展；促进文化和科技融合，发展新型文化业态，提高文化产业规模化、集约化、专业化水平，全面推进文化产业的发展。

有中国特色的社会主义文化迎来历史性的发展机遇，要努力发展我国的文化产业，推动新世纪我国各项文化事业的繁荣发展，推进我国社会主义精神文明和物质文明建设，不断满足人民群众日益增长的文化需求。

一、文化市场及其特点

市场是商品生产者、经营者、消费者三者之间进行经济交易的场所，是商品交易和流通的场所。文化市场就是进行文化商品交易和流通的场所，即文化产品和文化娱乐服务活动以商品形式在流通领域进行交易的场所。列宁指出："哪里有社会分工和商品生产，哪里就有'市场'，社会分工和商品生产发展到什么程度,'市场'就发展到什么程度。"①

(一) 文化市场的兴起

文化产业的基础是市场,没有一个发育完备的文化市场,文化产业的发展就缺乏必要的生存基础。从这个意义上说,大力建设和发展文化市场就成为促进文化产业发展的必要前提。党的十一届三中全会以来,随着改革开放和社会经济的发展,城乡人民物质生活水平得到了显著提高,精神状态、生产方式、消费观念均发生了深刻的变化,人们富而思文、思乐,求新、求美,对文化生活提出了从内容到形式的新要求,正是在这种社会历史背景和群众基础的外部环境与大众的需求和消费热情的相互作用下,我国当代文化市场便逐步形成并发展了起来。

从总体上看,经过30多年的不断发展,我国文化市场已经发展成为以大中城市及经济较发达地区的城镇为中心,向周围区域及广阔农村辐射的格局,以及国家、集体、个人、社会合力,企业同院团挂钩,民办公助等多层次、多形式、多体制的经营格局。一个门类比较齐全、文化消费群体众多的综合型文化市场体系已初步形成。

(二) 文化市场的定义及其特点

与物质商品市场相比较,文化市场的含义也多种多样。从地理学角度看,文化市场是以文化产品和服务为交换对象的场所,具有意识形态和商品的两重性,是特种市场。从市场学角度看,文化市场是具有一定文化产品和服务购买欲望、购买能力的消费者群体。从社会学角度看,我国的文化市场是社会主义市场体系的重要组成部分,是社会主义精神文明建设的重要阵地。

文化产品的双重属性决定了文化市场与一般市场相比,具有明显的特殊性。文化产品既是物质形态的产品,又更多地表现在精神层面上,更多地表现为思想、艺术内容。除了能满足广大人民群众娱乐、享受需求的功能外,更具有思想道德和政治导向的功能。文化市场的特点表现为:

1. 参与交易的主体具有复杂性。与一般物质商品满足消费需求的特点不同,文化产品具有更复杂的功能和作用。因此,参与交易的主体购买文化产品的目的是多样化的。一般情况下,参与文化市场交易的主体既包括消费者个体,也包括消费群体,还包括政府相关部门、相关社会团体等。交易主体多样和复杂的原因主要由文化产品本身的复杂性所决定。

2. 市场交易以精神产品为主,物质产品为辅。与一般物质产品市场以物质产品交易为主不同,文化市场交易的内容更多以精神产品为主,文化企业更

---

① 《列宁全集》第1卷,人民出版社1984年版,第79页。

多地从满足人们的精神需求出发，向市场提供精神产品。因此，文化市场上的交易产品也以精神产品为主。新闻、出版、广播、电视、电影服务、网络、文化艺术等主要文化行业，大多以向市场提供精神产品为主。即使向市场提供物质产品，物质产品的主要功能也是精神产品的载体，是承载着精神内容的物质产品。失去了精神内容，物质产品也就没有了交易的价值。例如，读者购买报纸的主要目的是通过读报及时获得信息，如果报纸没有新的信息，读者一般不会购买。

3. 市场交易过程一般不发生所有权转移，更多的是使用权的交易。物质产品的交易过程一般都是产品所有权与使用权同时交易的过程，而许多文化产品的交易过程则存在着所有权与使用权分离的状况。许多文化企业在文化市场上交易的只是文化产品的使用权，而没有交易所有权。这种特征在许多文化领域都广泛存在。如图书出版社在销售图书的同时保留图书的版权，演出公司举办演出的同时保留演出剧目的所有权，电视剧制作公司卖给电视台的电视剧也大多是播放权，而将所有权控制在自己手里。

4. 市场竞争主体多，竞争激烈。从表面上看，文化市场形成的时间不长，参与市场的企业不多，竞争不激烈。但纵观世界文化企业发展的历史就会发现，文化市场的形成和发展历史不长，但文化企业自产生到成长到成熟的历史却超过百年。一大批百年"老字号"文化企业已经积累了丰富的市场经营和竞争经验，并在具体的行业和领域形成了非常明显的优势，甚至在一定程度上垄断了该行业的市场。法国著名影评人克洛德·卡利说："一些国家，再也不能讲述自己的故事了，他们的市场九成被并不反映他们生活的美国形象所占领。"几个超大型综合媒体公司——康卡斯特公司、21世纪福克斯公司、时代华纳、新闻集团、迪士尼集团、威卡姆集团、贝塔斯曼集团等已经成为文化产业的全球性垄断寡头。我国国内文化市场由于各种原因，竞争也非常激烈。许多传统的文化行业尽管仍然在发展，但竞争已经非常激烈，部分实力不强的中小型企业已经面临倒闭。

二、文化市场营销活动

文化市场作为一种经济形态，最终要依靠市场需求和自身的活力在市场经济中生存。文化企业要在市场经济中存在和发展，必须立足于文化市场，通过提供符合市场需求的产品和服务，在满足消费者需求的同时，实现自己的生产经营目标，并不断发展壮大。因此，市场营销成为文化企业生存和发展的重要保证。

文化市场营销是指文化企业站在卖方的立场上，根据营销环境的变化，通过变潜在交换为现实交换，满足消费者的需要，为实现企业任务与目标所进行的与市场有关的一系列管理活动与业务活动的过程。

作为一个完整的过程，文化企业市场营销活动的具体内容很多。从生产经营的阶段性特征划分，文化市场营销过程包括三个相互联系的阶段，即文化企业在产品生产过程开始之前进行的产前活动、在流通领域内进行的产中活动以及在流通过程结束后进行的售后活动。其中，产前活动主要包括市场调查、市场分析、目标市场选择、市场定位、产品决策、产品设计与开发等工作，产中活动主要是产品研究、产品开发、产品生产和产品定价等工作，售后活动主要包括销售渠道选择、产品储运、产品销售、售后服务、公关工作、信息收集和反馈等工作。

第三节 文化市场营销学的内容及研究方法

市场营销学是一门建立在经济学、行为科学、现代管理学、社会学和计量学等学科基础之上，站在卖方立场上研究买方（消费者），并满足其需要，即研究卖方（企业）如何通过整体市场营销活动，适应并满足买方的需求，以实现经营目标的一门学科。

市场营销学最早产生于20世纪初的美国，到了30年代开始由院校式研究走向社会，并加以应用和推广。20世纪50年代以前的市场营销学被称为传统市场营销学，50年代以后的市场营销学在概念、原理、结构等方面发生了重要变化，形成了现代市场营销学。

一、市场营销学的发展历史

19世纪末20世纪初，美国开始从自由资本主义向垄断资本主义过渡，社会环境发生了深刻的变化。工业生产飞速发展，专业化程度日益提高。人口急剧增长，个人收入上升，日益扩大的新市场为创新提供了良好的机会，人们对市场的态度开始发生变化。所有这些变化因素都有力地促进了市场营销思想的产生和市场营销理论的发展。

市场营销学的发展分为四个阶段。

第一阶段：初创阶段。市场营销学于19世纪末到20世纪20年代在美国创立，源于工业的发展。这时的市场营销学研究的范围很窄，只是研究广告和商业网点的设置，并在伊利诺等州的大学开设相关课程。原有的美国广告协会改名为"全美广告学与市场营销学教员协会"，给市场营销学的研究提供组织保证。这时，市场营销学的研究重点是推销术和广告术，现代市场营销的理论、概念、原则还没有出现；同时，研究活动基本上局限于大学，还没有得到社会和企业界的重视。

第二阶段：应用阶段。20世纪20年代至"二战"结束为应用阶段。此时市场营销学已经初具规模，美国国内企业开始大规模运用市场营销学来运营企业、打开海外市场，欧洲国家也纷纷效仿。1931年美国市场营销协会成立，宣讲市场营销学，并于1937年与全美广告学与市场营销学教员协会合并，广泛吸收学术界与企业界人士参加，市场营销学开始从大学讲台走向社会。此阶段，市场营销学的发展主要表现在应用上。1929年资本主义世界爆发了空前的经济危机，经济出现大萧条、大萎缩，社会购买力急剧下降，市场问题空前尖锐。危机对整个资本主义经济打击很大。在这个阶段，市场营销学的研究出现了新的特征：①在更深和更广的基础上研究推销术和广告术，并致力于推销术和广告术的运用；②研究有利于推销的企业组织机构的设置；③市场营销理论研究开始走向社会，被广大企业界重视。

第三阶段：发展时期。20世纪50—80年代为市场营销学的发展阶段。"二战"后，科学技术的发展促进了社会生产力的大幅度提升，而与此相对应的居民消费水平却没有得到多大的提升，市场开始出现供过于求的状态。此时，美国市场营销学专家W.奥尔德逊与R.科克斯提出"广义的市场营销学，是促进生产者与消费者进行潜在商品或劳务交易的任何活动"。此观点使营销开始步入全新的阶段。原先认为市场是生产过程的终点，现在认为市场是生产过程的起点；原先认为市场营销就是推销产品，现在认为市场营销是通过调查了解消费者的需求和欲望，而生产符合消费者的需求和欲望的商品或服务，进而满足消费者的需求和欲望。从而使市场营销学摆脱企业框架而进入社会视野，并有明显的管理导向。

第四阶段：成熟阶段。20世纪80年代至今，为市场营销学的成熟阶段。市场经营学在不断探讨自身理论体系的基础上，不断借鉴其他学科的知识和技能，如借用经济学、管理学、数学、统计学、心理学等学科的理论，丰富和完善自己的理论，开始形成自身的理论体系。同时，经济全球化的浪潮也使得市场营销学开始实现国际化。市场化进程早的国家及企业为市场营销学增添了新的内容。市场营销学开始进入现代营销领域，面貌焕然一新，进入了一个科学化、艺术化和综合化的时代。

二、文化市场营销学的基本内容

文化市场营销学是站在文化企业的立场上，以满足文化消费者的需求为出发点，以文化产品市场营销活动和过程为主要内容，研究文化企业如何把文化产品和服务有效地送达给文化消费者的应用型学科。每门学科都有自己独特的研究对象，否则，它就不能作为一门独立的学科而存在。研究对象关系到一门学科的研究领域、基本内容和发展方向。文化市场营销学是一门研究文化企业如何在激烈的市场竞争中求生存、求发展的学科，也是一门研究文化企业如何更好地满足文化消费者或用户的需要与欲望的学科。具体来讲，文化市场营销学着重研究买方市场条件下卖方（文化企业）的市场营销管理问题，即着重研究卖方（文化企业）在激烈竞争和不断变化的市场营销环境中，如何识别、分析、评价、选择和利用市场机会，如何满足其目标顾客的需要、提高企业经营效益、求得长期生存和发展。

任何一门学科的研究内容都是由该学科的研究对象确定的。尽管不同的专家学者对文化市场学科的理解及其著作的内容体系有所不同，但是从总体上看，文化市场营销学的基本内容主要分为以下三部分：

1. 文化市场营销理论。这是文化市场营销学的理论成果，主要包括文化市场营销观念、环境与市场分析、市场细分、目标市场、消费者需求研究和购买行为等。这部分内容主要研究文化企业与市场的关系，分析市场营销环境，研究文化消费者需求和购买行为，进而研究文化企业如何面对环境变化所带来的机会或威胁，制定企业的发展战略和市场营销战略，研究企业进行市场细分和目标市场选择的理论和方法。这部分内容是文化市场营销学理论的基础部分，阐述文化市场营销学的基本原理和基本思路。

2. 文化市场营销实务。文化市场营销学是一门应用型学科，是建立在市场营销实践基础之上，为文化企业市场营销活动服务的学科。因此，围绕市场营销活动的一切实务性战略、战术及技能都是文化企业市场营销学研究的重点。根据文化企业市场营销活动所涉及的内容与环节，文化市场营销实务主要包括营销战略的制定与执行、营销战术的制定与运用两个方面。其中，营销战略主要包括目标市场战略和市场营销组合战略两个方面；而营销战术则涉及文化产品从生产到消费的各个环节，具体包括市场调研、产品开发与生产、产品定价、产品促销、产品流通渠道等方面。

3. 文化市场营销管理。文化企业的市场营销工作是决定文化企业生产经营成败的非常重要的环节，文化企业必须高度重视。但在营销活动之外，对文化企业的生存与发展起作用的还有其他诸如产品生产、原材料供应和人力资源管理等工作。同时，市场营销活动本身是一个完整的过程，由许多环节组成，参与市场营销活动的部门和人员较多。要想完成营销任务，就需要对涉及的部门和个人以及所有环节进行综合的计划、控制和协调。只有从文化企业的整体高度出发，把市场营销工作作为企业生产经营的一个重要环节而不是全部工作的重点，并处理好营销活动与其他生产经营活动、营销活动内部各项活动和环节之间的关系，才能真正发挥文化企业的全部力量，确保营销活动的每个环节都能按照要求顺利展开。因此，做好营销管理工作，是文化企业的重要任务。

文化企业的市场营销管理工作包括两个方面：一是宏观管理，主要包括文化企业营销战略制定、文化企业营销组织建设；二是微观管理，其实质是需求管理，具体表现为营销过程和环节的管理。

三、文化市场营销学的研究方法

20世纪以来，从不同的需要出发，人们从不同层次和角度对文化企业的市场营销活动开展研究，形成了许多市场营销学的研究方法，概括起来主要有四种。

1. 产品研究法。即对各类文化产品或各种产品的市场营销分别进行分析研究的方法，如广播电视市场营销、演出市场营销、会展市场营销等。这种研究方法针对的是不同文化产品的市场营销特征，研究问题具体深入，特点突出，由此产生了各种专业文化市场营销学，如电影票房营销、文化艺术市场营销等。文化企业人员往往采用这种方法指导本企业的市场营销活动。

2. 组织研究法。即分析和研究文化营销渠道系统中各个环节和各种类型的营销机构（如大小厂商、代理商、批发商、零售商以及各种辅助机构）的发展变化以及作用的方法，如研究文化事业体制改革中，文化事业单位的改革、事业单位企业化改革的过程等。

3. 功能研究法。即分析文化企业市场营销活动过程中的每一个环节的规律、特点及运行等的方法。具体包括研究文化企业生产要素的供应、产品生产、销售、产品流通、促销等各种市场营销职能和执行这些职能的过程中所遇到的问题，探讨市场营销问题。这种方法主要是研究各个营销环节的活动和不同的产品市场如何执行这些职能。

4. 管理研究法。即以文化企业的整体经营目标为基础，从管理决策的角度来研究市场营销的方法。实践证明，尽管市场营销工作是决定文化企业成败的重要工作，但并非唯一的因素。从文化企业整体的发展规律看，影响文化企业生存和发展的因素可以分为两大类，一类是企业不可控因素，即外部宏观和微观因素；另一类是文化企业内部因素，即文化企业的生产经营活动。同时，生产经营活动的其他环节（如投资、技术、人事等）对文化企业的发展的影响也非常大。这就要求文化企业管理者必须充分理顺企业内外关系和企业内部生产经营各环节之间的关系，从全局出发，处理好市场营销与其他生产经营工作之间的关系，保证实现企业的整体目标。

管理研究法综合了产品研究法、组织研究法等研究方法的优点，对市场营销分析、计划、组织、执行和控制等工作进行研究，并制订出科学的工作程序和内容，确保文化企业生产经营整体活动按照战略计划开展。

本章小结

我国文化产业的快速发展，推动了我国文化市场的形成和扩大。研究文化市场，掌握其发展变化的规律，已经成为相关行业和从业人员的重要任务。

本章从两个方面入手研究市场：一方面，从一般市场学发展历史起程研究市场，在剖析市场概念、构成要素的基础上，对市场营销的基本理论、基本观点作了较全面的论述，其中，对市场营销观念的形成和发展作了较具体的分析；另一方面，对于文化市场及其特点进行了全面的分析和表述。同时，较全面地介绍了文化市场营销。为了让读者能够更加科学地学习和掌握文化市场营销学的理论，第三节还单独介绍了文化市场营销学的内容及研究方法，以便读者从中找到学习和研究文化市场营销学的方法、技巧。

资料链接 >>>

文化及相关产业分类（2012）

一、目的和作用

（一）为深入贯彻落实党的十七届六中全会关于深化文化体制改革、推动社会主义文化大发展大繁荣的精神，建立科学可行的文化及相关产业统计制度，制定本分类。

（二）本分类为界定我国文化及相关单位的生产活动提供依据，为当前的社会主义文化建设、文化宏观管理提供参考，为文化及相关产业统计提供统一的定义和范围。

二、定义和范围

（一）定义

本分类规定的文化及相关产业是指为社会公众提供文化产品和文化相关产品的生产活动的集合。

（二）范围

根据以上定义，我国文化及相关产业的范围包括：

1. 以文化为核心内容，为直接满足人们的精神需要而进行的创作、制造、传播、展示等文化产品（包括货物和服务）的生产活动；

2. 为实现文化产品生产所必需的辅助生产活动；

3. 作为文化产品实物载体或制作（使用、传播、展示）工具的文化用品的生产活动（包括制造和销售）；

4. 为实现文化产品生产所需专用设备的生产活动（包括制造和销售）。

三、分类原则

（一）以《国民经济行业分类》为基础

本分类以《国民经济行业分类》（GB/T 4754—2011）为基础，根据文化及相关单位生产活动的特点，将行业分类中相关的类别重新组合，是《国民经济行业分类》的派生分类。

（二）兼顾部门管理需要和可操作性

根据我国文化体制改革和发展的实际，本分类在考虑文化生产活动特点的同时，兼顾政府部门管理的需要；立足于现行的统计制度和方法，充分考虑分类的可操作性。

（三）与国际分类标准相衔接

本分类借鉴了联合国教科文组织的《文化统计框架·2009》的分类方法，在定义和覆盖范围上可与其衔接。

四、分类方法

本分类依据上述分类原则，将文化及相关产业分为五层。

第一层包括文化产品的生产、文化相关产品的生产两部分，用"第一部分"、"第二部分"表示；

第二层根据管理需要和文化生产活动的自身特点分为 10 个大类，用"一"、"二"……"十"表示；

第三层依照文化生产活动的相近性分为 50 个中类，在每个大类下分别用"（一）"、"（二）"、"（三）"……表示；

第四层共有 120 个小类，是文化及相关产业的具体活动类别，直接用《国民经济行业分类》（GB/T 4754—2011）相对应行业小类的名称和代码表示。对于含有部分文化生产活动的小类，在其名称后用"＊"标出。

第五层为带"＊"小类下设置的延伸层。通过在类别名称前加"—"表示，不设代码和顺序号，其包含的活动内容在表 2 中加以说明。

五、文化及相关产业分类表（略）

（节选自中华人民共和国统计局官方网站，发布时间：2012 年 7 月 31 日）

思考与练习

1. 如何全面理解市场的含义？
2. 如何理解市场营销与经济发展的关系？
3. 文化市场的发展基础是什么？
4. 文化市场的内涵主要包括几个方面？
5. 如何理解文化产业与文化市场的关系？

第二章　文化市场调研

● **知识要点**

了解市场调研的类型及作用。

理解文化市场调研的基本内容及主要程序。

掌握文化市场调研方案的设计。

掌握文化市场调研的资料收集方法及抽样技术。

理解文化市场调研报告撰写的基本原则及主要内容。

国内收视率调查市场的龙头老大——央视－索福瑞

央视－索福瑞媒介研究有限公司（CVSC-SOFRES MEDIA，简称CSM，以下简称"央视－索福瑞"）是央视市场研究股份有限公司（CTR）与坎塔媒体（Kantar Media）集团共同建立的合资公司，于1997年12月4日在北京注册成立。公司致力于专业的电视收视和广播收听市场研究，为中国内地和香港地区传媒行业提供可靠的、不间断的视听调查服务。

央视－索福瑞拥有的收视率调查系统具有健全的组织结构、科学严密的管理制度、不断扩大的调查对象、先进可靠的技术设备和最优秀的分析服务软件。经过多年的运营，央视－索福瑞已成为中国规模最大、最具权威的收视率调查专业公司。2000年3月，央视－索福瑞已通过了通标标准技术服务有限公司（SGS）的ISO 9002国际质量体系的审核，这标志着央视－索福瑞的质量保证体系已获得国际认可，成为中国境内调查业中首家通过ISO 9000标准的企业。

央视－索福瑞根据国内外客户的不同需求，结合客户自身特点，利用其媒体品牌优势，引进TNS集团先进的研究手段，通过定性和定量的测量方法——包括案头研究、小组座谈会、深度访谈、电话调查、街头拦截访问和入户调查等多种形式，为政府监管机构，全国各级电视台、电台，国内外广告主、广告公司以及相关机构提供与媒体相关的深度研究和相应的各种咨询服务。

近年来，除了在电视领域研究上取得长足发展之外，央视－索福瑞在广播收听率调查、体育与媒介研究、新媒介研究、媒体专项调研等诸多方面同样取得了突破性进展。基于丰富的研究经验和敏锐的市场视角,央视-索福瑞出版发布了"中国传媒系列报告",为业界研究提供了不可或缺的参考文献。

央视-索福瑞的市场领域主要包括:

1. 电视收视率调查。央视-索福瑞是国内最大、最权威的生产收视率数据的专业媒介公司。央视-索福瑞建立起中国乃至全球范围内规模最大的多层次、多方式的电视观众调查网络,覆盖6.11万余户样本家庭。电视收视率调查网络所提供的数据可推及中国内地超过12.7亿和香港地区640万的电视人口。截至2014年11月,央视-索福瑞已建立起174个提供独立数据的收视率调查网络(1个全国网,25个省级网,以及包括香港在内的147个城市网),对1200个电视频道的收视情况进行全天不间断调查。央视-索福瑞采用日记卡、测量仪收集电视收视数据,并对收视数据进行处理,最终产生各种收视率数据。

2. 广播收听率调查。央视-索福瑞是国内广播收听率调查的领跑者。2000年,央视-索福瑞率先在国内进行收听率调查测试,2002年开始常规扫描式收听率调查。央视-索福瑞采用电话法、日记卡法和便携式人员测量仪(PPM)三种方法,采集广播收听率数据,并通过三个环节,最终产生各种收听率数据,为广大客户提供了不同市场、不同时段、不同目标观众的全方位数据服务。央视-索福瑞已在全国36个重点城市及3个省开展收听率调查业务,对449个广播频率进行收听率调查。广播收听率调查的数据则可推及全国超过1.43亿的广播人口。

3. 体育与媒介研究。2002年,央视-索福瑞成立体育与媒介研究部门(TNS Sport China,现更名Kantar Sport China),为中国体育与赞助市场提供全方位的评估服务。成立至今,体育赞助评估服务几乎涵盖了中国甚至亚洲所有的知名赛事,成为中国体育研究行业的先锋和权威。

索福瑞体育研究以体育赛事测量、体育赞助评估和连续性体育调查监测三个关键点为核心,通过消费者分析和媒介分析,全方位地为客户提供整合解决方案。体育赛事测量内容主要包括目标观众规模、观众构成、忠诚度和理解力等。体育赞助评估内容主要包括赞助品牌表现、目标消费者影响力、赞助投资回报率等研究。除个案服务以外,索福瑞体育研究还提供有关中国体育市场的连续性研究监测。

4. 新媒介研究。2002年,在新媒体还是新兴事物时,央视-索福瑞已经开始对新媒体进行前瞻性的探索研究。之后,新媒体在规模、影响力和重要性各方面得以成长,央视-索福瑞在新媒体方面的研究也随之逐步加强。

目前,央视-索福瑞正专注数字电视/IPTV回路数据、多媒体收视行为测量、电视与网络口碑、电视与消费行为等新媒体内容研究。

除此之外，央视－索福瑞还从事包括基础研究和基础研究搭车调查项目在内的专项研究，并通过《收视中国》、《收听研究》、《聚焦受众》和《电视剧市场信息快递》等多种电子杂志向公众提供研究成果。

目前，央视－索福瑞已经成为中国最权威的电视收视率数据提供商，并将继续致力于为包括内容制作、内容经营、内容传输和广告经营在内的传媒产业各产业环节，提供公正、透明、及时、准确的数据服务，为中国传媒市场的发展贡献自己的力量。

（赵泽润改编自央视－索福瑞媒介研究有限公司网站提供的资料）

文化企业开展市场营销活动，首先需要对市场有科学、全面的了解和把握。文化企业不仅要从定性的角度分析研究市场，更要从定量的角度去准确确定文化市场的静态和动态状况，并把这种状况通过需求等一系列指标表现出来，为企业开展市场营销活动提供决策依据。准确把握这些状况的主要办法就是开展市场调研活动。文化企业通过开展调研活动，可以获得市场营销决策所需要的各种信息，为准确决策提供基本的前提和保证。

第一节　文化市场调研概述

文化市场调研是文化企业在开展市场营销整个过程中经常进行的一项工作，对企业正确分析和把握市场机会、开展市场营销活动以及做好营销控制工作有着十分重要的意义。

一、文化市场调研的内容

市场调研是在现代营销观念指导下，运用科学的调研方法与手段，有目的、系统地搜集、记录、整理和分析市场的各种基本状况及其影响因素，了解市场的现状及其发展趋势，为市场预测和营销决策提供客观、正确的资料，以实现企业经营目标的过程。

（一）市场调研的内容

市场调研的内容很多，有市场环境调研，包括政策环境、经济环境、社会文化环境的调研；有市场基本状况调研，包括市场规范、总体需求量、市场的动向、同行业的市场占有率等的调研；有销售可能性调研，包括现有和潜在用户的人数及需求量、市场需求变化趋势、本企业竞争对手的产品在市场上的占有率、扩大销售的可能性和具体途径等的调研；还可对消费者的消费需求、企业产品、产品价格、影响销售的社会和自然因素、销售渠道等开展调研。

根据不同的标准，文化企业可以对市场调研进行不同的分类。比较常见的是根据调研的目的和要求，将其分为探测性调研、描述性调研、因果关系调研和预测性调研四种类型。

1. 探测性调研。探测性调研就是文化企业花费尽量少的成本和时间，对环境进行初始调研，以便确定问题和与问题相关的变量总特性的一种调研。虽然有时也规定大致的调研方向和步骤，但是一般没有一个固定的计划。这种调研不排斥任何收集或分析资料的方法，但它倾向于应用第二手资料，采用任意或主观抽样，进行小范围的调研实验，案例分析和主观估计也是常用的方法。

探测性调研适用于以下几种情况：①探寻潜在的问题或机会；②寻找有关的新观念或新阶段；③更精确地确定企业所面临的问题与相关的影响因素。一旦这些问题弄清楚了，探测性调研在确定可行性方案时就会大有用处。

2. 描述性调研。描述性调研的目的，在于准确地描述问题中的各变量及其相互关系，如市场潜量、产品使用情况、消费者态度、销售分析、媒体研究、价格研究等都属于描述性调研。

在描述性调研中，一般假设在所考察的各变量之间存在或暗含着一种函数或因果关系。随着文化企业对这种函数关系确信程度的降低，描述性调研的价值也就降低了。例如，如果一个地区的社会地理概况与零售点的成功没有关系，那么提供给一个零售商有关这方面的描述性资料就没有任何意义。

3. 因果关系调研。因果关系调研的目的，是要详细说明所考察的两个或更多的变数之间相互对应的函数关系。例如，广告效果研究就是要设法找出广告对销售的影响程度。进行因果关系调研暗含着一个假设，即所考察的变数中的一些变数导致或影响了其他变数的变化。虽然在行为科学中并不存在严格意义上的一一对应的函数关系，但是只要一定的条件被满足，就能够很有把握地确信文化企业关于事物之间的因果关系的推理是正确的。文化企业可以使用三种证据来推论事物之间存在的因果关系，即伴随变化、相继变化和没有其他可能的因素作用。

4. 预测性调研。预测性调研是指专门为了预测未来一定时期内某一环节因素的变动趋势及其对文化企业市场营销活动的影响而进行的市场调研，如市场上消费者对某种产品的需求量变化趋势调研、某产品供给量的变化趋势调研等。这类调研的结果就是对事物未来发展变化的一个预测。

一般而言，预测性调研以因果关系调研的结果为基础，通过因果关系调研，建立起事物之间的因果关系甚至数字模型。预测性调研就是利用事物之间已知的因果关系或数学模型，用一个或数个事物的变化趋势推断另一个或几个事物的变化趋势。

（二）文化市场调研的基本内容

对文化市场进行综合调研，大致包括四部分内容。

1. 文化市场宏观环境调研。文化企业的市场营销活动总是在一个特定的宏观环境基础之上进行的，宏观环境对文化企业的市场营销活动产生绝对的影响力。因此，文化企业在开展市场营销活动前，必须对影响活动的宏观环境因素进行调研。宏观环境调研的内容包括：

（1）政治法律环境调研。即对文化市场产生影响和制约作用的国内外政治形势以及国家规范市场的法律、法规、方针政策，有关管理机构和社会团体的活动的调研。

（2）经济环境调研。即对一个国家或者地区的生产发展水平、规模，国民生产总值，国民收入，社会扩大再生产的方式、规模和发展速度，居民收入，消费总体水平、消费结构及其变化，物价水平，经济基础设施等方面的调研。

（3）相关文化环境调研。即对教育水平、价值观、宗教信仰、生活习惯、审美观等方面的调研。

（4）自然环境调研。即对自然资源分布状况及其开发利用水平、环境保护、生态平衡等方面的调研。

（5）科技环境调研。即对科技发展水平、趋势，新技术、新品种、新能源的状况，技术指标，质量标准，以及国家文化科技政策等方面的调研。

2. 文化市场需求调研。相对于影响文化企业营销活动的宏观环境而言，文化市场需求对文化企业营销活动的影响最直接，也最大，因此，文化企业在开展市场营销活动时必须调研和科学把握其对营销活动的影响，以作出科学的营销决策。文化市场需求调研主要包括：

（1）文化市场商品和劳务需求总量调研。文化市场商品和劳务需求总量是一定时期内该区域的社会购买力的表现，包括居民购买力、生产资料购买力和社会集团购买力三部分。

（2）文化市场需求结构调研。即对购买力的持有者将其购买力投放在不同类别商品、不同地区、不同时间的比例及其变动进行的调研。

（3）需求转移的调研。即对人们的购买力、需求层次、需求偏好等改变进行的调研。

3. 文化市场产品资源调研。从市场竞争角度看，文化企业除了要认真调研市场需求外，为了提高产品和服务的竞争力，还需要对同类市场上的产品资源即产品供给开展调研，以更好地把握竞争对手，确定科学的竞争策略。

（1）国内文化市场商品供应总额。包括文化生产性企业（如影视剧制作公司等）能向国内文化市场提供的商品量和文化服务性企业（如文化消费场所等）能向国内文化市场提供的服务量。

（2）国内文化市场供应的构成。包括文化生产性企业所提供的文化商品和文化服务性企业所提供的文化服务的比例；文化商品大类内部的构成比例，如电影、电视剧各占多少份额；文化服务性企业内部的构成比例；等等。

4. 文化市场营销活动调研。文化市场营销活动是指包括文化产品及其定价、分销渠道和促销在内的各种营销活动。文化市场营销活动调研就是围绕文化生产性和服务性企业所开展的营销活动进行的调研。主要包括：

（1）文化产品调研。包括文化产品质量调研，文化产品市场寿命周期调研，文化产品的开发与改造调研，文化产品包装调研，等等。

（2）竞争对手状况调研。竞争对手状况是指对与本企业经营存在竞争关系的各类企业及其现有竞争程度、范围和方式等情况的调研。竞争对手调研的内容包括直接或间接竞争对手数量，竞争对手的经营能力、经营方式、购销渠道，竞争对手生产经营商品的品种、质量、性能、价格、成本、服务等方面的情况，竞争对手的技术水平和新产品开发的情况，竞争对手的声誉和形象，竞争对手的宣传手段和广告策略，竞争现状及企业在竞争中所处的地位，潜在竞争对手状况，等等。

（3）品牌或企业形象的调研。包括品牌的知名度、企业的知名度、品牌的忠诚度、评价品牌或企业的指标，对品牌或企业名称、商标的印象及联想度，等等。

（4）广告调研。就是用科学的方法了解广告宣传活动的情况和过程，为广告主制定决策、达到预定的广告目标提供依据。广告调研的内容包括广告诉求调研、广告媒体调研、广告效果调研等。

（5）价格调研。从微观上看，价格调研的内容主要有：①国家的物价政策；②文化企业商品的定价是否合理，怎样定价才能使企业增加赢利；③消费者对什么样的价格容易接受，以及接受的程度；④商品供给和需求的价格弹性有多大，影响因素有哪些，等等。

（6）用户或客户调研。用户或客户是指同文化企业营销活动发生往来关系的企业或单位，既包括本企业原材料或劳务的供应商，也包括本企业产品的推销商。用户调研包括用户的经营能力、用户的声誉和资金等方面的内容。

（三）文化市场调研的主要程序

1. 确定文化市场调研目标。文化市场调研的目的在于帮助文化企业准确地作出经营战略和营销决策，在文化市场调研之前，必须先针对文化企业所面临的市场现状和亟待解决的问题，如产品销量、产品寿命、广告效果等，确定文化市场调研的目标和范围。纵使资料堆积如山，如果没有确定的目标，也只会事倍功半。

2. 确定所需信息资料。文化市场信息浩如烟海，文化企业进行市场调研必须根据已确定的目标和范围，收集与之密切相关的资料，而没有必要面面俱到。如对一个电影院而言，调研客户满意度问题，需要获取的资料主要是观众对电影院综合服务整体情况的反馈。

3. 确定资料搜集方式。文化企业在进行市场调研时，收集资料必不可少。而收集资料的方法极其多样，必须根据所需资料的性质选择合适的方法，如实验法、观察法、调研法等。有些二手资料可以通过查阅一些官方网站或统计年鉴获取，对一些客户反馈方面的数据则需要通过问卷调研的方法实现。

4. 搜集现有资料。为有效地利用文化企业内外现有资料和信息，首先应该利用内部调研方法，集中搜集与既定目标有关的信息，包括对文化企业内部经营资料、各级政府统计数据、行业调研报告和学术研究成果的搜集和整理。

5. 设计调研方案。在尽可能充分地占有现有资料和信息的基础上，再根据既定目标的要求，采用实地调研方法，以获取有针对性的文化市场情报。文化市场调研几乎都是抽样调研，抽样调研最核心的问题是抽样对象的选取和问卷的设计。如何抽样，必须视调研目的和准确性要求而定；而问卷的设计，更需要有的放矢，完全依据要了解的内容拟订问句。

6. 组织实地调研。实地调研需要调研人员直接参与，调研人员的素质影响着调研结果的正确性，因而首先必须对调研人员进行适当的技术和理论训练，其次还应该加强对调研活动的规划和监控，针对调研中出现的问题及时调整和补救。

7. 统计分析结果。对获得的信息和资料进行进一步的统计分析，提出相应的建议和对策是文化市场调研的根本目的。文化市场调研人员必须以客观的态度和科学的方法进行细致的统计计算，以获得高度概括性的文化市场动向指标，并对这些指标进行横向和纵向的比较、分析和预测，以揭示文化市场发展的现状和趋势。

8. 准备研究报告。文化市场调研的最后阶段是根据比较、分析和预测结果写出书面调研报告，阐明针对既定目标所获结果，以及建立在这种结果基础上的经营思路、可供选择的行动方案和今后进一步探索的重点。研究报告一般分为专题报告和全面报告。

二、文化市场调研方案设计

（一）文化市场调研方案的基本框架

一个完整的文化市场调研方案一般包括七个方面的内容。

1. 调研目的和要求。根据文化市场调研目标，在调研方案中列出本次文化市场调研的具体目的和要求。例如，本次文化市场调研的目的是了解某文化产品的消费者购买行为和消费偏好情况等。

2. 调研对象。文化市场调研的对象一般为消费者、零售商、批发商。零售商和批发商为经销调研产品的商家,消费者一般为使用该产品的消费群体。在以消费者为调研对象时,要注意到有时某一产品的购买者和使用者不一致,如对幼儿图书的调研,其调研对象应主要为孩子的母亲。此外,还应注意到一些产品的消费对象主要针对某一特定消费群体或侧重于某一消费群体,这时调研对象应注意选择产品的主要消费群体,如对于时尚流行音乐,调研对象主要选择年轻人;对于怀旧型经典音乐,调研对象主要为中老年人。

3. 调研内容。调研内容是收集资料的依据,是为实现调研目标服务的,可根据文化市场调研的目的确定具体的调研内容。如调研消费者行为时,可按消费者购买、体验(使用)、使用后评价三个方面列出调研的具体内容项目。调研内容的确定要全面、具体,条理清晰、简练,避免面面俱到、过于烦琐,避免把与调研目的无关的内容列入其中。

4. 调研问卷。调研问卷是文化市场调研的基本工具,调研问卷的设计质量直接影响到文化市场调研的质量。设计调研问卷要注意:①调研问卷的设计要与调研主题密切相关,重点突出,避免可有可无的问题;②调研问卷中的问题要容易让被调研者接受,避免出现被调研者不愿回答或令被调研者难堪的问题;③调研问卷中的问题次序要条理清晰,顺理成章,符合逻辑顺序,一般可将容易回答的问题放在前面、较难回答的问题放在中间、敏感性问题放在最后,封闭式问题在前、开放式问题在后;④调研问卷的内容要简明,尽量使用简单、直接、无偏见的词汇,保证被调研者能在较短的时间内完成调研问卷。

5. 调研地区范围。调研地区范围应与文化企业产品销售辐射范围相一致。当在某一城市做文化市场调研时,调研范围应为整个城市。但由于调研样本数量有限,调研范围不可能遍及城市的每一个地方,一般可根据城市的人口分布情况,主要考虑人口特征中收入、文化程度等因素,在城市中划定若干个小范围调研区域。划分原则是使各区域内的综合情况与城市的总体情况分布一致,将总样本按比例分配到各个区域,在各个区域内实施访问调研。这样可相对缩小调研范围,减少实地访问工作量,提高调研工作效率,减少费用。

6. 样本的抽取。调研样本要在调研对象中抽取。由于调研对象分布范围较广,文化企业应制订一个抽样方案,以保证抽取的样本能反映总体情况。样本的抽取数量可根据文化市场调研准确程度的要求确定。文化市场调研结果准确度要求愈高,抽取样本数量应愈多,但调研费用也愈高。一般可根据文化市场调研结果的用途情况确定适宜的样本数量。文化企业在开展文化市场实际调研中,在一个中等以上规模城市进行文化市场调研的样本数量,按调研项目要求的不同,可选择200~1000个样本。样本的抽取可采用统计学中的抽样方法。具体抽样时,要注意对抽取样本的人口特征因素的控制,以保证抽取样本的人口特征分布与调研对象总体的人口特征分布相一致。

7. 资料的收集和整理方法。文化市场调研中，常用的资料收集方法有调研法、观察法和实验法。一般来说，前一种方法适宜于描述性研究，后两种方法适宜于探测性研究。文化企业做文化市场调研时，采用调研法较为普遍，调研法又可分为面谈法、电话调研法、邮寄法、留置法等。这几种调研方法各有优缺点，适用于不同的调研场合，文化企业可根据实际调研项目的要求来选择。资料的整理一般可采用统计学中的方法，利用 Excel 工作表格，可以很方便地对调研表进行统计处理，获得大量的统计数据。

（二）制定文化市场调研工作计划

1. 组织领导及人员配备。建立文化市场调研项目的组织领导机构，可由文化企业的市场部或企划部来负责调研项目的组织领导工作，针对调研项目成立文化市场调研小组，负责项目的具体组织实施工作；也可以委托专门的市场调研公司具体操作。

2. 访问员的招聘及培训。访问员可从高校相关专业大学生中招聘，根据调研项目中完成全部问卷实地访问的时间来确定每个访问员 1 天可完成的问卷数量，核定招聘访问员的人数。必须对访问员进行必要的培训，培训内容包括：①访问调研的基本方法和技巧；②调研产品的基本情况；③实地调研的工作计划；④调研的要求及要注意的事项。

3. 工作进度。将文化市场调研项目整个工作过程安排成时间表，确定各阶段的工作内容及所需时间。文化市场调研包括四个阶段：①调研工作的准备阶段，包括调研表的设计、抽取样本、访问员的招聘及培训等；②实地调研阶段；③问卷的统计处理、分析阶段；④撰写调研报告阶段。

4. 费用预算。文化市场调研的费用预算主要有调研表设计印刷费、访问员培训费、访问员劳务费、礼品费、调研表统计处理费等。文化企业应核定文化市场调研过程中将发生的各项费用支出，合理确定文化市场调研总费用预算。

第二节　文化市场调研资料收集方法

开展市场调研活动是一项科学性很强的工作，文化企业必须按照科学的程序开展，以确保调研工作的目标能够准确实现。做好调研的一项基本前提工作就是文化市场资料和信息的搜集。

文化市场调研资料大致上可以分为一手资料与二手资料两大类。前者可以通过问卷法、访谈法、观察法等渠道获取，后者可以通过检索法、购买法、索取法等渠道获取。

下文着重介绍用问卷调研法、访谈法及检索法获取资料。

一、问卷调研法

(一) 文化市场调研问卷的设计

1. 调研问卷的类型。按照问卷填答者的不同，调研问卷可分为自填式问卷和代填式问卷。其中，自填式问卷可以按照问卷传递方式的不同，分为报刊问卷、邮政问卷和送发问卷；代填式问卷可以按照与被调研者交谈方式的不同，分为访问问卷和电话问卷。

（1）报刊问卷调研。就是随报刊传递分发问卷，请报刊读者对问卷作出书面回答，然后按规定的时间将问卷通过邮局寄回报刊编辑部的一种调研形式。

（2）邮政问卷调研。就是调研者通过邮局向被选定的调研对象寄发问卷，请被调研者按照规定的要求和时间填答问卷，然后再通过邮局将问卷寄还给调研者的一种调研形式。

（3）送发问卷调研。就是调研者派人将问卷送给被选定的调研对象，等被调研者填答完后再派人回收调研问卷的一种调研形式。

（4）访问问卷调研。就是调研者按照统一设计的问卷向被调研者当面提出问题，然后再由调研者根据被调研者的口头回答来填写问卷的一种调研形式。

（5）电话问卷调研。就是调研者通过一定方法选择好调研对象后，通过打电话与调研对象取得联系，并通过电话向被调研者提出问题，由被调研者在电话中直接回答的一种调研形式。

2. 调研问卷的一般结构。问卷一般由卷首语、问题与回答方式、编码和其他资料四个部分组成。

（1）卷首语。它是问卷调研的自我介绍信。卷首语的内容应该包括调研的目的、意义和主要内容，选择被调研者的途径和方法，被调研者的希望和要求，填写问卷的说明，回复问卷的方式和时间，调研的匿名和保密原则，调研者的名称，等等。为了能引起被调研者的重视和兴趣，争取他们的合作和支持，卷首语的语气要谦虚、诚恳、平易近人，文字要简明、通俗、有可读性。卷首语一般放在问卷第一页的上面，也可单独作为一封信放在问卷的前面。

（2）问题和回答方式。它是问卷的主要组成部分，包括调研询问的问题、回答问题的方式以及对回答方式的指导和说明等。

（3）编码。就是把问卷中询问的问题和被调研者的回答，全部转变为 A，B，C，…或 a，b，c，…等代号和数字。

（4）其他资料。包括问卷名称、被访问者的地址或单位（可以是编号）、访问员的姓名、访问开始的时间和结束的时间、访问完成情况、审核员的姓名和审核意见等。

有的自填式问卷还有一个结束语。问卷结束语主要表示对被调研者合作的感谢，记录下调研人员姓名、调研时间、调研地点等。结束语可以是简短的几句话，对被调研者的合作表示真诚感谢；也可稍长一点，顺便征询被调研者对问卷设计和问卷调研的看法。

3. 调研问卷的内容。

（1）问题的类型。问卷中要询问的问题，大体上可分为四类：①背景性的问题，主要是被调研者个人的基本情况，它们是对问卷进行分析研究的重要依据；②客观性问题，是指已经发生和正在发生的各种事实和行为；③主观性问题，是指人们的思想、感情、态度、愿望等一切主要世界观状况方面的问题；④检验性问题，为检验回答是否真实、准确而设计的问题，一般安排在问卷的不同位置，通过互相检验来判断回答的真实性和准确性。

四类问题中，背景性问题是任何问卷都不可缺少的，因为背景情况是对被调研者分类和将不同类型被调研者进行对比研究的重要依据。

（2）问题的排列组合方式。问题的结构，即问题的排列组合方式，是问卷设计的一个重要事项。问题的排列要有逻辑性，在特殊情况下，也不排除对某些问题做非逻辑安排。检验性问题也应分别设计在问卷的不同部位，否则就难以起到检验作用。为了便于被调研者回答问题，同时也便于调研者对资料进行整理和分析，设计的问题一般可采取以下几种方式排列：①按问题的性质或类别排列，而不要把不同性质或类别的问题混杂在一起。②按问题的复杂程度或困难程度排列。一般来说，应该先易后难、由浅入深，先客观事实方面的问题、后主观状况方面的问题，先一般性质的问题、后特殊性质的问题，特别是敏感性强、威胁性大的问题，更应安排在问卷的后面。③按问题的时间顺序排列。一般地说，应该按照调研事物的过去、现在、将来的历史顺序来排列问题。无论是由远到近还是由近及远，问题的排列在时间顺序上都应该有连续性、渐进性，而不应该来回跳跃，打乱被调研者回答问题的思路。

4. 问卷设计必须注意的问题。问卷中问题提问合理、排列科学可以提高问卷回收率和信息的质量。问题设计需要注意的问题如下：

（1）文字要表达准确，不应使被调研者有模糊认识。如调研文化消费情况，使用"您通常喜欢收看哪些电视节目"就是用词不准确，因为对"通常"、"哪些"等的含义，不同的人有不同的理解，回答各异，不能取得准确的信息。如改为具体的问题："您独自在家时，会收看什么台的电视节目?"这样表达就很准确，不会产生歧义。

典型案例 1

调研者对某电视台的节目形式和播出时间感兴趣,询问观众:"您对×台的节目形式和播出时间满意还是不满意?"

[分析提示]

该问题实际上包括节目形式和播出时间两个方面的问题,结果"对节目形式不满意"、"对播出时间不满意"或"对节目形式和播出时间不满意"的被调研者可能回答"不满意",该结果显然得不到调研者想了解的信息。因而,该问题应分为两个问题:

"您对×台的节目形式满意还是不满意?"

"您对×台的播出时间满意还是不满意?"

这样,调研者可以分别得到×台的节目形式和播出时间两个方面的信息。

(2) 问卷要避免使用引导性的语句。如设计问卷时,问"×台正在热播新剧,非常精彩,您是否会选择收看?"这样的问题容易使填表人由引导得出肯定性的结论或对问题反感,简单得出结论,无法反映消费者对文化产品的真实态度和真正的购买意愿,所以产生的结论也缺乏客观性,结果可信度低。

典型案例 2

某公司想把某电视节目制作成 DVD 盘,调研其潜在文化市场,所设计的问卷中标题和说明部分均表明调研是关于该电视节目方面的问题。问卷首先要求被调研者列举最喜欢的三个电视节目(开放题),结果该节目名列榜首,98%的被调研者声称最喜欢该节目。

[分析提示]

显然结果是有偏差的,原因是标题和说明部分给出了该节目的名称,使得被调研者先对该节目产生或加深了印象,从而诱导被调研者在回答自己喜爱的节目时,有意无意地给出这一节目名称,导致结果出现偏差。

(3) 问卷的问句设计要有艺术性,避免对填卷人产生刺激而使其不能很好地合作。

典型案例 3

A. 您至今未去剧院看过音乐剧的原因是什么?

(a) 看不起 (b) 不爱看 (c) 看不懂

B. 您至今未去剧院看过音乐剧的原因是什么?

(a) 价格比较昂贵 (b) 不是特别感兴趣

(c) 对这种艺术形式还有点无法很好地欣赏

[分析提示]

显然，B组问句更有艺术性，能使被调研者愉快地合作。而A组问句较易引起被调研者的反感，导致不愿合作或使调研结果不准确。

（4）不要提不易回答的问题。这种问题主要有两种，一种是涉及填卷人的心理、习惯和个人生活隐私的问题，即使将其列入问卷，也不易得到真实结果。遇到这类问题，如果实在回避不了，可列出档次区间或用间接的方法提问。如调研个人收入，如果直接询问，不易得到准确结果，而划分出不同的档次区间供其选择，效果就比较好。另一种是时间久、回忆不起来或回忆不准确的问题。

（5）决定每个问题的措辞。决定总的措辞，就是将已定类型和内容转化为标准提问的依据以及被调研者能够理解并根据其回答的问题。表面看来，这一阶段不过是确定用词语气，然而其作用却是至关重要的。措辞不当往往会使被调研者误解题意或拒绝回答，引起计量误差，从而直接影响数据质量，事后弥补非常困难，而且成本太高。

在这一步骤实践中，经常出现的问题有：

1）词不达意，问题的措辞没有准确反映问题的内容。造成这类问题的原因一般有：措辞错误，无法表达原意；模棱两可，容易产生歧义；缺少重要句子成分；等等。

2）使用太过专业的术语。当调研对象是非专业人员时，可能不理解某些专业词语的含义。

典型案例4

某VCD光盘生产厂家就文化市场潜力派员访问调研，询问："请问您是否使用过VCD 2.0版本技术？"

（a）使用过

（b）没有使用过

（c）不知道

[分析提示]

因为不知道什么是2.0版本技术，有些被调研者可能已使用过却选择了没有使用过，所得的结果显然有误差。

3）对日常用语缺乏必要解释。

典型案例5

请您估计一下，您平均一个月在音像制品上花多少钱。

[分析提示]

这里的"音像制品"虽然是常用词语,但是如果不对音像制品的范围进行划定,则被调研者对其所含物品种类的理解就不一致,有些人就可能认为"音像制品"是磁带、录像带等。还有,这里的"花多少钱",可以指购买,也可以指租借,不同人的理解显然也是不同的。

4)问题给出的答案选项含义模糊或相互交叉,使被调研者无法准确表达自己的意见和看法。例如,询问被调研者对某品牌商品的购买时间,选项中有"最近三个月内购买"和"最近一年内购买",如果被调研者是上周购买的,则选这两个选项都对。

5)问题要求被调研者回忆、估计,而回忆是造成计量误差的主要原因。经常有些文化市场调研要求被调研者回忆之前三个月甚至半年、一年的购买情况,这显然取决于被调研者的回忆力和合作程度。

6)假定性问题,使被调研者无法准确回答。

典型案例6

您辞去在电视台的工作之后是否会立即找其他工作?

[分析提示]

被调研者可能因为假设不成立(不打算辞职)而说"不",也可能因为辞职后不会立即找其他工作而说"不"。

(二)问卷调研抽样

1. 随机抽样。随机抽样就是调研对象总体中每个部分都有同等被抽中的可能,是一种完全依照机会均等的原则进行的抽样,被称为"等概率"。随机抽样有四种基本形式,即简单随机抽样、等距抽样、分层抽样和整体抽样。

(1)简单随机抽样。简单随机抽样又称为纯随机抽样,是事前对总体数量不做任何分组排列,完全凭偶然的机遇从中抽取样本,一般可采用抽签法、摇码或查随机数表等方法抽取样本。采用这种抽样方式比较适合于总体单位之间差异较小的状况。实施步骤为:①取得总体单位名录,即所有调研对象;②为总体单位编号;③利用抽签法、随机号码表等抽取样本。

(2)等距抽样。等距抽样亦称机械抽样或系统抽样。这种抽样方法要求先将总体各个单位按照空间、时间或某些与调研无关的标志排列起来,然后等间隔地依次抽取样本单位。抽样间隔等于总体单位数(N)除去样本数(n)所得的商。这种抽样方法在用于被调研的总体数量较多时更为方便,实施步骤为:①取得总体抽样框架;②为总体单位排队编号;③计算抽样距离间隔;

④在抽样距离间隔数中,随机抽取一个样本单位;⑤按照间隔数依次抽取其他样本单位。计算公式为:

$$抽选距离 = N/n$$

确定抽选距离之后,可以采用简单随机抽样方式,从第一段距离中抽取第一个单位,为简化工作并防止出现某种系统性偏差,也可以从距离的1/2处抽取第一个单位,并按抽选距离继续抽选剩余单位,直到抽完为止。

例如,要组织一场剧院观众的调研,从600名观众中抽选50名观众,可以利用剧院座次顺序按编号排队,从第1号编至第600号。

$$抽选距离 = N/n = 600/50 = 12(人)$$

从第一个12人中用简单随机抽样方式,抽取第一个样本单位,如抽到的是8号,依次抽出的是20号、32号、44号……

等距抽样与简单随机抽样比较,可使中选单位比较均匀地分布在总体中,尤其当被研究现象的标志值的变异程度较大,而在实际工作中又不可能抽选更多的样本单位时,这种方法更为有效。因此,等距抽样是市场调研中应用最广的一种抽样方式。

(3)分层抽样。分层抽样亦称分类抽样或类型抽样,适用于总体量大、差异程度较大的情况。其方法是:①将总体单位按其差异程度或某一特征分类、分层;②在各类或每层中再随机抽取样本单位。分层抽样实际上是科学分组或分类与随机原则的结合。分层抽样有等比抽样和不等比抽样之分,当总数各类差别过大时,可采用不等比抽样。除了分层或分类外,其组织方式与简单随机抽样和等距抽样相同。

(4)整体抽样。整体抽样即按照某一标准将总体单位分成"群"或"组",从中抽选"群"或"组",然后把被抽出的"群"或"组"所包含的个体合在一起作为样本,被抽出的"群"或"组"的所有单位都是样本单位,最后利用被抽出的"群"或"组"的调研结果推断总体。抽取"群"或"组"可以采用随机方式或分层方式,也可以采用等距方式来确定;而"群"或"组"内的调研则采用普查的方式进行。整体抽样又可分为一段抽样和分段抽样两种类型。例如,对播出的节目进行质量调研时,每隔五个小时,抽取一个小时的节目进行质量跟踪。

划分群时,每群的单位数可以相等,也可以不相等,在每一群中的具体抽选方式,既可以采用随机的方式,也可以采用等距抽样的方式,但不管什么方式,都只能用不重复的抽样方法。

2. 非随机抽样。非随机抽样是指抽样时不遵循随机原则,而是按照调研人员主观设立的某个标准抽选样本。在市场调研中,采用非随机抽样通常出于以下几个原因:①客观条件的限制,无法进行随机抽样;②为了快速获得调研结果,提高调研的时效性;③在调研对象不确定或无法确定的情况下采用,例如对某一突发（偶然）事件进行现场调研等；④总体各单位间离散程度不大，且调研人员具有丰富的调研经验。非随机抽样方式主要有任意抽样、判断抽样和配额抽样三种。

（1）任意抽样。又称便利抽样，是根据调研者的方便与否来抽取样本的一种抽样方法。"街头拦人法"和"空间抽样法"是任意抽样的两种最常见的方法。"街头拦人法"是在街上或路口任意找某个行人，将其作为被调研者进行调研。例如，在街头向行人询问其对市场物价的看法、请行人填写某种问卷等。"空间抽样法"是对某一聚集的人群，从空间的不同方向和方位对他们进行抽样调研，如在商场内向顾客询问对商场服务质量的意见、在劳务市场调研外来劳工打工情况等。

（2）判断抽样。又称目的抽样，是凭调研人员的主观意愿、经验和知识，从总体中选择具有代表性的样本作为调研对象的一种抽样方法。判断抽样选取样本单位一般选择最能代表普遍情况的调研对象，常以"平均型"或"多数型"为标准，应尽量避免选择"极端型"。

（3）配额抽样。配额抽样是非随机抽样中最流行的一种。配额抽样是首先将总体中的所有单位按一定的标志分为若干类（组），然后在每一类（组）中用任意抽样或判断抽样方法选取样本单位。与随机抽样不同的是，配额抽样不遵循随机原则，而是主观地确定对象分配比例。按照配额的要求不同，配额抽样有独立控制配合抽样和相互控制配合抽样两种。

二、访谈法

（一）访谈法的含义

访谈法是以口头形式，根据被询问者的答复收集客观的、不带偏见的事实材料，以准确地说明样本所代表的总体的一种方式。在研究比较复杂的问题时，文化企业需要向不同类型的人了解不同类型的材料，一般调查法可能无法满足需要时，访谈法的效用就体现了出来。访谈法收集信息资料，主要是通过研究者与被调研对象面对面直接交谈的方式实现的，具有较好的灵活性和适应性。访谈法广泛适用于教育调研、求职、咨询等，既有事实的调研，也有意见的征询，更多用于个性化、个别化研究。

（二）访谈法的运用过程

1. 设计访谈提纲。无论是哪一种形式的访谈，一般在访谈之前都要设计一个访谈提纲，明确访谈的目的和所要获得的信息，列出所要访谈的内容和提问的主要问题。

2. 恰当地进行提问。要想通过访谈获取所需资料，就要对提问有特殊的要求。在表述上，问题要求简单、清楚、明了、准确，并尽可能地适合受访者；在类型上，问题有开放型与封闭型、具体型与抽象型、清晰型与含混型之分。另外，适时、适度的追问也十分重要。

3. 准确捕捉信息，及时收集有关资料。访谈法收集资料的主要形式是倾听。倾听可以在不同的层面进行：在态度层面，访谈者应该是积极关注地听，而不应该是表面地、消极地听；在情感层面，访谈者要共情地听，避免无感情地听；在认知层面，要随时将受访者所说的话或信息迅速地纳入自己的认知结构并加以理解和同化，必要时还要与对方进行对话，与对方进行平等的交流，共同建构新的认识和意义。另外，倾听还需要特别遵循两个原则，即不要轻易地打断对方和容忍沉默。

4. 适当地作出回应。访谈者不只是提问和倾听，还需要将自己的态度、意向和想法及时地传递给对方。回应的方式多种多样，可以是诸如"对"、"是吗"、"很好"等言语行为，也可以是点头、微笑等非言语行为，还可以是重复、重组和总结。

5. 及时做好访谈记录，一般还要录音或录像。

（三）访谈的技巧

1. 谈话要遵循共同的标准程序。避免只凭主观印象，或谈话者和调研对象之间毫无目的、漫无边际地交谈，关键是要准备好谈话计划。

2. 访谈前尽可能收集有关被访者的材料。要分析被访者能否提供有价值的材料，要考虑如何取得被访者的信任和合作。

3. 访谈所提问题，要简单明了，易于回答。提问的方式、用词的选择、问题的范围要适合被访者的知识水平和习惯，谈话内容要及时记录。

4. 研究者要做好访谈过程中的心理调研。要善于洞察被访者的心理变化。

三、检索法

检索法是通过合理的检索路径获取二手资料的一种资料收集方法。

（一）了解二手资料

二手资料一般是指其他组织或者个人已经收集好的，但不一定与当前问题有关的信息资料。尽管二手资料不可能提供特定调研问题所需的全部答案，但在许多方面都是很有用的。因此，充分搜集二手资料是收集原始资料的先决条件。文化企业可以从搜集二手资料开始，只有二手资料的来源已经全用完了或者有了一定的盈余以后，才能考虑进行调研收集原始资料。

但是，尽管二手资料对调研是很有帮助的，但调研者在使用二手资料时也应当谨慎，因为二手资料有一定的局限性和缺点。一方面，收集二手资料的目的、性质和方法不一定适合当前的情况；另一方面，二手资料也可能缺乏准确性，或者有些过时了。所以，在使用二手资料之前，有必要先对二手资料进行评价。

（二）确定资料来源

二手资料的来源主要可以分成内部资料来源和外部资料来源两大类。

1. 内部资料来源。内部资料主要是指拟定所要调研的文化企业或公司内部的资料，可以分为两部分。

（1）会计账目和销售记录。每个文化企业都保存了关于自己的财务状况和销售信息的会计账目。会计账目记录是文化企业或公司用来计划市场营销活动预算的有用信息。除了会计账目外，市场营销调研人员也可从文化企业的销售记录、顾客名单、销售人员报告、代理商和经销商的信函、消费者的意见以及信访中找到有用的信息。

（2）其他各类报告。其他各类报告包括以前的市场营销调研报告、相关企业自己做的专门审计报告和为以前的管理问题所购买的调研报告等信息资料。随着企业经营业务范围越来越扩大化，每一次的调研都有可能与企业其他的调研问题相关联。因此，以前的调研项目对于相近、相似的目标市场调研来说是很有用的信息来源。西方许多企业都建立了以电子计算机为基础的营销信息系统，其中储存了大量有关市场营销的数据资料。这种信息系统的服务对象之一就是营销调研人员，因而是调研人员重要的二手资料来源。

2. 外部资料来源。外部资料指的是来自被调研的文化企业或公司以外的信息资料。一般来说，外部资料主要来自以下几种外部信息源：

（1）政府机构。主要包括各级政府及相关主管部门，具体包括：①国家新闻出版广播电影电视总局；②省级新闻出版广电局；③市级、区县级省级新闻出版广电局。调研人员可以通过政府机构官方网站相关栏目获取所需要的文化资料。政府相关主管部门是承担某一项具体文化管理和服务的部门，调研人员可以通过这些主管部门的官方网站进行检索，获取所需要的资料。

（2）文化产业协会。随着文化产业环境的逐步优化、文化企业数量逐渐增多，很多地区的文化行业管理、行业自律、资源配置等方面出现了一些矛盾和问题，文化产业发展受到诸多体制分割上的制约。为解决上述问题，促进地方文化产业的发展，各地纷纷成立了文化产业协会，打破原有不同隶属、不同部门、不同所有制企业之间的制约，实现跨行政隶属关系、跨所有制关系的行业合作，促进市场结构合理化，实现协作机制共建、资源信息共享、合作发展共赢，更好地推进了文化产业的发展。

这些文化产业协会都定期搜集、整理甚至出版一些内部行业信息，会经常发表和保存详细的有关行业的发展态势、经营特点、增长模式以及类似的信息资料。此外，它们也开展了所辖区域文化产业各种有关因素的专门调研。具体检索路径也可以通过搜索引擎进行检索。

（3）官方和民间信息机构。我国的官方和民间信息机构主要有国家文化信息中心、各省市的文化信息中心等等。官方和民间信息机构网址如表2-1所示。

表2-1 官方和民间信息机构网址

官方和民间信息机构名称	网　　　址
国家文化信息网	http：//www.nationculture.com
浙江文化信息网	http：//www.zjcnt.com
广东文化网	http：//www.gdwh.com.cn
上海文化信息网	http：//www.culture.sh.cn

（4）文化调研机构。这里的调研机构主要指一些专业咨询公司、市场调研公司。这些专门从事调研和咨询的机构经验丰富，搜集的资料很有价值，但一般收费较高。

（5）其他大众传播媒介。电视、广播、报纸、广告、期刊、书籍、论文和统计年鉴等类似的传播媒介，不仅含有技术情报，也含有丰富的经济信息，对预测市场、开发新产品、进行文化市场投资具有重要的参考价值。

（三）列出资料清单

根据调研的主题确定调研的资料。有些需要购买的资料可以根据预算列出收集清单。清单上同时还需要列出检索的期限，以便与整体调研流程相匹配。

（四）进行检索

以上步骤完毕之后，即可着手进行资料检索。检索的同时要注意及时与清单所列项目、预算及时间进行比对，及时反馈。

第三节　文化市场调研报告撰写

撰写市场调研报告是市场调研的最后一步，也是十分重要的一步。调研数据经过统计分析之后，只是为文化企业得出有关结论提供了基本依据和素材，要将整个调研的成果用文字形式表现出来，使调研真正起到解决问题、服务于文化企业的作用，则需要撰写调研报告。

一、文化市场调研报告撰写的基本原则

1. 客观真实。调研报告的内容力求客观真实地反映实际情况,为政府和企业的决策提供可参考的调研资料。

2. 语言表达简洁明了。在语言表达上要求文字简练、数字准确,尽量用图表说明问题,使人容易理解。

3. 结构完整严密。调研报告要求中心明确、突出,结构完整、严密,材料与观点统一,能够回答调研任务中规定的问题。

二、文化市场调研报告的主要内容

市场调研报告没有统一的结构,一般由封面、目录、摘要、正文、结论和建议、附件等几部分组成。

1. 封面。封面上的内容具体包括:①该项调研的标题。有的调研报告还采用正、副标题的形式,一般正标题表达调研的单位和问题。②委托方和调研单位的名称、地址。③调研报告的日期。

2. 目录。如果调研报告的内容较多,为了方便读者阅读,要在目录中列出调研报告的主要章节和附录部分。

3. 摘要。摘要部分是本项调研的简明介绍,在这部分内应指明:①谁委托该项调研或要求进行该项调研。②说明该项调研的目的和范围。③简要介绍调研对象和调研内容,包括调研时间、地点、对象及所要解答的问题。④调研的方法。如市场调研中使用的资料收集方法是询问法还是观察法或实验法。另外,对资料分析中使用的方法,如指数平滑分析、回归分析等方法作简要说明,并对选用方法的原因作说明。⑤表明调研人员对这项调研的态度,以及对提供帮助的个人或机构的感谢。

4. 正文。正文是市场调研分析报告的主要部分,包括三个方面。

(1) 调研目的的详细陈述。在调研报告正文的开头,调研人员应当指出该项调研的目的和范围,以便阅读者一目了然,准确地理解调研报告所叙述的内容。

(2) 资料收集的具体过程。包括:①资料收集方法。调研人员应当详细地介绍他们在搜集资料时所采用的方法,还应当说明为什么要用这种方法、在技术上是否还有无法克服的问题。同时,附录内应有一份空白调研问卷。②资料收集技术。例如,是采用抽样调研还是采用典型调研,如果采用抽样调研,应当详细地指出如何选择样本、样本数目及其代表性。

(3) 调研结果。调研人员必须花费大量的时间和精力来分析、解释调研资料,以便用结构严谨和有效的方法得出调研结果。为了更有效形象地说明问题,调研人员通常采用表格和图形的形式,再加上一定的分析说明。例如,经

调研得出影响某一种报纸消费的因素有消费者购买力因素，市场竞争情况，该份报纸的价格、质量，发行网点的分布，等等，用图表的形式就能清晰地反映出该项调研的结果，以及每一种影响因素各占总数的百分比。

5. 结论和建议。调研结果的介绍是调研人员所得资料的简明描述，结论才是调研人员在仔细研究和分析所有资料后得出的判断。结论和建议是撰写调研报告的主要目的。在准备建议时，调研人员应有明确的态度，选择实事求是的观点，应以调研结果为基础，不能受感情或预感支配，应尽可能简洁、准确地说明建议，易于决策者理解，避免使用第一人称。

6. 附件。附件是指调研报告正文包含不了或没有提及，但与正文有关、必须附加说明的部分。附件通常包括数据汇总表、原始资料、背景材料、空白的调研问卷、第二手资料来源的目录等。

本章小结

市场调研是文化企业在市场营销整个过程中经常开展的一项工作，对文化企业正确分析和把握市场机会、开展市场营销活动和做好营销控制工作都有十分重要的意义。

本章第一节在对文化市场调研构成要素简要分析的基础上，重点介绍文化市场调研的主要程序、文化市场调研方案设计。第二节重点剖析了文化市场调研的资料收集工作，介绍了常见的资料收集方法，并分析了每种方法的运用和存在的问题，对读者具有一定的指导作用。第三节详细介绍了文化市场调研报告的写作，特别是把文化市场调研报告的主要内容逐一做了介绍和分析，以便于读者从中得到写作的启发。

资料链接 >>>

《电视收视率调查准则》

2013年12月31日，国家标准化管理委员会批准并颁布了国内首个电视收视率调查国家标准《电视收视率调查准则》（GB/T 30350—2013），并确定于2014年7月1日起实施，中国电视收视率调查工作正式进入"有标可依"阶段。该标准填补了我国电视收视率调查国家标准领域的空白，对于指导电视收视率调查、促进电视收视率调查行业的健康发展将起到积极作用。

《电视收视率调查准则》国家标准由中国广播电视协会受众研究委员会组织中国标准化研究院、中央电视台、中国传媒大学、央视－索福瑞媒介研究有限公司、上海广播电视台、湖南广播电视台、中国信息协会市场研究业分会、中国广告协会单位的专业人员、电视收视数据用户、相关专家等共同研究起草，由全国市场、民意和社会调查标准化技术委员会归口管理。在起草过程中，面向全国31家电视媒体、150余家企业用户及部分广告公司用户进行了问卷调查及深度访谈。在广泛征求电视收视率调查业各方意见、建议的基础上，结合国内电视收视率调查实际，同时参考国际上广受认可的收视率调查准则《全球电视受众测量指南（GGTAM）》制定。

《电视收视率调查准则》指出，中国电视收视率调查与国际通行准则须保持一致，调查方法和技术与国际保持同步，同时又要符合国内电视收视市场的具体情况，保证电视收视率调查的顺利施行。此外，《电视收视率调查准则》还明确了收视率调查所应遵循的基本范围及执行标准，为收视率调查机构提供了明确可行的操作规则。

《电视收视率调查准则》规定，数据提供方必须对样本户资料严格保密，严防样本户受到第三方的影响。数据使用方也应遵守职业道德，不得采用不正当手段与同行业竞争，不得以任何方式获取样本户资料和干预样本户收视行为，以确保数据的客观公正性。在建立质量管理体系方面，收视率调查机构须遵照监管机构和ISO国际质量标准的各项规范要求，并接受独立的第三方审核，以确保调查执行的科学、规范、客观和公正。同时建立举报制度，由中国广播电视协会接受举报并履行核查。

《电视收视率调查准则》还规范了数据使用原则。《电视收视率调查准则》明确指出，收视数据不是节目评价的唯一指标，不能揭示节目的思想性、艺术性，应避免收视数据在市场分析和节目评价中的滥用。数据使用方应尊重数据的客观性、完整性，避免对收视率数据的误用和滥用；不得使用没有明确限定范围的语句，或以偏概全，误导市场或公众，或有意散布没有数据支持的有关收视率的结论。

收视率在电视市场交易及传播效果评估中占据着重要的地位，并被视为电视交易市场中的"通用货币"，是广告主、广告公司，尤其是媒介购买公司制定媒介策略的重要依据。电视收视率调查国家标准的出台，将进一步促进整个电视收视市场调查行业的健康发展，确保数据提供方为数据使用方提供更优质的服务，规范收视率的科学理性应用，推动中国电视事业健康有序发展。

为了配合《电视收视率调查准则》的实施，《电视收视率调查准则》编写组还以《电视收视率调查准则》为基础，编著了《GB/T 30350—2013 电视收视率调查准则理解与实施》。

《电视收视率调查准则》内容包括制定背景、指导思想与基本原则，相关关键术语界定，样本抽取规则和方法，收视调查数据采集技术和质量控制，收视率数据处理，收视率数据报告解读，收视率调查质量管理，收视率调查中样本合作，数据使用整体原则、数据交易规范、数据分析及应用规范，标准实施目标、行业自律、监督执行和第三方评估，等等，为《电视收视率调查准则》的落地与实施提供更加具体可行的细则。

(赵泽润改编自国家新闻出版广播电影电视总局等官方网站相关资料)

思考与练习

1. 对于文化企业来说，市场调研的意义和作用主要表现在哪些方面？
2. 如何理解外在环境调研的内容？
3. 怎样才能做好与被访谈者的沟通？
4. 原始资料与第二手资料之间应该如何取舍？
5. 设计一个调研项目，并组织一次调研活动。

第三章 文化市场营销环境

● 知识要点

　　理解文化市场营销环境及特点。
　　理解文化市场营销宏观环境及特点。
　　掌握人口环境因素对文化市场的影响。
　　掌握经济环境因素对文化市场的影响。
　　掌握自然环境对文化市场的影响。
　　掌握科技环境对文化市场的影响。
　　掌握社会文化环境对文化市场的影响。
　　掌握文化企业市场营销微观环境的构成要素。
　　掌握文化市场营销环境分析方法。

南京市七家区级电视台联手谋发展

　　2013年9月17日，南京市文广新局召开了南京市区级电视联盟协作体第一次全体成员大会，这标志着以南京市江宁区电视台等七家区级电视台为主体、以电视民生节目合作为纽带的南京市区级电视联盟协作体正式成立。在七家区级电视台负责人看来，联合起来成立联盟，是当前区县电视台整合现有资源，实现优势互补，克服诸多困难，扩大区级电视媒体影响，抓住机遇共谋发展的重要举措。

　　参会的七家电视台负责人对区县电视的现状、问题和机遇进行了认真的分析，达成了共识。

一、区县电视台面临的主要问题

　　1. 区县电视台的节目直接受到中央、省、市三级上级电视台的竞争和挤压，节目的生存空间越来越小。随着中央、省、市级电视台的品牌节目影响力越来越大，电视观众更多地把收看时间集中在自己喜欢的品牌节目上，对于区县电视台的节目不感兴趣。作为省辖市南京市的区级电视台，南京七家区级电视台面临着中央、江苏、南京三个层次电视台的竞争和挤压，节目创新的难度越来越大，节目的生产经营难度越来越大，节目的收视率下降快，市场影响力不断变小。

2. 越来越多的新媒体开始挤占电视的空间。近年来，不同形式的新媒体不断出现，并利用自身优势快速发展，逐步形成了较强的实力。越来越多的新媒体开始利用自身优势进入电视市场，并凭借自身快速、方便等优势与区县电视台争夺观众和市场，进一步挤压了区县电视台的生存空间。传统的电视市场被新媒体冲击后，原来占收视人群比重大的年轻电视观众逐渐通过新媒体收看电视节目，出现了市场破裂现象。

3. 收入渠道越来越单一，收入总体上呈下降趋势。过去，区县电视台的收入渠道多元化，既有政府的财政拨款和补贴，也有有线电视收视费收入，还有广告收入、经营收入等。经过多年的产业化改革，地方政府对电视台的财政拨款逐渐减少。多数地方有线电视逐步公司化后，区县电视台的收视费收入被分割出去，失去了最主要的收入来源。再加上区县电视台的广告市场较小，品牌广告投入积极性不高。同时，其他媒体特别是新媒体开始参与广告竞争，区县电视台在广告竞争中不具备优势，广告收入不断减少。由此导致区县电视台面临着收入整体下滑的风险。

4. 人才流失严重，影响电视台的生产经营活动。由于区县电视台的规模较小，节目生产经营能力较弱，收入相对较低，对人才的吸引力不大，无法吸引优秀人才来台工作。即使通过招聘方式引进大学生进台工作，也无法保证专业人才队伍的稳定。进台工作的大学生在工作一段时间后，陆续辞职，区县电视台成为高一级媒体的免费人才培训基地。人才的流失已经成为制约区县电视台发展的重要问题。

5. 体量小，无法形成规模优势。由于我国现有广播电视管理体制的制约，区县电视台只能服务于区县，覆盖范围小，市场规模小，由此决定了区县电视台没有办法也不可能扩大自己的生产经营面积，只能在小规模基础上运行。较小的规模无法吸引品牌广告的投入，也无法组织较大规模的媒体活动，无法形成规模优势，产生不了规模效益，更难产生较大的影响力和品牌优势。

参会的七家电视台负责人认为，这些问题可能会在较长时间内存在，并对区县电视台的发展产生负面影响。同时，随着社会的发展，区县电视台还可能遇到新的问题，需要在发展过程中予以关注。

二、区县级广电媒体的机遇

虽然区县电视台面临着越来越大的问题和压力，但各台负责人也看到了出现在电视台面前的机遇：

1. 国家大力发展文化产业，不断出台支持文化产业发展的各项政策。这对区县电视台来说是一个利好消息。作为文化产业的重要组成部分，传媒产业的发展利国、利民，是文化产业大发展的主力军。作为地方文化产业的重要组成部分，区县电视台不仅承担着重要的宣传任务，还能扮演文化产业发展的重要角色。区县电视台抓住国家大力发展文化产业的重大利好机会，就可以乘势而上，实现飞跃。

2. 地方政府强化宣传等工作的持续要求。宣传党和政府的各项路线、方针和政策，一直是国家媒体的首要任务和责任，也是地方政府媒体的重要任务。随着我国社会主义现代化建设的快速发展，区县媒体承担起了直接、快速地向广大基层人民群众宣传党和政府的各项路线、方针和政策的重要任务。地方政府在面对越来越复杂的媒体环境时，更需要区县电视台承担起政府代言人的角色，为地方党和政府的各项惠民政策的落实做好宣传，为本地人民群众提供更多及时有用的信息，同时，利用自身优势，对相关部门依法开展媒体监督。

3. 个别媒体失信时期，政府媒体公信力的逆势提升。随着媒体竞争的不断加剧，因从事违反媒体公德，甚至违反相关法律的媒体活动，个别媒体在老百姓的心目中影响力下降，甚至失去公信力。而作为政府媒体的区县电视台，受到上级主管部门、地方党委、政府等的严格管理，电视台员工多年形成的媒体自律习惯，决定了在个别媒体失信时期，地方电视台具有较强的公信力，受到政府和观众的信任。

4. 新型城镇化产生的巨大空间。新型城镇化的发展，会推动更多的新型城镇的产生和消费人口的集中，这为电视的发展提供了新的市场。作为经济较为发达的南京所属七个区，在新型城镇化发展中呈现出良好的势头，每个区都在整体规划基础上新建、改建了新型城镇。在原有区规模无法拓展的基础上，新型城镇的出现给区县电视台提供了新的市场。区县电视台可以在这个市场上大有作为，推动新的媒体市场需要。

困难和机遇同在，区县电视台只要利用好自身贴近基层、低成本等天然优势，做好节目的生产经营工作，就可能克服困难，不断取得发展。

七家区级电视台的负责人也明白，成立南京市区级电视联盟协作体后，能否克服现在的困难，推动电视台的发展，还需要时间来证明。

（赵泽润编写）

　　任何文化企业都如同生物有机体一样，生存于一定的环境之中。一个文化企业的全部营销活动，实质上都是在社会环境中进行的。文化企业在开展生产经营活动前，必须全面了解和掌握营销环境的特点、现状及其发展变化规律，才能做到"知己知彼"，在市场竞争中取胜。

第一节　文化市场营销环境概述

文化企业必须适应环境的变化，并不断作出与之相适应的反应，即不断调整自身的组织、战略和策略等一切可以控制的因素，以求达到自身发展与周围环境的动态平衡。

一、文化市场营销环境及其特点

文化市场营销环境泛指一切影响、制约文化企业文化市场营销活动及其目标实现的因素和动向。营销环境包括影响文化企业市场营销能力的一切宏观和微观因素，这些因素涉及多方面、多层次，而且相互作用和联系，既蕴含着机会，也潜伏着威胁，共同作用于文化企业的营销决策和营销活动，并最终决定了文化企业的营销成效。

文化市场营销环境的特点包括四个方面：

1. 环境因素广泛、复杂。文化企业总是在特定的社会政治、经济、科技、自然和其他外界环境条件下生存和发展的，这些因素涉及面广，构成要素多，关系复杂。文化企业只要从事文化市场营销活动，就必须面对复杂多样的环境条件，也受到各种各样环境因素的影响和制约。文化企业经营管理者必须清醒地认识到这一点，及早做好充分的思想准备，随时应付企业面临的各种环境的挑战。客观性是营销环境的首要特征。营销环境的存在不以营销者的意志为转移，主观地臆断某些环境因素及其发展趋势，往往造成文化企业盲目决策，导致在文化市场竞争中的惨败。

2. 因素之间存在着交叉作用，并相互影响。文化市场营销环境是一个社会大系统，在这个系统中，各个因素之间相互依存、相互作用、相互制约。这是由于社会经济现象的出现，往往不是某个单一的因素所能决定的，而是受到一系列相关因素影响的结果。例如，文化企业开发新产品时，不仅要受到经济因素的影响和制约，更要受到社会文化因素的影响和制约。再如，价格不但受文化市场供求关系的影响，而且还受到科技进步及财政政策的影响。因此，要充分注意各种因素之间的相互作用。

3. 既给文化企业带来机会，又对文化企业产生威胁。文化市场营销环境的变化对文化企业的营销活动具有多方面的影响。环境变化，可能产生新需求，并由此给文化企业带来新的市场机会。例如，我国消费者由于收入水平总体上不断提高，消费倾向已经从追求物质消费为主转向追求物质和精神共同消费。这无疑对文化企业的营销行为产生最直接的影响，文化市场的机会不断增大。当然，文化市场营销环境的变化也会给原有的文化企业带来负面影响，甚至产生威胁。例如,科技的发展让网络报纸的市场吸引力不断增强,传统的纸质报纸的竞争力不断下降。美国报业协会(Newspaper Association of America)的分析报告显示,由于受到网络广告等竞争对手的巨大挑战,报业一直呈衰落之势,2005 年美国报业的年度广告总营业收入约为 495 亿美元,到了 2008 年降至 378 亿美元,到了 2013 年再降低到 236 亿美元。因此,文化企业的营销活动必须适应环境的变化,不断地调整和修正自己的营销策略,以便随时发现文化市场机会和监测可能受到的威胁;否则,将会丧失文化市场机会。

4. 不由文化企业控制。影响文化市场营销环境的因素是多方面的,并表现为文化企业不可控性。例如,一个国家的政治法律制度、人口增长以及一些社会文化习俗等,文化企业不可能随意改变。而且,这种不可控性对不同文化企业表现不一,有的因素对某些文化企业来说是可控的,而对另一些文化企业则可能是不可控的;有些因素在今天是可控的,而到了明天则可能变为不可控因素。另外,各个环境因素之间也经常存在着矛盾关系。相对于文化企业内部管理机能,如文化企业对自身的人、财、物等资源的分配使用来说,营销环境是文化企业无法控制的外部影响力量,例如,无论是直接营销环境中的消费者需求特点,还是间接环境中的人口数量,都不可能由文化企业来决定。

二、文化企业与市场营销环境的关系

文化企业市场营销环境包含的内容既广泛、复杂,同时各因素之间又存在着交叉作用,不仅总体环境影响个体环境,总体环境中的各因素间也互相影响。

文化企业与文化市场营销环境的关系中,最应引起重视的是文化市场营销环境的动态性和文化企业对营销环境的能动性及适应性。文化市场营销环境的变化是绝对的,从总体上说,变化的速度呈加快趋势。每一个文化企业在它生存发展之日,便是与周围环境的各种力量保持着一种微妙的平衡关系之时。一旦环境变化,平衡便被打破,文化企业必须予以积极地反应并适应这种变化,寻求新的平衡。

强调文化企业对其文化市场营销环境的不可控制,并不意味着文化企业对于环境无能为力,只能消极、被动地改变自己以适应环境。文化企业既可以用各种不同的方式增强适应环境的能力,避免来自营销环境的威胁,也可以在变化的环境中寻找新机会,并可能在一定条件下改变环境。

现代文化市场营销理论特别强调文化企业对环境的能动性和反作用,认为文化企业对周围的环境不仅有反应、适应的必要,更有积极创造和控制的可能。

第二节　文化市场营销宏观环境

文化企业所面临的环境要素包括宏观和微观两个方面的因素，其内容和影响力各不相同，文化企业需要对其分别进行分析，找出其规律和特点。

一、文化市场营销宏观环境和特点

文化市场营销宏观环境是指给文化企业造成市场机会和环境威胁、进而能够影响文化企业营销活动而文化企业自身不可控制的主要社会变量，主要包括人口环境、经济环境、自然环境、技术环境、政治和法律环境以及社会和文化环境。

文化市场营销宏观环境的特点是：

1. 产生系统、全面的影响力。宏观环境是主要的社会变量因素，这种因素的出现对相关领域的文化企业会产生全面的影响。当环境因素有利于行业发展时，其影响就是正面的推动性作用；当环境因素不利于行业发展时，其影响就是负面的限制或者冲击作用。系统领域里的绝大多数企业都无法回避这种影响。例如，数字出版的发展对传统的纸质图书市场构成的威胁是任何出版社都无法回避的。在一些特殊的市场领域，如信息服务和工具书领域，数字出版由于其特有的检索方便、易于更新和价格低廉等特点，将对传统出版物构成巨大威胁。随着无线上网技术的发展，网络的检索优势将得到更大程度的发挥。

2. 文化企业不可能控制和改变，只能去适应。作为社会经济中的主要社会变量因素，宏观环境更多的是全国性的甚至全球性的因素，任何文化企业都没有控制和改变的能力。最科学的做法就是主动调整自己的生产经营战略，主动适应宏观环境的发展变化。面对数字技术和网络技术给出版业特别是传统出版业带来的巨大挑战，出版社只能主动调整自己的出版战略，提高自己的市场竞争力。人民教育出版社是成立于1950年的国家大型专业级出版社，直属于中华人民共和国教育部，主要从事基础教育教材和其他各级各类教材及教育图书的研究、编写、编辑、出版和发行。在出版不断网络化的新形势下，人民教育出版社在编写出版中小学教材的核心业务基础上，建立了教育资源类门户网站——人教网（www//pep.com.cn），并开发了一套网络教学资源系统——《人民教育出版社网络辅助教材》，配合人教版教材的教学使用。这套网络教学资源系统借助于电脑环境和多媒体教学设备，为教学提供了电子化的服务，从而保证了与出版科技的同步发展。

二、文化市场宏观环境要素

(一) 人口环境因素

一定规模、具有购买能力和购买欲望的人口是市场的主体,也是最基础的要素,更是文化企业产品和服务的营销对象。文化企业要始终把人口要素作为宏观环境要素中的首要因素进行分析和把握,文化企业要把人作为文化市场的核心来研究。人口决定文化市场的存在与否,人口的数量决定文化市场的容量,人口的结构决定文化市场产品供应的结构。人口环境要素主要包括:人口的总量、地理分布、年龄结构、性别、教育程度、职业家庭单位和人数、民族与宗教。

人口环境因素对文化企业市场营销的影响要从总量和结构两个方面进行分析。

1. 人口总量。从总量角度看,一定国家和地区人口数量的大小是文化市场规模大小的重要标志。在人均消费水平一定的情况下,人口数量越多,文化市场需求规模就越大。随着世界科学技术的进步、生产力的发展和人民生活条件的改善,世界人口平均寿命延长、死亡率下降,全球人口尤其是发展中国家的人口持续增长。联合国人口基金会于2014年11月28日发布《2014世界人口报告》,披露世界人口已经突破70亿,达到72亿。世界人口的迅速增长,一方面意味着人类需求的增长,另一方面也意味着世界文化市场的扩大。东亚地区被人们誉为"最有潜力的文化市场",除了因为该地区近年来经济发展迅速外,也因为它的人口数量庞大且增长较快,使得该地区的文化市场需求日益扩大。

2. 人口结构。人口结构可从其自然结构、社会结构和地理结构三方面进行分析。从人口的结构及变动趋势等方面看,不同的人口结构及其发展变化趋势,会形成不同的文化产品和服务市场需求,并形成一定的发展趋势。

(1) 人口的自然结构。主要包括年龄结构和性别结构两方面。

人口年龄结构是文化企业分析文化市场环境的主要内容之一。不同年龄层次的消费者因为生理和心理特征、人生经历、收入水平和负担状况的不同,对文化产品有着不同的消费需要、兴趣爱好和消费模式,由此形成了不同的消费市场。一般来说,学龄前儿童是动画片市场的主要消费者;而青少年则因为处于求学阶段,成为图书市场的消费主力军;青年人总是处于追星和赶潮流的前沿,因而是演出市场的票房主体和网络世界的绝对主力;中年人的稳定收入决定了其个人和家庭的购买力,是广播电视争夺的对象。人口老龄化对文化市场和企业的影响也越来越明显。随着人口死亡率普遍下降,人的平均寿命延长,旅游和娱乐的文化市场需求将会迅速增加。2014年年底,我国60岁以上老年人口达21242万人,占总人口的15.5%,其中65岁及以上人口达13755万人,占总人口的 15.5%。① 预计 2033 年前后将翻番到 4 亿；到 2050 年左右，老年人口将达到全国人口的 1/3。在有了经济保障的基础上，对老年人来说，充实的精神文化生活远比物质生活更为重要。精神文化追求已经成为老年人最高层次生活质量的主要标志。我国老年文化产品需求构成了一个十分庞大、丰富多彩的文化市场。

由于性别不同，男性和女性在消费需求、消费动机、消费数量、消费时尚及购买决策等方面都表现出一定的消费差异。一般来说，女性的消费需求和消费动机远远比男性更加丰富多彩、更加积极主动。在购买决策上，男性的决策相对迅速和理智，更加重视产品的质量和功能，不太关注产品的时尚性。而女性的购买决策更容易受到情感的影响，更加追逐时尚，比较重视产品的外表，选择商品时也更有耐心。因此，文化企业可以根据男性和女性在消费方面的诸多差异，生产和经营针对男性或者女性的文化产品。出版发行杂志的出版公司认识到性别在选购杂志上的差异，有针对性地出版和发行了专门针对男性和女性的杂志，受到了男性和女性的欢迎。如全球畅销的男性杂志《花花公子》（*Playboy*）、《男士健康》（*Men's Health*）、《男人帮》（*FHM*）、《格言》（*Maxim*）、《潇洒》（*GQ*）、《男人志》（*Men's Uno*）等，在国际市场上受到男性消费者的欢迎，具有较大和稳定的消费市场。同样，我国的女性期刊市场近年也快速发展起来，形成了包括小说类、实用类和综合类共存的多种女性期刊，成为重要的文化市场之一。目前，《瑞丽》、《女报》、《中国女性》、《女友》等国内女性杂志在国内杂志市场上具有一定的知名度和美誉度，受到女性消费者的欢迎，市场占有率较高，规模较大。

（2）人口的社会结构。人口的社会结构主要包括人口的文化素质、职业、民族、家庭等。人口的文化素质对文化市场消费需求的影响最直接，也最明显。一般来说，随着受教育人数的增加和受教育水平的提高，书籍、杂志等文化消费品的需求会不断增加，而且人们的需求会更加追求个性化和多样化。此外，文化企业采用的营销手段及其效果也因目标顾客的受教育程度而异。

职业是消费者的社会角色。不同的职业往往和相应的收入水平联系在一起，直接制约消费者的购买能力。特定的职业常常和一定的生活方式相联系，进而影响消费方式和消费习惯。

不同民族的消费者在各自传统民族文化的影响下，其消费行为、消费内容有鲜明的民族性。我国是一个多民族的国家，除占人口绝大多数的汉族外，还有其他 50 多个少数民族。每个民族都有自己相对固定的生活区域和特殊的历史文化背景，因而对文化产品都有相对固定的需求和消费习惯。

家庭是社会的细胞，也是某些文化商品的基本消费单位，例如，报纸、电

---

① 国家统计局：《2014 年国民经济和社会发展统计公报》，2015 年 2 月 26 日发布。

视、文化旅游等文化产品的消费数量就和家庭单位的数量密切相关。当前，家庭规模小型化已经成为一个基本的世界趋势。家庭规模小型化，使家庭总户数增加，进而引起对以家庭为消费单位的文化消费品总需求的增加。文化企业面临着不断增加的营销机会。

（3）人口的地理结构。人口的地理结构主要指人口在不同的地理区域的分布状况和集中的程度。由于各地区的自然条件、经济发展水平、文化市场开放程度、社会文化传统以及社会经济与人口政策等因素的不同，不同区域的人口对于文化产品的需求呈现出不同的需求特点和消费习惯。

人口密度是反映人口分布状况的重要指标。人口的地理分布往往不均匀，各区域的人口密度大小不一。人口密度越大，意味着该地区的文化市场需求越集中。同时，人口的地理分布并不是一成不变的，人口地理分布是一个动态概念，不同时期的人口地理分布随人口流动速度的不同呈现出规律性变动，表现最为明显的情况为人口的城市化。人口城市化是世界上所有国家普遍存在的现象，有些国家的城市人口高达总人口的70%~80%。改革开放30多年来，随着我国经济社会的迅速发展、工业化进程加快，人口城市化进程也随之进入快速提高阶段，2014年，我国城镇人口占总人口比重达到54.77%，基本达到世界城镇化的平均水平。人口"城市化"现象对文化市场需求的影响比较直接，以人口为基本消费单位的文化产品市场前景较广阔，给文化企业提供了发展机会。文化企业要充分考虑人口的地理分布及其动态特征对文化产品需求的影响，及时作出回应，不断调整自己的产品和服务，尽可能充分满足其不断变化的需求。

人口流动使文化市场发生空间转移，市场的变动性增强。由于人口政策的变化、经济不断发展、科学技术的进步、交通业的快速发展，现代人口流动的速度不断加快，人口大规模的流动已经成为人口变化的最显著特点之一。这种大规模的人口流动也带动了原有文化市场的变动，在流入地创造和扩大市场的同时，也使流出地的文化市场规模不断缩小。

（二）经济环境因素

经济环境是指文化企业开展市场营销活动所面临的外部经济条件。任何文化企业的生产经营活动都是建立在宏观经济基础之上的，同时，文化企业的生产经营活动也构成了宏观经济的一部分。宏观经济体现了一个国家经济的总体水平和质量，对文化企业市场营销活动产生综合和长远的影响。宏观经济要素一般包括静态和动态两个方面。

1. 静态构成要素。

（1）宏观经济总体水平。主要指一个国家在一定时期的国民经济总体水平，是一个国家经济实力的表现。改革开放以来，我国国民经济始终保持着较好的发展势头,国民经济总量不断提高,经济总体水平在国际上的排位不断前进。"十一五"期间,我国经济年均增长达11.2%,远高于同期世界经济年均增速,而且比"十五"时期年平均增速快1.4个百分点,是改革开放以来经济增速最快的时期之一。"十二五"期间,我国经济总体平稳发展,2014年国内生产总值636463亿元,比上年增长7.4%(图3-1)。在国家宏观产业政策的引导下,我国部分产业和企业顺应经济发展的趋势,主动进行产业结构和产品结构的调整,生产经营受到一定的影响,但经过政府的努力,我国宏观经济的发展前景较好,对文化产业的发展起到了良好的促进作用。

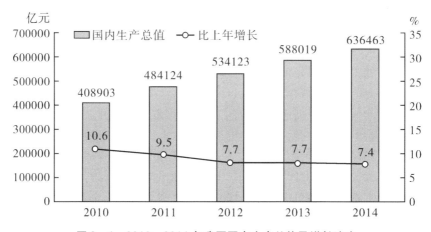

图3-1 2010—2014年我国国内生产总值及增长速度

资料来源:《中华人民共和国2014年国民经济和社会发展统计公报》,中华人民共和国国家统计局2015年2月26日发布。

(2)国民经济结构。任何国家和地区的经济结构总是体现出经济发展的特点,并对国家文化产业的发展产生重要影响。按照经济发展的历史顺序,发展中国家的生产发展先后经历了第一产业发展、第二产业发展和第三产业发展,并最终到三个产业一起发展,呈现出规律性变化的特点。目前,我国三大产业齐发展,第三产业发展速度快,影响力不断增加(表3-1)。其中,文化产业的整体发展速度超过了传统产业的发展速度,不断形成新的产业集群,产业规模也不断扩大,对文化企业的发展起到了良好的促进作用。

2. 动态构成因素。宏观经济的发展受到多种因素的影响,会呈现出周期性的变动。这种变动集中在以下几个方面:

(1)经济发展阶段。经济发展的阶段不同,宏观经济条件不一样,国家的宏观经济管理战略目标也不一样,受到国家宏观政策和战略的影响,文化企业经营管理的手段和方法也需要随之作出调整。目前,我国经济总体上处于稳定发展时期,但存在一定的瓶颈因素。这种阶段性特征在某些时候有助于我国文化产业的发展。

表 3-1　我国 2010—2014 年三大产业结构

单位：亿元

年份	第一产业		第二产业		第三产业		总值
	产业总值	占总产值比重	产业总值	占总产值比重	产业总值	占总产值比重	
2010	40497	10.18%	186481	46.85%	171005	42.97%	397983
2011	47712	10.12%	220592	46.78%	203260	43.10%	471564
2012	52377	10.09%	235319	45.31%	231626	44.60%	519322
2013	56957	10.01%	249684	43.89%	262204	46.10%	568845
2014	58332	9.17	271392	42.64	306739	48.19	636463

（2）消费者收入变化。消费者收入包括消费者个人的工资、奖金、津贴、红利、租金、退休金、馈赠等一切货币收入。市场是由具备一定购买能力和购买欲望的消费者组成的。消费者只有在具备超过基本物质消费的一定购买能力时，才能产生文化消费需求，才能形成现实的文化市场。消费者收入水平的高低决定了消费者支出的多少和支出模式的不同，从而影响了文化市场规模的大小，同时，对不同文化产品和服务的需求也产生了一定的影响。

在人口既定的情况下，文化市场需求规模与社会购买力水平成正比。

消费者收入是一个总体概念，涉及相关因素。从文化企业的角度看，消费者收入中的一部分不可能形成消费，特别是不能形成文化消费，必须予以扣除。消费者较重要的两个收入是个人可支配收入和个人可任意支配收入。

个人可支配收入指在消费者个人总收入中扣除税金后，消费者真正可用于消费的部分，是影响消费者购买力水平和消费支出结构的决定性因素。个人可任意支配收入是在个人可支配收入中减去消费者用于购买食品、支付房租及其他必需品的固定支出所剩下的那部分收入，一般还要扣除稳定的储蓄。非必需品的消费主要受个人可任意支配收入的限制。

（三）自然环境因素

自然环境是指影响文化企业营销的自然资源、地形地貌和气候条件及其变化等自然因素。自然环境是最重要的营销环境之一，其他的一切环境都依赖于自然环境而存在。自然环境是环绕人们周围的各种自然因素的总和，是人类赖以生存的物质基础。人类是自然的产物，同样，文化也是自然的产物和反映，文化产品的生产和经营都离不开特定的自然环境。自然环境对文化企业的市场营销活动的影响是多方面的，主要表现为：

1. 地理生态环境复杂多样，富有特色的民族文化较多，文化产品的开发前景广阔。"越是民族的，就越是世界的"，这是对文化产品的一种本质概括。民族文化所具有的民族特色使得产品具有独特的市场吸引力和竞争力，为文化企业开发市场打下了良好的基础。

文化企业立足于地区民族文化，就能开发出有别于其他地区的优势文化产品，并成为文化市场上的"精品"。立足于云南独具特色的民族文化，云南省先后涌现出《云南映象》（图3-2）、《丽水金沙》、《勐巴拉娜西》、《蝴蝶之梦》、《澜沧江—湄公河之夜》等一大批经济效益、社会效益俱佳的舞台文艺精品，逐步树起了云南民族演艺品牌，带动了全省演艺业的发展，使得云南成为全国知名的文化大省。

图3-2　《云南映象》演出剧照

2. 文化体系相对稳定，对外来文化的接受程度较低。文化体系是一个地区的人们在长期的生产生活中逐步积累而形成的，受该地区自然环境因素的影响和制约，充分反映了该地区的自然特色，具有较强的稳定性。相对于物质要素快速变动的特性而言，一个地区的自然因素，特别是与文化关联度高的自然要素的变化速度是缓慢的。这种相对稳定的自然要素对地区文化的产生、发展和变化都起到了非常大的作用，只要自然环境因素不发生较大的变化，在自然环境因素基础上建立起来的文化也会保持相对的稳定性。

3. 文化市场需求较复杂，市场开发难度较大。由于各地的文化消费观念建立在区域环境之上，并形成了较稳定的消费习惯，因此，对于外来文化产品的市场营销具有排斥心理。文化排斥现象是文化市场开发中的最大难点。当今世界，在经济全球化、国际化的趋势推动下，文化产业也呈现出国际化的趋势。但与此同时，文化保护主义开始出现。各地都从保护民族文化的立场出发，采用各种措施，保护本地本民族的文化，并通过各种行政和经济手段，一方面扶持本地本民族文化，推动文化产业的大发展，提高文化市场的占有率，另一方面不断提高外来文化的进入门槛，阻止外来文化的进入。

（四）科技环境因素

科学技术是社会生产力最新的和最活跃的因素，对任何产业的发展都会产生直接甚至剧烈的影响，对文化企业的影响也是全面的。科技环境不仅直接影响文化企业内部的生产与经营活动，还同时与其他环境因素互相依赖、相互作用，共同影响文化市场。科学技术对文化市场营销活动的影响的具体表现有三点。

1. 在给文化企业造成新的市场营销机会的同时，也会给文化企业造成威胁。人们常说，科学技术是一种创造性的毁灭力量。一项新的科学技术的出现，一个新的行业和消费群体会很快随之产生。产生于20世纪80年代的互联网技术，到21世纪初已经联系着全球超过190个国家和地区，成为世界上信息资源最丰富的电脑公共网络，并由此产生了网络传播、网络电话、网络电视、网络教育和网络金融等新的行业。同时，科学技术的发展会让原有的行业逐渐失去消费者，最终被淘汰。文化企业面对科学技术的变化，必须迅速制订应对之策，改变自己的生产经营方式，才能不被市场淘汰。

2. 科学技术促进了文化企业营销方式的变革。科学技术对营销的贡献之一就是为营销工作不断提供新技术，使得营销方式不断发生变化。建立在网络基础之上的网络营销（On-line Marketing）便是最具代表性的例子。网络营销是企业营销实践与现代信息通信技术、计算机网络技术相结合的产物，文化企业以电子信息技术为基础，以计算机网络为媒介和手段开展各种营销活动，包括网络调研、网络推广、网络新产品开发、网络促销、网络分销、网络服务等。网络营销方式已经成为现代企业的重要营销手段。同样，建立在移动互联网技术基础之上的移动媒体，更是为文化企业的产品和服务营销提供了新的、更加快捷的平台，使得产品和服务实现了及时、动态营销，也实现了企业与消费者的双向沟通等。众多文化企业通过建立或者借助其他面对消费者的营销网络或者移动平台，以拓展企业的营销渠道，提高营销能力。

《奔跑吧，兄弟》的微信运营

随着腾讯公司于2011年推出的微信免费应用程序在中国迅速走红，越来越多的人习惯在微信建立自己的朋友圈，也在微信浏览自己需要的信息、了解当下潮流事件和网络用语。企业也逐步认识到微信的价值，开始借助微信平台开展营销活动，并由此产生了微信营销。

微信运营，指负责微信的运营，包括个人微信和微信公众平台的建立，然后通过微信跟用户进行沟通的运营过程。微信运营是信息时代的产物，具有随意性、移动性、便捷性等特点。微信运营人员需要具备较强的移动互联网意识，只需要一部智能手机即可完成日常的基本运营，可以通过微信客户端和用户进行互动，解决用户的问题，达到维护目的。

在这样的背景下，越来越多的节目组开通了官方微信账号并进行运营，取得了很好的和用户互动的效果。更有大牌综艺节目在微信旗下的微社区开展与节目直播同时的互动，体现了微信运营的便捷性、时效性，取得了很好的成果。

《奔跑吧，兄弟》是浙江卫视全新推出的大型户外竞技真人秀节目，于2014年8月28日正式开机，10月10日登陆浙江卫视周五黄金档，同时也在腾讯视频强势推出。节目一经播出就引起了网友的强烈反响。节目组建立了《奔跑吧，兄弟》微信公众号，在微社区中，数万粉丝边看边"抢楼"。第一期节目的有奖"抢楼"活动引起网友的狂热参与，节目开播后的2小时内，累计吸引2200余位网友参与。2015年1月16日，《奔跑吧，兄弟》第一季完美收官。《奔跑吧，兄弟》节目的微信话题达到10000多个，访问量更是达到300多万人次。同时，节目官方微信平台还开展了诸如"抢楼赢大礼"、"为喜欢的明星盖楼"、"跑酷"、"撕名牌"、"忠粉测试"等互动微活动，吸引了大批微粉的积极参与。

借助微信平台，《奔跑吧，兄弟》第一季的节目营销走上了一条快车道，也为第二季的强势上演夯实了基础。

[赵泽润改编自腾讯社交网络事业群（SNG）即通应用部移动社区产品中心资料]

3. 科学技术促进了文化企业营销管理方式的变化。营销管理是指文化企业为了实现企业目标，创造、建立和保持与目标市场之间的互利交换关系，而对设计方案进行分析、计划、执行和控制的过程。科学技术作为第一生产力，推动了企业管理技术与管理理论的完善，影响着管理环境、管理模式、管理手段以及具体的管理活动。科学技术的不断更新会使文化企业规模由小到大，走向集团化、国际化，企业结构向扁平化方向发展，促使企业管理不断与之相适应；管理手段、管理工具的更新使管理者从现场退至后方，从局部管理发展到全局管理，从手工管理发展到办公自动化。以计算机为代表的20世纪现代科技革命引发了网络经济和经济全球化，也引起了管理手段、管理观念的变革，对具体的管理活动如营销管理、财务管理提出了新的要求。

（五）政治和法律环境因素

1. 政治环境。政治环境是指文化企业市场营销活动的外部政治形势和状况给文化市场营销活动带来的或可能带来的影响。政治环境是一个国家或者地区政治的集中表现，制约着文化企业的营销活动，主要包括政治集团的发展思路、政治体制、政治稳定性等。

政治环境一般分为国内政治环境与国际政治环境两部分。

（1）国内政治环境。包括党和政府的各项方针、路线、政策的制定和调整，各项路线、方针政策对文化企业市场营销的影响。文化企业要认真加以研究，领会其实质，了解和接受国家的宏观管理，并且随时了解和研究各个不同阶段的各项具体的方针和政策及其变化的趋势。

（2）国际政治环境。国际政治环境一般包括政治权力和政治冲突两部分。政治权力指一国政府通过正式手段对外来文化企业的营销权利予以约束，包括进口限制、外汇控制、劳工限制、国有化等方面；政治冲突主要指国际上重大事件和突发性事件对文化企业营销活动的影响，包括直接冲突与间接冲突两类。随着经济不断趋于全球化，我国文化企业在积极开发国内市场的同时，要适时地"走出去"，积极开发国际市场，提高文化产品的国际市场营销能力。因此，需要研究国际营销环境的状况、发展变化趋势，以及对我国文化企业开展国际营销的影响，为制定科学、有效的国际市场营销策略提供依据。

2. 法律环境。法律环境是指文化企业开展市场营销活动时所面临的中央及地方颁布的各项法律、法规和规章。作为一种所有文化企业都要普遍遵守的强制性行为规则，法律对文化市场营销活动的作用主要表现在两个方面。

（1）保护作用。相关法律明确规定了文化企业的权利义务关系，特别是通过对文化企业施行管理立法，来保护文化企业的各种权利和利益。这种保护作用通过立法和普法工作在尽可能大的范围内实现。如《中华人民共和国商标法》明确规定，注册商标的有效期为10年。有效期满，需要继续使用的，每次续展注册的有效期为10年。《中华人民共和国著作权法》规定，电影作品和以类似摄制电影的方法创作的作品、摄影作品，其发表权按本法第十条第一款第（五）项至第（十七）项的规定，保护期为50年，截止于作品首次发表后第50年的12月31日，但作品自创作完成后50年内未发表的，本法不再保护。

（2）制裁作用。法律具有制裁、惩罚违法犯罪行为的作用。这种制裁作用不仅在于制裁违法犯罪行为，还在于预防违法犯罪行为、增进社会成员的安全感。文化企业在开展生产经营活动时，必须严格遵守国家的各项法律、法规和规章，守法经营。

（六）文化环境因素

文化指人类社会历史实践过程中所创造的物质和精神财富的总和，是人们创造的用以表现人类行为的有意义的符号，以及具有历史继承性的人类行为模式。文化环境指在一定的区域范围内所形成的相对稳定的教育水平、语言文字、价值观念、宗教信仰、审美观以及世代相传的风俗习惯等。

1. 文化环境对文化企业的影响。文化环境是一个相对稳定的子环境系统，对文化企业的影响主要表现在三个方面。

（1）对文化消费者及其行为产生影响，不易改变。任何文化消费者都是生活在一个特定的文化环境中的，自出生开始，所具有的文化积累决定了其文化价值观，也直接影响了其对文化产品的认识、评价、选择和消费。在一个特定文化环境中生活的消费者受到的影响更直接，而生活在几种文化环境下的消费者可能因为文化的认同不一致，而对文化产品的消费具有一定的不稳定性，其消费规律较难把握。

（2）影响力较大，持续时间长，但是影响是间接的。由于消费者总是生活在一个相对稳定的文化环境中，普遍受到文化的影响，因此，文化环境要素会对该区域内的所有消费者的消费观念、消费行为产生影响，并不是只对某些或者个别消费者产生影响。同时，文化环境具有相对稳定性，变化的速度较慢，消费者受环境影响所产生的消费行为和观念也会保持一定的稳定性。

（3）受国家和地区历史的影响较大，特色明显。各个国家和地区的文化因为受到自然、政治、经济等因素的影响，逐渐形成了自己的特色。因为受到国家和地区历史的影响，文化消费者的消费观念和行为也具有明显的地域特色。文化企业要通过调研分析，了解、掌握这种特色，为产品开发、营销做必要的准备，确保文化产品能够充分适合该地区文化消费者的消费观念和习惯。

2. 文化环境的具体内容主要包括五个方面。

（1）教育状况。这是最直观反映一个国家或者地区文化现实水平和状况的指标。反映教育水平和状况的统计指标主要有：国家和地区的受教育程度，文盲率高低，在校大、中、小学生的人数和比率，受过教育的人的性别构成，等等。这些指标能够充分说明国家和地区的教育总体水平和状况，也间接反映出文化市场的需求状况和规模。

（2）宗教信仰。宗教本身就是文化，并在一定程度上对文化营销活动产生很重要的影响。文化企业可以从以下几方面分析宗教信仰的影响力：①宗教分布状况；②宗教要求与禁忌；③宗教组织与宗教派别。

（3）审美观念。处于不同地域、不同民族、不同时代的人有着不同的审美观念和美感，这将影响他们对文化产品和服务的看法。文化企业营销人员必须根据营销活动所在地区人们的审美观设计产品、提供服务。一般可以从以下几个方面进行分析：①从审美的角度对文化产品的美学要求；②对促销方式的要求。

（4）语言。文化企业在进行国际、国内营销活动时，要看到语言环境的差异及其对消费者购买行为的影响，以针对不同的语言群体制定相应的策略。研究语言环境要做到：①顺利地与各方面沟通；②准确地翻译；③制定适当的策略。

（5）亚文化群。亚文化群可以按地域、宗教、种族、年龄、兴趣爱好等特征划分。文化企业在用亚文化群来分析需求时，可以把每一个亚文化群视为一个细分文化市场，分别制定不同的营销方案。

第三节　文化市场营销微观环境

微观环境，是指对文化企业服务其顾客的能力产生直接影响的各种力量，与文化企业的营销活动发生直接关系的组织与行为者的力量和因素，包括文化企业自身、市场营销渠道企业、客户、竞争者和公共形象等。微观环境直接影响文化企业服务于产品和劳务市场的能力，是文化企业管理者更应该关注的对象。

一、文化企业自身

文化企业的任何生产经营活动都是建立在自身现有条件基础之上的。良好的条件是企业成功的基石，也是市场营销成功的保证。文化企业的生产经营条件包括许多方面，既包括生产要素的多少，也包括生产经营管理水平的高低；既包括静态要素，如企业的高层管理、财务、研究与开发、采购、制造和会计等部门，也包括动态要素，如文化产品的设计、生产、营销和服务等。文化企业这些要素的合理配置，是营销活动成功的保证。因此，营销部门在制订和实施营销计划时，必须考虑其他部门的意见，处理好同其他部门的关系；同时，充分掌握企业生产经营活动的规律，为营销活动提供良好的前提条件。

二、市场营销渠道企业

1. 供应商。供应商就是向文化企业及其竞争者提供资源的企业和个人。企业要在生产经营中获得比较优势，就要选择在质量、价格以及运输、信贷、承担风险等方面条件最好的供应商，这样才能为销售环节提供可靠的物质和精神保证。供应商与文化企业之间既是利益共同体，又是相互争夺利益的对手。当生产要素市场供大于求时，供应商会加大与企业的合作力度，希望文化企业能够以尽可能好的条件购买其提供的产品和服务；而当生产要素市场供小于求时，供应商会不断提高销售的条件，增加文化企业的购买成本和难度。因此，文化企业要充分认识与供应商的复杂关系，做好采购工作，确保生产经营活动的顺利进行。

2. 营销中间商。营销中间商是指协助文化企业促销、销售以及把产品送到消费者手中的机构和个人，包括经销商、物流公司、营销服务机构、中介机构和个人。由于文化市场范围不断扩大，企业产品的产量不断扩大，文化企业必然要在营销上作出一个选择：是自己完成全部销售任务，还是请专门的营销中间商协助完成销售任务，或者把企业的销售任务完全委托给营销中间商。

视野拓展

小红帽——报纸发行天天行

小红帽发行股份有限公司的前身为北京小红帽发行服务有限责任公司，1996年7月正式成立，是北京市第一家由报社创办的自办发行企业。小红帽公司旗下拥有两个全资子公司，分别为北京小红帽运输有限责任公司和北京小红帽网络科技有限责任公司；两个参股子公司，分别为敦豪互动营销策划（北京）有限公司和快客蚁族商贸（北京）有限公司。

2004年8月18日，小红帽发行股份有限公司成立（Logo见右图所示），开始产业化运作与发展，同时，获得新闻出版总署出版物全国总发行权和连锁经营权，打造多报刊发行的高速公路。

小红帽——报纸发行天天行

品牌

小红帽发行股份有限公司是目前国内报刊发行界最具实力、最有影响的企业之一，以"服务创造价值，传递从心开始"为宗旨，提供最快捷、最方便、最周到的服务，成为客户心中的金字招牌。

网络

在北京地区拥有发行网点116个，从业人员3000人，服务人口1300万人，运输车辆100余辆，仓储面积13000平方米，在京城形成了四通八达的发行和物流配送网络。拥有"出版物全国总发行权"、"连锁经营权"和"在上海、天津、重庆等12个城市设立分公司的权力"。依托37个城市报业自办发行网络，组成了"全国城市报业发行网络联盟"，构建起未来出版物全国发行的新体系。

数据

拥有百万读者的数据库，包括大量高学历、高收入、高消费的"黄金"客户。数据库营销是小红帽的核心优势之一，多达38维的数据采集与分析为市场营销提供了多角度的信息资源，为满足客户需求提供多方位的支持。

服务

代理发行《北京青年报》、《法制晚报》、《第一财经日报》、《中国经营报》、《南方日报》、《读者》、《瑞丽》等300多种报刊。在电商配送上，小红帽公司与当当网、唯品汇、聚美优品等多家电子商务企业合作，单日配送量超过1万单，最高峰值达每天2.5万单。与顺丰公司的战略合作，将为小红帽公司带来优质的客户资源和稳定的业务单量，在此基础上，小红帽拟重新打造一个覆盖北京市全境、品质最优、规模最大的具有市场影响力的落地配送企业。

公司利用发行网络和客户资源优势，成功开发了投递广告、牛奶配送、桶装水配送、票务销售、图书配送、快递以及回收旧报刊等多项业务。

在直复营销上，小红帽公司与宜家、麦德龙、麦当劳、肯德基、必胜客等多家企业合作，开发了数据库投递业务等多种业务类型，成为小红帽渠道经营新的增长点。

（赵泽润改编自小红帽发行股份有限公司网站资料）

三、客户

客户是文化企业最重要的微观环境因素。客户直接组成了文化企业的目标市场，更是文化企业服务的对象，是企业的"上帝"。文化企业需要仔细了解自己的客户市场，按照客户及其购买目的的不同来细分目标市场。市场上客户不断变化和不断进步的购买需求，要求文化企业将不断更新的产品提供给客户。

文化企业要按客户及其购买目的的不同来划分市场，才能具体深入地了解不同市场的特点，更好地贯彻以客户为中心的经营思想。文化企业的客户一般包括消费者、生产者、中间商、政府和国外客户。

四、竞争者

文化企业在生产经营过程中总是要面对一系列竞争者。每个文化企业的产品在市场上都存在数量不等的业内产品竞争者。文化企业的营销活动时刻处于业内竞争者的干扰和影响之下。因此，任何文化企业在市场竞争中，都要能准确地辨认竞争对手，并采取适当的战略与策略，以提高自己的市场竞争能力，不断巩固和扩大市场。

文化企业在市场上主要有四个方面的市场争夺者。

1. 品牌竞争者。这是文化企业最直接而明显的竞争者。这类竞争对手的产品内容、档次和价格基本相同，只是生产企业不同，如同一城市中不同出版单位出版的都市报就属于这一类竞争。针对读者在报纸选购上存在的品牌偏好，报业单位主要采取在读者中培植品牌偏好的策略，提高报纸的发行量和市场吸引力，从而提高自己的竞争力。

2. 品种竞争者。这类文化产品功能基本相同或者相似，但产品的服务对象不同，产品之间的竞争是全面的竞争。如我国报业市场中专业报纸与都市报纸之间的竞争。都市报以都市为中心，更贴近实际、贴近生活、贴近群众，在定位上以小见大地弘扬主旋律，活跃报业市场，并成为主流党报的有益补充；在内容上注重服务意识，着眼于对老百姓关心的社会热点、焦点、难点问题的报道；在形式上采用平易近人、通俗生动的编辑和报道风格，以客观真实和社会责任为报道规范；在运作上遵循市场规律开拓创新，并在发行和广告上有所作为。专业报无论在内容上还是在编辑上都体现出与都市报不同的特点，以做精、做深、做大为主要目的。在内容上，专业报不仅对新近发生的该领域的新事件、新情况进行报道，更重要的是探究现象背后的深层本质和规律性，因此在分析和解释上，表现出综合性报纸所没有的透彻性和思辨性，并且推出大量大篇幅的解释性报道、深度报道和调查性报道，加强报道力度；在编辑上，简洁大方而又大气，让报纸看起来更为赏心悦目。以上这些，都成为与都市报竞争的优势。

3. 品类竞争者。文化产品的门类不同，但所满足的消费需要基本相同。如电视与报纸都能满足文化消费者获得信息、享受娱乐的需要，但其消费方式不同，需要消费者从中作出选择。因此，电视机构与报业单位之间就必须展开竞争，通过自己的优势产品吸引消费者。

4. 潜在需求竞争者。这是文化市场上表现形式最不明显，但对现有文化企业可能影响最大的一种竞争对手。特别是在科学技术不断发展的情况下，新技术的出现和运用会带来新的行业的产生。原来并不存在的生产力就会出现，新的竞争对手就会加入，形成新的竞争力。

五、公众形象

文化企业的"公众形象"即一个企业在公众心目中的形象，它对企业的经营发展是至关重要的。文化企业需要了解公众对它的产品和活动的态度，争取在公众心目中建立良好的企业形象。现代企业是一个开放的系统，文化企业的营销活动与公众有着直接或间接的联系，所以必须处理好与各方面公众的关系。

文化企业所面临的公众主要有五类。

1. 政府公众。指有关政府部门。文化企业在制订发展计划时，必须考虑政府的发展政策。目前我国政府高度重视文化产业的发展，从政策等方面对文化企业的发展给予了大力支持，这就为文化企业创造了良好的外部环境。文化企业可以借助这一有利的政策环境，不断扩大自己的生产经营范围，提高生产经营能力，加速发展壮大。

2. 媒介公众。指报社、电台、电视台等大众传播媒介。这些团体对文化企业的宣传有着举足轻重的作用，而文化企业产品所具备的政策属性也必须借助媒体发挥作用。

3. 金融公众。指关心并可能影响文化企业获得资金能力的银行、保险公司、投资公司、证券公司等。金融机构为文化企业的发展提供资金保障，是文化企业顺利发展的价值保障。

4. 群众团体。指消费者组织、劳动权益保护组织等群众团体。他们是文化企业必须重视的力量。文化企业需要重视他们的社会影响力，关注并尊重他们的活动。

5. 社区公众。指文化企业所在地的居民和社区组织。文化企业在营销活动中要避免同周围的公众利益发生冲突，应指派专人负责处理与社区部门的关系，并努力为公益事业作出贡献。

第四节 文化市场营销环境分析

文化市场营销环境是客观存在的,并依据自身的发展变化对文化企业产生直接或间接的影响。这种影响既有有利的一面,也有不利的一面。有利的影响主要是指环境的变化给文化企业创造新的市场机会和新的生产经营能力;不利的影响则是给文化企业的现时生产经营能力产生直接的冲击,会削减甚至直接毁灭其竞争力。文化企业必须认识到营销环境对生产经营活动的影响,采取积极的应对措施,做到扬长避短、趋利避害。

一、市场营销环境分析方法

由于市场营销环境的内容较多,对文化企业的影响也不一样,因此,分析市场营销环境的方法也较多。常用的方法有SWOT分析法和矩阵分析法。

(一) SWOT分析法

SWOT分析法又称态势分析法,是由旧金山大学的管理学教授于20世纪80年代初提出来的,S,W,O,T四个英文字母分别代表优势(Strength)、劣势(Weakness)、机会(Opportunity)和威胁(Threat)。所谓SWOT分析,即态势分析,就是将与研究对象密切相关的各种主要内部优势、劣势、机会和威胁等,通过调查列举出来,并依照矩阵形式排列,然后用系统分析的思想,把各种因素相互匹配起来加以分析,从中得出一系列相应的结论,而结论通常带有一定的决策性。

1.SWOT分析法运用各种调查研究方法,分析出文化企业所处的各种环境因素,即外部环境因素和内部能力因素。

外部环境因素包括机会因素和威胁因素,它们是外部环境对企业的发展直接有影响的有利和不利因素,属于客观因素;内部能力因素包括优势因素和劣势因素,它们是企业在发展过程中自身存在的积极和消极因素,属于主观因素。在调查分析这些因素时,不仅要考虑到历史与现状,更要考虑未来发展的问题。

(1) 优势。优势是指文化企业的内部因素,具体包括有利的竞争态势、充足的财政来源、良好的企业形象、技术力量、规模经济、产品质量、市场份额、成本优势、广告攻势等等。

(2) 劣势。劣势也是指文化企业的内部因素,具体包括设备老化、管理混乱、缺少关键技术、研究开发落后、资金短缺、经营不善、产品积压、竞争力差等等。

（3）机会。机会是文化企业的外部因素，具体包括新产品、新市场、新需求、外国市场壁垒解除、竞争对手失误等等。

（4）威胁。威胁也是文化企业的外部因素，具体包括新的竞争对手、替代产品增多、市场紧缩、行业政策变化、经济衰退、客户偏好改变、突发事件等等。

SWOT 分析法的优点在于考虑问题全面，是一种系统思维，而且可以把对问题的"诊断"和"开处方"紧密结合在一起，条理清晰，便于检验。

2. 运用 SWOT 分析法对文化企业的营销环境进行分析，主要分析两个方面。

（1）外部环境分析（机会与威胁）。环境机会的实质是指文化市场上存在着"未满足的较大需求"。它既可能来源于宏观环境，也可能来源于微观环境。随着消费者需求的不断变化和产品使用周期的缩短，旧的文化产品不断被淘汰、新的文化产品不断出现，并受到消费者的欢迎，从而使文化市场上出现了许多新的机会。

不同文化企业的环境机会是不相等的，同一个环境机会对这一些文化企业可能有利，而对另一些文化企业可能造成威胁。环境机会能否成为文化企业的机会，要看此环境机会是否与文化企业的目标、资源及任务相一致，文化企业利用此环境机会能否比其竞争者得到更大的利益。

环境威胁是指对文化企业营销活动不利或限制文化企业营销活动发展的因素。这种环境威胁主要来自两方面：

1）环境因素直接威胁着文化企业的营销活动，如国务院颁布的《营业性演出管理条例》，降低了外资进入演出市场的门槛和标准。其中第十一条规定，外国投资者可以与中国投资者依法设立中外合资经营、中外合作经营的演出经纪机构、演出场所经营单位。这一方面为外资进入中国演出市场提供了法律依据，促进了我国演出产业的发展，同时对现有的文化演出单位构成了较大的威胁。

2）环境因素不直接影响文化企业的营销活动，但通过影响与文化企业相关联的经营要素而间接影响文化企业的营销活动。这种威胁更多的是宏观环境中不利于文化企业发展的因素的出现和存在。例如，全球性或区域性经济滑坡，从表面上看并不影响文化企业的发展，但经济滑坡往往会导致工业、农业等实体行业经营状况的恶化，影响了行业广告投入量，也影响了行业从业人员的收入，并最终会从产业投入（如广告）和消费需求（包括集团消费和个人消费）两方面影响文化企业的发展。

（2）内部环境分析（优势/劣势分析）。内部环境是文化企业开展生产经营活动的基本和保障。只有具备了较完善的生产经营条件，文化企业才能按照自己的发展战略和目标，充分利用自己的优势资源开展生产经营活动。同时，文化企业还要充分认识到自己的弱点和不足,并主动调整经营战略和目标,及时避开自己的短处。可以肯定的是,文化企业不应去纠正所有的劣势,最好的做法就是扬长避短,发挥自己的优势,做自己最擅长的事情。所以,内部环境分析的核心和精髓就在于真正分析出企业的长处、短处,并对这种优势的内容、运用的范围、时间等进行科学的界定。同时,对于自身存在的不足,也能从具体的类型、影响力和影响范围等方面进行界定,确保文化企业充分做到发挥优势、避开劣势。

(二) 矩阵分析法

矩阵分析法是数学分析的重要工具,矩阵论既是一门发展完善、理论严谨、方法独特的数学基础,又广泛应用于各个领域。在经营管理中,矩阵分析法作为一门管理决策工具,其应用范围越来越广,理论越来越完善。在实际工作中,矩阵分析法具有简单明了、易于掌握的特点。文化企业可以通过矩阵分析法,全面分析和掌握营销环境及对企业营销活动的影响。

1. 环境威胁矩阵图。环境威胁矩阵图(图3-3)的横排代表"出现威胁的可能性",纵列代表"潜在的严重性",表示赢利减少程度。例如,在环境威胁矩阵图上有三个"环境威胁",即动向1~3。其中威胁2和威胁3都是严重的,出现威胁的可能性也大。所以,这两个环境威胁都是主要的威胁,文化企业对这两个主要威胁都应十分重视;威胁1的潜在严重性大,但出现威胁的可能性小,所以这个威胁不是主要威胁。

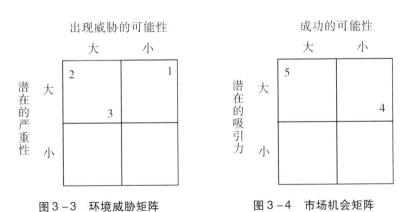

图3-3 环境威胁矩阵　　图3-4 市场机会矩阵

2. 市场机会矩阵图。市场机会矩阵图(图3-4)的纵列代表文化市场的"潜在的吸引力",横排代表文化企业"成功的可能性",表示潜在赢利能力。在市场机会矩阵图上有两个"市场机会",即动向4~5。其中最好的市场机会是5,其潜在吸引力和成功的可能性都大;市场机会4的潜在吸引力虽然大,但成功的可能性小。

二、企业应对环境机会和威胁的对策

文化企业在生产经营过程中总是要面临各种各样的环境机会和威胁。在分析机会和威胁的基础上,文化企业要采取对策,及时抓住环境机会,对付环境威胁。

(一) 应对市场机会的策略

面对市场上出现的机会,文化企业可以采取两种策略。

1. 开发市场机会。文化企业无法以现有产品去满足现有目标市场以外的市场的需求。随着社会的进步,顾客需求不会停留在原有水平上,不同顾客也不会有同一层次的需求,因此,文化企业必须进行产品创新,不断开发新产品来满足现有目标市场上不同层次顾客不断变化的需求。新产品开发一般有三种具体的途径:

一是增加或减少原有产品的功能。增加产品的功能,就可满足顾客更多的需求,从而提高顾客的购买欲望。例如,为了更好地推广有线电视,现在的有线电视台大多一改过去仅单向向用户传送电视信号的做法,更多的是在此基础上增加其他业务。杭州有线电视台自 2004 年 10 月正式开始数字电视整体平移工作起,就将数字电视定位在家庭信息化终端上,其最大特点是增加了新型的交互方式,通过有线电视网与宽带网的结合,为人们提供交互型增值服务,通过"广播"与"交互"两种内容方式的提供,很好地把公众服务与市场服务分开,公众服务继续采用一般收费方法,而交互模式则采用市场定价,此做法得到了用户的好评。但应该注意的是,功能越多,产品结构往往越复杂,而越复杂的产品就越不可靠。

二是开发不同质量档次的产品。文化企业可以针对不同的消费者(如专业使用者和普通消费者)开发不同档次和功能的文化产品,以满足不同的需求。例如,电台所使用的收录音机与普通消费者所使用的收录音机在质量档次上是相差明显的。

三是开发全新的产品。所谓全新产品,是指产品所使用的技术、产品结构和质量与原有产品有较大的区别。例如,数字电视系统是 21 世纪与模拟电视系统完全不同的系统产品,其推广需要大量的数字电视设备和软件。

2. 扩大市场份额。文化企业产品市场份额的主要来源是市场潜量剩余(市场潜量剩余 = 市场饱和点 - 市场销售量总和) 和抢占竞争对手的市场份额。因此,文化企业必须对市场潜量剩余和竞争对手的市场份额有个基本的判断和识别,以便明确市场渗透的方向,即明确向潜量剩余渗透还是向竞争对手的市场份额渗透。但无论从哪个方向渗透,均要对市场结构要素,即顾客、竞争对手和市场法律法规进行分析,以便找出有效的市场渗透手段,识别提高渗透速度的机会。

当整个目标市场的产品销售量达到最大并开始或继续下降的时候,就说明该产品在目标市场的销售量达到了饱和点,也就是产品处于它生命周期的成熟阶段或衰退阶段。确定了市场饱和点,才能估计市场营销潜量剩余,明确市场渗透方向。

(二) 面对环境威胁的对策

面对环境威胁可能给企业造成的损失,文化企业常用的应对方法有三种。

1. 对抗策略。即试图限制或扭转不利因素的发展,如通过各种方式促使(或阻止)政府通过某种法令、达成某种协议,或制定某项策略来抵制不利因素的影响。

2. 减轻策略。即企业通过改变营销策略,以减轻环境威胁的程度,如以扩大销售来减轻成本的上升。

3. 转移策略。即将受威胁的产品转移到其他市场,或将投资转移到其他更有利的产业,实行多角化经营。

本章小结

每一个文化企业总是在一个特定的环境中存在和发展的。所以,文化市场营销环境对于每一个文化企业来说都十分重要。研究市场营销环境的内容、影响力及其发展变化的趋势,掌握其对企业生产经营活动的影响,是文化企业开展生产经营活动、保持企业生产经营目标和战略实现的基本前提和保障。

本章较全面地分析了文化企业市场营销环境的内容、构成要素、主要环境要素对文化企业的影响。第一节简要分析了市场营销环境的特点、与文化企业的关系等。第二节详细分析了对文化企业产生决定影响的各种宏观环境因素的具体内容、特点、发展变化趋势,并分析了其对文化企业的生产经营活动产生的影响。第三节全面分析了影响文化企业的微观环境因素的具体内容、特点和对文化企业的影响。第四节则为读者提供了研究文化市场营销环境的具体方法,及应对各种环境变化的简单策略。

资料链接 >>>

中国对动漫产业的政策支持

动漫产业是 21 世纪的朝阳产业。改革开放 30 多年来,中国动漫企业已经从最初的几百家发展到 2014 年的 4600 余家,从业人数近 22 万人,年产值在 3000 万元以上的动漫企业 24 家,年产值超过 1 亿元的大型企业 13 家。总产值超过 1000 亿元。

中国动漫产业的快速发展,是多种因素共同作用的结果,更是党和政府对动漫产业大力支持的结果。从国际上动漫发达国家的经验来看,国家政策的支持一直是动漫业发展的重要基石。相对于发达国家的先进动漫业,我国动漫的总体水平相对较低,动漫企业的综合竞争力较差，更需要党和政府的大力支持。从党和政府对动漫业的扶持历程来看，主要表现为以下几个方面：

（一）政策支持

我国对动漫产业的政策支持最早是于 2004 年 4 月 20 日颁布的《关于发展我国影视动画产业的若干意见》。该意见规定，国内每个电视台每天必须播出 10 分钟以上的动画片，其中 60% 必须是国产的。2005 年起，国家又相继出台了多条与动漫产业密切相关的措施。2005 年 6 月，在杭州举行的全国影视动画工作会议上，国家广电总局《关于促进我国动画创作发展的具体措施》出台，该措施规定各级电视台在 17：00—19：00 这一黄金时段内必须播放国产动画片。广电总局于 2008 年又出台新规，要求从 2008 年 5 月 1 日起，各级电视台把播出动画片的时间延长到 17：00—21：00；同时，在播出的总数量上，规定国产动画片与引进动画片的播出比例不低于 7:3，这些政策支持为国产动画提供了很好的平台。此后，国家又设立了中央文化产业发展专项资金，内容包括从扶持计划到精品工程，重点扶持原创动漫，支持动漫产业的发展。同时，各地也纷纷出台扶持地方动漫产业发展的相关政策。另外，从出版到播映，构建动漫产业流通渠道，为国产动画的健康发展营造良好市场环境。

（二）基地建设扶持

由国家扶持建设一批具备较强的动漫生产和经营能力的动漫产业基地，一直是我国党和政府的重要任务。从 2004 年开始，国家广电总局及相关部门多次出台扶持动漫产业基地建设的政策，为中国动漫产业的发展打下了坚实的基础。一些地方政府也先后出台相关政策，支持本地动漫业基地的发展。2008 年，北京市广电局出台了《北京市文化创意产业发展专项资金广播影视项目评审办法》，对发展动漫业作出了政策支持。我国动漫产业基地建设取得了较好的成效，国家广电总局先后批准建立 19 个动画产业基地、4 个动漫研究教育基地。

（三）企业扶持

动漫产业的发展离不开大批具有生产经营实力的动漫企业。为此，国家先后出台多项政策，从多方面给动漫企业的发展以支持，推动了动漫企业的发展。2006 年 4 月，国务院办公厅转发了财政部等部门制定的《关于推动我国动漫产业发展的若干意见》，首次从国家层面明确提出发展动漫产业，文件中提到将动漫中小企业纳入"科技型中小企业技术创新基金"资助范围，并且享受有关所得税、增值税的优惠政策。从 2009 年开始，财政部和税务总局等部门又发布了一系列动漫企业的税收优惠政策。

（四）市场扶持

为了促进国内动漫企业的市场化进程，国家相关部门还出台了有关动漫发行许可制度、优秀动画片推荐制度、播出调控制度等，进一步规范了动画市场行为。同时，还积极组织大规模的动漫市场营销活动，先后组织了国际级、国家级的动漫节，为动漫企业的市场营销活动提供了良好的平台，其中，中国国际动漫节已经成为具有国际性和专业化的动漫交流、合作和交易平台。另外，加大对动漫市场秩序专项整治力度，构建动漫市场监管长效机制。规范动漫市场经营秩序，保护动漫产品知识产权，推动原创动漫产业发展。

经过多年的积累和努力，我国动漫产业取得了长足的进步，已经发展成为我国文化产业的主力军。如今，中国动漫产业已经进入了转型升级的关键时期。动漫产业未来的发展，除了需要丰富文化内涵、提升创意水平，以技术变革和商业模式创新为驱动，进一步实现与科技和金融资本的融合发展，从产品、企业和产业层面加快转型升级外，党和政府对动漫产业的支持与扶持，仍然是动漫企业发展的必要条件。

（赵泽润编写）

思考与练习

1. 怎样科学地理解文化企业与市场营销环境的关系？
2. 如何正确理解人口环境要素对文化企业的双重影响？
3. 经济环境要素对文化企业的影响体现在哪些方面？
4. 科学技术环境要素对文化企业的影响最直接的表现是什么？
5. 举例说明微观环境因素对文化企业的影响。
6. 运用一种市场营销分析方法分析文化市场营销环境对文化企业的影响。

第四章　文化消费者分析

● **知识要点**

了解文化消费者的行为模式。

理解影响文化消费者行为的内在因素及外在因素。

掌握文化消费者购买决策过程，认知需求、信息搜寻、评估选择、购买决策及购后行为等各阶段的行为特点及相应营销策略。

理解文化消费者群体心理及行为。

移动旅游需紧跟"80后"、"90后"消费习惯

旅游市场的开发一直是各旅游公司的首要任务，而发现旅游消费者并准确地掌握其旅游消费的规律，是市场开发的核心。近年来，随着互联网影响力的不断增加，我国旅游市场也逐渐出现了以互联网为消费选择手段的旅游消费者。开发旅游市场，自然要关注和重视互联网旅游，特别是移动互联网旅游消费市场。

一份针对中国一至三线城市15～69岁消费者展开的调查结果显示，中国智能手机市场主要由年轻用户群体带动。这份调查数据显示，在15～24岁的年轻人当中，49%拥有智能手机；在25～34岁的人群中，这一比例也高达44%。这样一个趋势除了带动游戏、娱乐等手机应用的蓬勃发展外，也带动了在线旅游业这种消费类应用的发展。

"很多'80后'、'90后'基本上已经是成熟的网民，有在互联网上消费、购物的习惯。而且，这已经不仅仅是一种趋势，而是现实。"劲旅网总经理魏长仁认为，在这样一个大背景下，在线旅游网站开始关注年轻人群，其实是适应互联网高速发展趋势和在线旅游市场的一个明智之举。

事实上，在线旅游与移动互联网是分不开的。作为与移动应用紧密结合的旅游行业，移动互联网为其带来了巨大的商业效应，智能手机是一个重要的预订渠道。具体来看，智能手机有便携性以及能提供地理定位的特点，在旅游信息查询和旅游产品预订方面，对用户来说更加灵活。而在线旅游企业可以通过

推出手机客户端软件抢滩移动应用市场，作为既有业务的延伸，在线旅游企业向用户提供标准化的机票、酒店、旅游产品搜索、预订等服务（图4-1）。

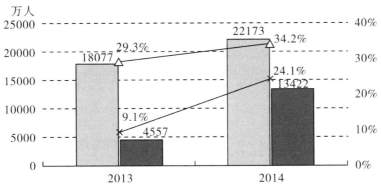

图4-1　2013—2014年在线旅行预订/手机在线旅行预订用户规模及使用率
资料来源：中国互联网络发展状况统计调查（2014.12）。

高端智能手机用户的快速增长，使移动互联网炙手可热，带动了移动应用的快速及多样化发展。据艾瑞网数据分析，移动应用市场将在未来几年中快速发展，到2015年，应用下载营收将超过290亿美元。同时，2015年智能手机出货量预计将占手机出货总量的45%，高于目前的23%。

目前，在线旅游服务日趋移动化，据业内相关人士称："如今旅游相关应用的受众就达数百万，通过移动设备预订服务的用户比例已经达到了很高的水平。并且，给旅游应用带来商机的不仅仅局限于预订服务，例如广告收入也会流向旅游应用。"

中国互联网信息中心发布的《2015年中国互联网报告》显示，截至2014年12月，中国网民规模达6.49亿人，全年共计新增网民3117万人。互联网普及率为47.9%，较2013年年底提升了2.1个百分点。截至2014年12月，中国手机网民规模达5.57亿人，较2013年年底增加5672万人。网民中使用手机上网人群占比由2013年的81.0%提升至85.8%，手机网民规模首次超越传统PC网民规模。手机网民规模继续保持稳定增长。另一项调查也显示，中国人每天平均要花158分钟的时间用手机上网，这一数据在全球范围的平均值是117分钟，作为手机上网的最主要群体，25～35岁的人群每天手机上网的时间更多。

这一切意味着，移动互联网是未来在线旅游竞争的主战场。国内在线旅游巨头携程旅行网自创始人梁建章重新出任CEO后，加快了无线业务上的布局。

梁建章曾表示,今后,携程所有资源将向无线端倾斜,推出手机专享的价格和优惠政策,并不惜开打价格战。

(温芳政编自《中国青年报》2013年6月21日11版,作者:鄢光哲)

任何市场都是由具有一定购买能力和购买欲望的消费者组成的。文化企业要想在市场竞争中取胜,必须充分分析和研究消费者,把握消费者的消费特点、规律等,才能采取应对之策。因此,文化企业在开展市场营销活动之前,需要对消费者进行分析。

第一节 文化消费者行为的影响因素

从个体上看,任何文化消费者的消费行为都是不可知的。但从总体上看,文化企业通过科学的市场调研活动,就可以较准确地把握消费者的消费行为,也可以掌握影响消费者行为的各种因素。

文化消费者的行为是个人与环境交互作用的结果,其行为方式、指向及强度主要受消费者个人内在因素与外部因素的影响和制约。

一般可以将影响消费者行为的因素分为两大类,即个人内在因素和外部环境因素。其中,个人内在因素具体包括文化消费者的生理因素与心理因素,而外部环境因素分为自然环境因素与社会环境因素。这两大类因素相互影响、相互促进,共同构成了影响文化消费者行为的两大因素体系。

一、文化消费者行为模式

(一)消费者行为

理解消费者行为,可以立足于不同角度审视之。从决策过程角度看,消费者行为是指消费者为获取、使用、处理消费物品所采用的各种行动,以及事先决定这些行动的决策过程。购买决策过程论认为,消费者行为是一种理性的行为,是成熟自我的合理延伸。从消费者体验角度看,消费者行为是消费者的体验过程,往往是一种感性的行为——消费者是在体验中购买、在体验中消费、在体验中处置,侧重于消费者的主观感受;影响消费者行为的因素是体验过程及其效果。从消费者和营销者之间的关系看,消费者行为是消费者与营销者之间的交换互动行为,是双方均衡的结果。从形成机制看,消费者行为则是消费者对特定营销刺激的反应,基于消费者与刺激的关系去研究消费者行为。

我国对消费者行为的研究始于20世纪80年代中期,随着营销观念的进一步更新,企业逐渐重视微观层面的消费者心理与行为。实践证明,深入开展消费者行为的研究，不仅对于企业根据消费者需求的变化组织生产经营活动，提高市场营销活动效果，增强市场竞争力，尽快融入国际经济体系，不断开拓国际市场具有极其重要的现实意义，而且有助于消费者提高自身素质，科学地进行个人消费决策，改善消费行为，实现文明消费。从大处着眼，此举更有助于加强与提高宏观经济决策水平，改善宏观调控效果，促进国民经济协调发展。

（二）文化消费与文化消费者

1. 文化消费。文化消费是指人们为了获得知识、艺术熏陶、满足精神生活的需要，在教育学习、享受艺术、休闲娱乐等活动中对精神文化类产品及精神文化性劳务的占有、欣赏、享受和使用，以满足人们精神需求的一种消费。文化消费与其他消费一样，是社会文化生产过程的一个重要环节。它的基本特征体现在两个方面：一方面，它所满足的是消费主体的精神需要，使主体感到愉悦、满足；另一方面，满足主体需要的对象主要是精神文化产品或精神文化活动，如美丽的风景和感人的艺术品。

文化消费的内容十分广泛，不仅包括专门的精神、理论和其他文化产品的消费，还包括文化消费工具和手段的消费；既包括对文化产品的直接消费，如电影电视节目、电子游戏软件、书籍、杂志的消费，还包括为了消费文化产品而消费各种物质消费品，如电视机、照相机、影碟机、计算机等。此外，文化消费也需要各种各样的文化设施，如图书馆、展览馆、影剧院等。

在知识经济条件下，文化消费被赋予了新的内涵。文化消费呈现出主流化、高科技化、大众化、全球化的特征。当前的文化消费是一种社会行为，永远都受到社会脉络与社会关系的影响，并在实践的消费中不断创造文化。文化消费并非文化创造的终结，而仅仅是文化创造的开始。

2. 文化消费者。文化消费者是与文化产品制造者、销售者相区别的人，是指购买、获得、使用、保存和处置各种文化产品和服务的个人。

文化消费者与一般消费者存在一定差异。与一般商品不同，文化产品的存在形式有两种：一种是有形的、实在的、物质的，一种是无形的、观念的、精神的。文化产品的价值是多要素的统一，是主观与客观的统一，是意识与存在的统一，是抽象与具体的统一，是社会价值和经济价值的统一，因而也是精神价值与物质价值的统一。作为客体的文化产品与作为主体的人——文化消费者相互作用，客体对主体产生一定的作用和影响，对主体产生一定的效应，为主体服务，同时客体也实现了自己的价值。文化产品由于能够满足主体不断增长的多样化的精神和物质需求而具有价值。一般的消费品受益者仅仅在于消费者本人，文化消费却远不仅是个人获得知识和精神满足的手段，它更具有极为显著的外部正效应，是培育健全人格、提升国民素质的根本因素。每个人的文化消费支出的增加、个人文化修养和素质的提高，有利于形成良好的社会环境，使社会中的每个人都受益。

二、影响文化消费者行为的内在因素

由于文化消费者个人的消费欲望、条件等都不一致,文化企业在开展具体的营销活动时,需要依据个人内在因素的不同,针对不同的消费群体,作出不同的营销对策。个人内在因素主要包括三个方面。

(一) 生理因素

生理因素是影响消费者消费的最重要的因素,文化企业必须对其构成要素和影响力进行详细的分析,以确定其对文化产品消费的影响。

1. 性别。一般来说,消费者的性别差异往往会给消费需求带来差异,不同性别的消费者的购买习惯与购买行为也有差别。一般说来,在一个国家或地区,男女人口总数相差并不大。但在一个较小的地区,则可能因为某种因素的影响,出现某一性别的人口占较大比重的情况,从而影响文化产品的消费。

从文化消费的状况看,女性和男性在文化消费方面表现出较为明显的差异性特征。女性文化消费的特征具有明显的社会性别文化特征,社会性别引导和塑造女性消费。一般而言,女性比男性更常从事文化消费活动,并且随着女性自主行动力的提升,其文化消费活动也从私下欣赏扩大到公开参与。她们喜欢看小说、欣赏戏剧,同时热衷于参加艺术展览,呈现出一种文化活动女性化的趋势。

2. 年龄。不同年龄阶段的人在性格、知识、认知、思维等方面都不一样,因而对文化产品的认识和需要也不一样。儿童文化消费表现为天真好奇、稳定性差,倾向于直观表象的形式,缺乏逻辑思维,属于典型的感性消费。他们的需求标准往往是成人所难以理解的。儿童的消费纯属情感性的,对一种事物产生兴趣快、失去兴趣也快,凡是好奇有趣的东西都能对他们产生强烈的诱惑力。众多的儿童文化消费产品丰富着他们的生活,图书、电视、电影、儿童剧、电脑等种类五花八门,内容更是层出不穷。少年儿童对图像的敏感程度要优于文字,对直观表象的接受能力优于逻辑思维。就拿影视剧来说,儿童更喜欢看情节简单、脉络清晰、旋律明朗、想象力丰富的电影或电视剧作品,而对那些悬疑推理类、恐怖惊悚类等情节复杂,对逻辑思维能力要求较高的影视剧作品相对不容易接受。

(二) 经济收入

经济收入对消费者的消费行为具有决定性影响。由于消费者的收入有差异,又是不断变化的,必然会影响消费者的消费数量、质量、结构及消费方式。经济收入对消费者消费行为的影响主要表现为:

1. 消费者绝对收入的变化影响消费行为。一般来说，引起消费者绝对收入变化的主要因素是消费者工资收入变化引起绝对收入的增加或减少；消费者财产价值意外的变化，如突然得到他人赠送、接受遗产、彩票中奖、意外地蒙受灾害、被盗窃等带来消费者绝对收入的增减；政府税收政策变化、企业经营状况好坏等造成个人收入的变化，也会导致消费者绝对收入的变化，从而影响消费者的消费品种、数量、结构及方式。

2. 消费者相对收入的变化影响消费行为。有时消费者自己的绝对收入没有发生任何变化，但由于他人的收入发生了变化，这种相对收入的变化必然会影响消费者的消费行为。如不可避免地要比别人减少消费或改变消费结构，也可能模仿收入相对提高的他人而提高自己的消费档次，以致出现相对的超前消费。

3. 消费者实际收入的变化影响消费行为。如因物价上涨、商品价格提高，消费者的实际收入发生变化，使其实际购买的商品的数量、品种、结构、方式发生相应的变化。

4. 消费者预期收入的变化对消费行为的影响。消费者总要对未来的收入情况作出一定的预期估计，如果消费者预见到未来收入将比现期收入高，那么他就可能增加现期的消费支出，甚至敢于借债消费；如果预见到未来的收入会降低，那么消费者就可能减少现期消费而增加储蓄。

（三）心理因素

心理因素一般是指消费者在购买和消费文化产品时的心理活动过程。这个过程虽然表面上看不出来，但其构成要素却很多，并对文化消费的影响非常大，文化企业需要认真研究和把握。

1. 兴趣与爱好。个体的兴趣与爱好会影响到文化消费的形式与内容。例如，喜欢漫画的，买漫画书；喜欢动画的，买动画；喜欢音乐的，买音乐CD；喜欢电影的，进影院看电影，买电影DVD。除了文化消费的内容，个体的兴趣还表现在形式上，只要个体有提升自己精神领域的兴趣或爱好，为某次文化消费所付出的努力就是值得的，并且是快乐的。传统的精英文化，如纯文学或高雅艺术，现在都被大众文化挤压到边缘地位了。对于大众文化来说，任何为大众所关注的话题，无论是政治的、经济的、社会文化的，都可以拿来作为自己的"卖点"，所以它有能力与各种事物形成"合作"关系。例如，恐怖主义令人闻之色变，而美国商人也可以借用萨达姆和本·拉登等人的形象大发横财；反腐败是严肃的政治问题，大众文化的制作者们也可以以此作为提高收视率的有效手段。文化消费的形式和内容总是要符合或迎合消费者的兴趣、爱好。

2. 需求。需求是一个心理学概念，但更广泛地运用于市场营销学领域。

需求是在一定的时期、一定的价格水平下，消费者愿意并且能够购买的商品数量。在这一价格水平下，消费者愿意购买的某商品的总数量被称为需求量。在不同价格下，需求量会有所不同。

3. 动机。动机也是一个心理学概念，是一个建立在需求基础之上，激励和维持人的行动，并将使行动导向某一目标，以满足个体某种需要的内部驱动力。一般来说，引起动机的内在条件往往是需求，引起动机的外在条件则主要是各种诱因。动机的产生既是需求的直接影响，又是后续行为的直接原因。只有有了动机，才可能产生行为。

文化消费者的动机有五种，并具有相应的特点：

（1）求实动机。求实动机的核心是"实惠"、"实用"。在这种动机驱使下，消费者选购文化产品或服务特别注重实际价值、质量和实际效用，不过分强调产品或服务的外观、款式等形式，几乎不考虑品牌、包装及装潢等非实用价值的因素。一般而言，收入不高的消费者具有这种动机，他们是中低档文化产品和服务的主要购买者，对高档文化产品的购买持慎重态度。例如，在校大学生在购买学术性图书时一般持该种动机，较注重图书的学术价值，而对图书的装帧相对比较忽视。

（2）求美动机。以追求文化产品或服务的艺术价值或欣赏价值为主要特征。这类消费者在购买文化产品时最关注的是其审美价值和装饰效果，注重文化产品的造型、色彩、图案等，其实际使用价值是次要的。具有这种购买动机的多为中青年女顾客以及文艺界人士，主要表现在艺术品的购买或艺术服务的享受过程中。例如，书画收藏家可以不惜重金，甚至倾其所有买下一幅齐白石的《虾》，不为名不为利，只为能时刻欣赏和膜拜大师的真迹，陶醉在美的享受中。

（3）求新动机。以追求文化产品的新潮入时为主要特征，这种动机的核心是"时髦"和"奇特"。这类消费者在选购文化产品时，特别注重文化产品的造型是否新颖和流行，而对其质量、实用性和价格并不十分介意。具有这种购买动机的多为对社会时尚反应敏感、经济条件比较好的青年消费者。此种动机在文化产品或服务的消费过程中体现得尤为突出。一部电影刚刚上映，有些人往往会深夜排队买票去看首映；一首新歌刚刚流行，总有一些人首先熟悉其旋律，进而在密切群体中传唱起来；一本新书刚刚面世，持此种动机的人也会成为新书的最新读者。总之，他们在人群中总是扮演着最先接触、尝试、消费、享受文化产品或服务的角色。

（4）求名动机。求名购买动机以追求名牌为主要特征。在这种动机驱使下，消费者几乎不考虑文化产品的价格和实际使用价值，只是通过购买、使用名牌来显示自己的身份和地位，从中得到一种心理上的满足。名作家、名画家、名导演、名演员的作品总是能更多地吸引消费者，名人创造的文化产品、名人参与的文化服务，也就是某种意义上的名牌。而某些一贯提供优质文化产品或文化服务的文化企业也具有名牌效应，如某电影厂生产的影片、某出版社出版的图书，消费者根据长期的经验对其具有信任感，从而放心消费。持这种购买动机的顾客一般都具有相当的经济实力和一定的社会地位。此外，表现欲和炫耀心理比较强的人，即使经济条件一般，也可能具有此种购买动机。他们是高档、名牌文化产品或服务的主要消费群体。

（5）求廉动机。求廉购买动机以追求文化产品的价格低廉为主要特征。这类顾客在选购文化产品时最注重的是价格，对其花色样式及质量等不太计较，喜欢购买削价处理品、优惠价商品。具有这种购买动机的多为经济收入较低的顾客，也有部分经济收入较高但节俭的顾客，他们是特价书、盗版碟片的主要消费群。

4. 认知。认知是指人认识外界事物的过程，即对作用于人的感觉器官的外界事物进行信息加工的过程，是人最基本的心理过程。它包括感觉、知觉、记忆、想象、思维和语言等。消费者对商品的感觉与知觉、记忆与思维构成了对商品的认知。感觉，是指人们通过感觉器官对商品个别属性的认知。知觉是感觉的延伸，它受各种主客观因素的影响。其中，消费者自身的兴趣爱好、个性、对品牌的偏爱以及自我形象是认知的先决条件；文化产品形象、文化企业形象及其吸引力是认知的基本条件；广告宣传、营销人员的行为，则是促成消费者对商品认知的关键因素。

各种宣传媒体是人们获得信息、丰富认知的途径，主流媒体应该作为文化消费的倡导者、文化消费品的广告者、先进思想的传播者，调动人们自觉满足精神享受的欲望，并为人们享受先进、丰富、科学、健康的文化提供必要的途径、产品、方式、领域等信息。

5. 能力。从心理学角度来看，能力是指顺利完成某一活动所必需的主观条件，是直接影响活动效率，并使活动顺利完成的个性心理特征。能力总是和人完成一定的活动联系在一起的。离开了具体活动，既不能表现人的能力，也不能发展人的能力。

文化消费水平和能力是影响一个国家和地区文化产业和文化市场发育成熟度的重要因素。人们对文化的自然消费力是由其文化修养、知识水平决定的。例如，文化水平很低的人看不懂文学作品，自然在这方面的消费能力低。还有些文化产品必须具备专门的知识才有消费能力，欣赏音乐和艺术作品就是这样，如果没有一定的能力，即使欣赏了也没有什么效果。在现代社会，文化消费手段的改进，也要求消费者具有一定的能力。电子计算机及其软件的发展与应用，早已扩大到了消费领域。即使是一个文化水平和知识水平都很高的专家，如果不学习怎样使用电脑，也还是没有这方面的消费能力。此外，对物质产品的审美观也是消费力的一种表现，一个消费者具有较多消费美学的知识，对于产品的消费能力就要高一些。

三、影响文化消费者行为的外在因素

文化消费者的消费行为总是在一个特定的宏观环境下开展的，不可避免地受到各种外在环境因素的影响和制约。掌握这些外在环境因素的构成，及其对文化消费者的影响力，就可以有针对性地开展各种市场营销活动，以更好地实现营销目标。影响文化消费者消费行为的外在因素较多，主要包括两个方面。

（一）文化因素

总体来说，广义的文化是指人类创造的一切物质财富和精神财富的总和；狭义文化是指人类活动所创造的成果，如哲学、宗教、科学、艺术、道德等。本书所理解的文化，是在人们的社会实践中逐渐形成的，它包括人们的价值观念、伦理道德、风俗习惯、宗教信仰、语言文字等。

每个人都生活在一定的文化氛围中，并深受这一文化所含价值观念、行为准则和风俗习惯的影响，这一影响也延伸到了他们的购买行为。如在中国的传统文化里，老年人受到尊重，逢年过节大量适合老年人用的保健品被年轻人买去赠送长辈，而如果仅考察老年人的收入水平，这些保健品的市场恐怕不会有这么大。

文化的心理特性决定了文化消费活动是一个心理运动的过程。文化消费作为一种文化体验、情感享受和对自身发展、社会关系、地位的追求，受文化观念、消费观念、价值取向支配，文化认同将激起消费，文化偏爱将执着并扩大对其消费，文化抵抗将拒绝对其消费并增加对文化偏爱的消费。

消费者特征因素中的文化因素对消费者行为的影响是潜移默化且根深蒂固的。正因为如此，文化环境对消费者的影响作用已经越来越受到重视。大量实例表明，不同国家、地区、民族的消费者，由于文化背景、宗教信仰、道德观念、风俗习惯以及社会价值标准不同，在消费观念及消费行为上会表现出明显差异。

1. 中国传统文化的特点。中国人历来视勤俭持家、精打细算、未雨绸缪、量入为出为美德，而将超过自身支付能力的消费视为奢侈浪费，借债消费更是为人所不齿的行为。体现在消费观念上则是人们普遍崇尚"勤俭节约、量入为出"，认为"无债一身轻"，欠债是不光彩和无能的表现，忌讳"寅吃卯粮、举债度日"，因此，即期收入成为当前消费的最大极限。人们宁愿省吃俭用，也不愿意"负债消费"或者"超前消费"。由此可见，受中国传统文化的影响，我国大多数人对"花明天钱圆今天梦"的消费信贷方式还是难以全面接受的，要改变千百年来形成的传统消费观念并非易事。

2. 亚文化。每一种文化内部又包含若干亚文化群。所谓亚文化，是指存

在于一个较大的社会群体中的一些较小的社会群体所具有的特色文化,这种特色表现为语言、信念、价值观、风俗习惯的不同。例如,由于地理位置、气候、经济发展水平、风俗习惯的差异,我国可明显地分出南方、北方,或东部沿海、中部、西部内陆地区等亚文化群。不同地区的人们的生活习惯有差异,消费习惯自然有别。体现在中国人传统中最隆重的节日——春节上,北方人习惯吃饺子,南方人却习惯吃元宵和糯米年糕。年轻人也形成了他们独特的亚文化群,追求不同于年长者的音乐、服饰、书籍和娱乐方式。

3. 社会阶层。社会阶层是指在一个社会中具有相对同质性和持久性的群体,可依据职业、收入、受教育程度、社会地位以及居住区域等因素综合来划分。同一阶层的成员具有相似的价值观、兴趣爱好和行为方式。因此,他们的消费行为也大致相似。如在服装、娱乐活动和高档商品的消费中,同一社会阶层往往会显示出相似的产品偏好和品牌偏好,其中,每个阶层成员的价值观、兴趣与行为都具有某种程度的类似性;而不同层级的人在服饰、家庭布置与用品、休闲活动及家电等外显性较高的"产品"上,常表现出不同的偏好与品位,如餐厅、服饰店等。

(二) 社会因素

消费者在特定的社会中工作和生活,其购买行为也会受相关群体、家庭、社会角色与地位等一系列社会因素的影响。

1. 参照群体。参照群体是指对人的态度、偏好和行为有直接或间接影响的群体。人们在生活中随时受到各种相关群体的影响,但是,由于关系不同,受影响的程度也有差别。关系比较密切的相关群体有家庭、亲戚、朋友、邻居和同事等,关系比较一般的群体有各种社会团体、协会、学会、商会和宗教组织等;此外,人们也会受到崇拜性群体的影响,如影视明星、体育明星、社会名流等。相关群体影响消费者购买行为的表现,包括为消费者提供一定的消费行为模式和生活模式;使消费者改变原来的购买方式或产生新的购买行为;影响消费者对某种事物或商品的态度,导致消费者价值观和审美观的变化;通过潜移默化,影响消费者对文化产品品种、商标牌号和使用方式的选择,引起人们的仿效和购买行为的一致化;等等。

2. 家庭。家庭是由彼此有血缘、婚姻或抚养关系的人群组成的,对文化消费者的购买行为影响最大。一个人一生中一般会经历两种家庭:一是父母的家庭,也就是与生俱来的家庭。每个人的价值观、审美观、爱好和习惯大多是在父母的影响下形成的,这一家庭中,成员会对消费者产生种种倾向性的影响,这种影响力可能伴其终生。二是自己的家庭,也就是个人的衍生家庭。一般来说,由夫妻及其子女组成的家庭是社会上最重要的"消费单位",在这一家庭中,成员间的影响是最直接的,而且影响力也最大。

3. 角色和地位。一个人一生中会加入许多团体，如家庭、单位、协会及各类俱乐部等。每个人在团体中的位置可用角色和地位来确定，每一个角色都跟随着一种相应的地位，它反映社会对一个人的尊敬程度。一个人所充当的每个角色都要顾及周围人的看法和在各种场合中所期望的表现，因此，人们在购买文化产品时，常常会考虑到自己在社会中的角色和地位。处于不同的角色和地位的人，会有不同的需求和购买行为。

农村中的文化消费方式多表现为亲属之间、熟人之间组织的文化消费。在一项调查中，74%的农村居民选择闲暇时间与自己的亲属、朋友等进行娱乐互动，消费方式比较简单，如邻里之间打麻将、群众自发组织的娱乐活动等。参与者大都彼此熟悉，多属于传统范围内的娱乐活动。

城市则处于各种思想、文明的交汇点。城市经济的发达使文化消费者自我意识更强。如观看各种体育比赛、音乐会、在电影院看电影等等，参与者彼此之间更多地表现为与陌生人一起进行文化消费。而且，在城市中，45%的人选择与同事一起进行文化消费。

第二节 文化消费者购买决策过程

尽管消费者个人的消费心理活动过程隐藏在内心深处，文化企业无法准确把握，但要想让自己的产品能够让其满意，必须对消费者的消费心理和行为进行分析，以便有针对性地开展文化产品市场营销活动。

美国消费心理与行为学家 D. I. 霍金斯的消费者决策过程模型是关于消费者心理和行为的模型，被称为将心理学与营销策略整合的最佳典范，它为描述消费者特点提供了一个基本结构与过程或概念性模型，也反映了今天人们对消费者心理与行为性质的理解和认识。霍金斯的消费者决策过程模型如图 4-2 所示。

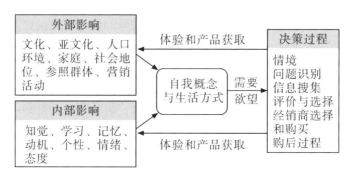

图 4-2 消费者决策过程模型

霍金斯的消费者决策过程模型对于分析文化消费者的消费行为同样适用。由图4-2可知，内外部因素会影响文化消费者的消费行为，落实到购买或消费决策过程中，此模型同样为文化企业提供了一个良好的分析路径。在复杂的购买行为中，消费者购买决策过程由产生需求、搜集信息、比较评价、购买决策、购后感受五个阶段构成。

一、产生需求

产生需求是消费者购买决策过程的起点。这种需求，可能源于内在刺激，如消费者生理上感到饥饿和口渴，就会刺激消费者想要食物和饮料；也可能源于外部刺激，如消费者看到亲戚、朋友购买了某一商品，自己也想购买，或者消费者看到一则商品推销广告，被唤起了购买的欲望；等等。在这一阶段，营销人员应注重唤起消费者的需求，这是促使消费者购买商品的前提。具体的做法是在商品的花色、品种、式样、包装等方面刺激消费者，引起购买需求。

二、搜集信息

消费者的需求被唤起以后，这种尚未满足的需求会造成一种心理的紧张感，促使消费者乐于接受相关产品的信息，甚至会主动地搜集相关产品的信息。在这一阶段，消费者会通过多种渠道搜集自己所需要的信息。一般来说，消费者的信息来源主要有四种。

1. 个人来源。是指消费者通过自己本人及家庭成员、朋友、邻居、同事等得到相关的信息。这是消费者接触机会最多、最容易获得的信息，同时，对消费者的消费观念和行为的影响也最大。

2. 商业来源。是指消费者通过文化企业的商业广告、推销员、经销商、商品包装、展销会等获得相关产品和服务的信息。由于市场竞争越来越激烈，文化企业会不断加大各种产品和服务营销的力度，特别是会通过各种促销手段向社会公众传递信息。因此，文化消费者会经常主动、被动地接受各种商品和服务的信息。

3. 公共来源。是指消费者通过大众传播媒介、消费者团体组织等获得所需要的信息。由于文化消费者的文化消费行为与大众传播媒介之间的联系较紧密，因此，会通过大众传播媒介获得相关文化产品和服务的信息。如消费者通过订阅报纸而从报纸上获得相关文化产品和服务的信息。

4. 经验来源。一般是指消费者通过自己购买、使用、维护文化产品和服务的经验获得对产品的认识、感受等信息。

三、比较评价

消费者从各种信息来源获取资料后，会将其进行整理、分析，对各种可能选择的商品和品牌进行比较、评价，从而确定自己所偏好的品牌。消费者进行比较评价一般分为三个步骤：

（1）分析商品的性能和特点，特别是与其消费需要密切相关的各种属性。
（2）根据自己的需求，分析各种属性的重要性，排定考虑顺序。
（3）根据自己的偏好提出品牌选择方案。

营销人员应了解消费者对资料的处理过程和评价标准，以便掌握消费者的购买意向。同时，营销人员可帮助消费者比较评价各品牌之间的差异，发挥必要的参谋作用。

四、购买决策

消费者通过对商品反复的比较评价后，已形成指向某品牌的购买意向，但从购买意向到购买决策之间，还会受到两个因素的影响。

1. 其他人的态度。即消费者周围的人对消费者偏好的品牌所持的意见和看法。其他人的态度会影响消费者的购买决策，影响的程度取决于所持态度的强度及与消费者之间关系的密切程度。一般说来，反对的态度越强烈，或与消费者的关系越密切，其影响力就越大，消费者改变购买意向的可能性也越大。

2. 意外出现的情况。文化消费者购买意向是在预期的家庭收入、预期的商品价格和预期的购买满足感等基础上形成的，如果出现了失业、涨价及听到该产品令人失望的信息等意外情况，消费者很可能会改变购买意向。

消费者的购买意向是否能转化为购买决策，还受所购商品价格的高低、购买风险的大小和消费者自信心的强弱等因素的影响。营销人员要向消费者提供详尽的有关商品的信息，以消除消费者的顾虑，促使消费者坚定地实施购买意向。

五、购后感受

消费者购买商品以后，会根据实际使用情况和他人的评判来考虑自己的购买行为是否明智、商品的效用是否理想，从而形成购后感受。消费者的购后感受一般会有三种。

1. 满意的感受。消费者对所购商品感到满意。这种感受会强化消费者对所购品牌的信念，增加其重复购买的可能性，还会促使其向他人进行宣传。

2. 不满意的感受。消费者通过使用，对所购商品感到失望。这种感受可能导致消费者要求退货，以后不再购买这一品牌的商品。

3. 不安的感受。这种感受介于满意与不满意之间，往往是在使用过程中遇到一些问题时，会怀疑自己的选择是否明智，如果改买其他品牌的商品会不会使自己更满意，于是产生一种不安的感受。这种不安的感受可能会引发消费者对该品牌作反宣传。这种反宣传对其他消费者的影响相当大。

营销人员要充分重视消费者的购后感受，因为它不仅会影响到消费者是否会重复购买，还会影响到其他消费者购买。对企业来说，要加强售后服务工作，建立售后回访制度，及时了解消费者的购后感受，改进企业的营销活动，提高消费者的购买满意度。

第三节　文化消费者群体心理与行为

文化消费者的很多行为受到群体及其行为的影响。群体是指通过一定的社会关系结合起来进行共同活动而产生相互作用的集体。群体规模可以比较大，如几十人组成的班集体；也可以比较小，如经常一起上街购物的两位邻居。群体人员之间一般有较经常的接触和互动，从而能够相互影响。

社会成员构成一个群体，应具备以下基本特征：①群体成员需要以一定纽带联系起来。如以血缘为纽带组成了氏族和家庭，以地缘为纽带组成了邻里群体，以业缘为纽带组成了职业群体。②成员之间有共同目标和持续的相互交往。公共汽车里的乘客、电影院里的观众不能称为群体，因为他们是偶然和临时性地聚集在一起的，缺乏持续的相互交往。③群体成员有共同的群体意识和规范。

一、文化消费者群体规范

所谓群体规范，是指一个群体内的人们共同遵守的行为方式的总和。广义的群体规范包括社会制度、法律、纪律、道德、风俗和信仰等，是一个社会里多数成员共有的行为模式。不遵循规范就要受到谴责或惩罚。

依据群体内成员之间的组织化、正规化程度来划分，群体可以分为正式群体和非正式群体。正式群体一般是指有明确的组织目标、正式的组织结构，成员有着具体的角色规定的群体。一个电视台的栏目组、报社里的编辑部等，都属于正式群体。在正式组织里，成员的地位、角色和规范，以及权利、责任和义务都有明确的规定。正式群体的组织化、正规化程度高，成员间的互动采取制度化、规范化的方式。

非正式群体是指社会组织内部的成员在日常互动中自发形成的人际关系体系，是一个人们在活动中自发形成的，未经任何权力机构承认或批准而形成的群体。非正式群体基于人们社会交往的需要而存在。在正式群体中，由于人们社会交往的特殊需要，依照好恶感、心理相容与不相容等情感性关系，就会出现非正式群体。这种群体没有定员编制，没有固定的条文规范，因而往往不具有固定的形式。由共同利益偶然结合在一起的人们、单位里喜爱同样体育活动的伙伴，甚至于存在的一些"小集团"、"小圈子"，都属于非正式群体。

研究群体影响对分析文化消费者的行为至关重要，具体表现在三个方面。

1. 群体成员在接触和互动过程中，通过心理和行为的相互影响与学习，会产生一些共同的信念、态度和规范，它们对消费者的行为将产生潜移默化的影响。

2. 群体规范和压力会促使消费者自觉或不自觉地与群体的期待保持一致。即使是那些个人主义色彩很重、独立性很强的人，也无法摆脱群体的影响。

3. 很多文化产品的购买和消费是与群体的存在和发展密不可分的。例如，加入某一球迷俱乐部，不仅要参加该俱乐部的活动，而且还要购买与该俱乐部的形象相一致的产品，如印有某种标志或某个球星图像的球衣、球帽、旗帜等等。

二、文化消费习俗

消费习俗是指受共同的审美心理支配，一个地区或一个民族的消费者共同参加的人类群体消费行为。它是人们在长期的消费活动中逐步积累而形成的一种消费风俗习惯。在习俗消费活动中，人们具有特殊的消费模式，主要包括饮食、婚丧、节日、服饰、娱乐消遣等物质与精神产品的消费。

1. 民族文化消费习俗。一种社会文化中，不同民族可分为若干文化群，如中国有汉族、回族、藏族、蒙古族等亚文化群，美国有爱尔兰人、波多黎各人、波兰人、华人等亚文化群。民族亚文化可以影响消费者的消费行为，如东西方民族的生活习惯、价值观念等就大相径庭。美国人的价值观是个人中心论，强调个人的价值、个人的需要、个人的权利，他们努力改变客体以满足主体的需要，因此，在消费行为上喜欢标新立异，不考虑别人的评价。中国人不习惯于成为社会中独特的一员，而习惯于调节自身以适应社会，在消费时常常考虑社会习惯标准以及别人怎么看待自己、评价自己。我国拥有56个民族，各个民族都有自己的社会和经济发展历史，有自己的民俗民风和语言文字等，由此形成了各民族独具特色的消费行为。如维吾尔族的四楞小花帽、藏族的哈达、黎族的短裙、蒙古族的长袍，无一不表现出独特的习俗。

2. 节日文化消费习俗。不同民族虽有自己不同的传统节日，但节日总能给人们营造强烈的社会心理气氛，使人们产生欢乐感，从而吸引人们纷纷购买节日用品，以此来满足物质需要与精神需要。节日期间，人们的消费欲望强烈，本来平时不想买的商品也买了。节日激发人们的交往活动，为了表达友谊、心意，人们走亲访友时往往互赠礼物，互祝喜庆。儿童在节日里是最欢快、最幸福的。父母与亲朋好友为了使孩子高高兴兴地过节，就要买些孩子爱吃的食物、爱穿的衣物和喜爱的玩具。欧美的节日多，最重要的还是圣诞节。虽然法定在12月25日、26日放假，但实际上从12月中旬延续到次年1月中旬的这个时期总是销售旺季。节日里，除购买食品外，人们还要购买大量生活用品。专为圣诞节供应的特殊消费食品有核桃、花生仁、各种干果、甜食、圣诞老人形糖果等，装饰品有彩蛋、木蛋、草制品，以及各种人物、花、鸟、兽等小工艺品和彩灯、圣诞蜡烛等。用于欢庆节日的各种商品必须赶在节前运到，一旦过了节，错过了销售时令，再好的东西也卖不出去了。

3. 宗教文化消费习俗。宗教是支配人们日常生活的外在力量在人们头脑中幻想的反映。随着人类历史的发展，宗教在不同民族里又经历了极为不同和复杂的人格化，它是一种有始有终的社会历史现象。有着不同的宗教信仰（佛教、天主教、伊斯兰教等）和宗教感情的人，就有不同的文化倾向和戒律，存在着不同的信仰性消费习俗和禁忌性消费习俗。印度教把牛看成"圣牛"，只能老死不能宰杀；信仰伊斯兰教的国家禁酒，忌食猪肉，不用猪制品；佛教教义中严禁宰杀生灵，主张吃素，佛教徒用鲜花、香烛供奉菩萨；还有避讳"13"、"14"的禁数习俗，以及禁色、禁花的习俗。凡此种种，都与宗教信仰和教规有关，进而对不同宗教信仰的人在消费时产生绝对的影响。

4. 地理文化消费习俗。自然环境是人们物质文化生活的必要条件之一。地处山区与平原、沿海与内地、热带与寒带的民族在生活方式上存在的差异是显而易见的。例如，有的地区的消费者以大米为主食，有的地区则以面粉为主食；有的地区爱吃辣，有的地区爱吃甜；有的地区爱吃羊肉抓饭，有的地区爱喝酥油奶茶。埃及东部撒哈拉地区的人洗澡不用水而用细沙，甚至牲畜的内脏也只用沙擦拭一下就食用，严重缺水的自然环境造成了他们以沙代水的生活习俗。地理亚文化对人们的衣、食、住、行方面的习俗影响明显，对生活在不同地理环境中的人的消费习俗具有约束和决定作用。

三、文化消费流行

消费流行是指消费者在追求时兴事物的消费风潮中所形成的从众化需求。消费流行往往是新的常规性消费行为形成的前驱，具有四个特征：

1. 骤发性。消费者往往对某种商品或服务的需求急剧膨胀，迅速增长，会在较短的时间内形成一定的购买力，并迅速产生大量的购买行为。这种购买行为很多时候并不是消费者的理性行为，而是一种从众化的购买行为。

2. 短暂性。消费流行具有来势猛、消失快的规律，故而常常表现为"昙花一现"，流行期或者三五个月，或者一两个月。同时，对流行产品的重复购买率低，多属于一次性购买，因而也缩短了流行时间。

3. 地域性。这是由消费流行受地理位置和社会文化因素等影响造成的。在一定的地域内，人们形成了区别于其他地域的某种共同的信仰、消费习惯和行为规范。

4. 梯度性。这是由消费流行受地理位置、交通条件、文化层次、收入水平等多种因素影响决定的。消费流行总是从一地兴起，然后向周围扩散、渗透，于是在地区间、时间上形成流行梯度。这种梯度差会使得流行产品或服务在不同的时空范围内处于流行周期的不同阶段。

文化产品相对于其他产品而言,更偏重于精神层面,是以人们对文化产品的评判与选择更多是主观上的,并没有客观科学的评价标准,更容易受到消费流行的引导与影响。因此人们更易在传媒强大的轰炸包围中将精力、时间和金钱集中在传媒大肆宣传的对象上。好莱坞电影卷走全球电影市场70%以上的份额,迪士尼主题公园挤垮了大多数竞争对手,日本、韩国的动漫及电子游戏横扫全球等现象就说明了消费流行在文化产业领域的作用。

对于消费流行,文化企业需持辩证观看待之。诚然,对于营销人员而言,消费流行创造了巨大的市场,带来了大量的需求——虽然这种需求极有可能只是暂时性、区域性的。然而,消费流行的负面效应同样存在。马尔库塞认为,大多流行的需要,如按照广告的宣传去休息、娱乐、处世和消费,爱他人所爱,憎他人所憎,都属于虚假需要。这种虚假需要除了达到普遍利益与特殊利益的虚假统一的政治目的之外,不能给个体带来真正的满足。从这个角度上说,营销人员所做的努力就不能从真正意义上满足消费者的需求。

本章小结

任何文化企业的市场营销活动总是围绕消费者展开的。掌握消费者的消费行为、特点是文化企业实现营销目标的前提。

本章围绕文化消费者展开分析,力图对文化消费者有较全面和科学的认识和把握。第一节重点分析了影响文化消费者消费行为的各种要素,特别是影响文化消费者行为的内在因素,同时也侧重于分析影响文化消费者行为的外在因素。第二节在分析这些因素的基础上,重点剖析了文化消费者购买产品和服务的完整过程,为文化企业开展营销活动提供了可行的思路。第三节分析了文化消费者的群体心理与行为,对影响文化消费者消费的各种群体规范、消费习俗等进行了剖析。

资料链接 >>>

我国网民的网络应用

截至2014年12月,中国网民规模达6.49亿人,全年共计新增网民3117万人。互联网普及率为47.9%,较2013年年底提升了2.1个百分点。其中,手机网民规模达5.57亿人,较2013年年底增加5672万人。网民中使用手机上网人群占比由2013年的81.0%提升至85.8%。中国网民规模依然保持着增长之势(图4-3)。

从网民的使用目的来看,网络应用行为可以划分为信息获取类、商务交易类、交流沟通类、网络娱乐类四种,基本涵盖了目前的网络新闻、搜索引擎、即时通信、博客、网络游戏、网络视频、网络购物、网上支付、网络金融等具体应用类型。

整体来看,目前中国网民在网络娱乐、信息获取和交流沟通上的使用比例较高,这三类网络应用在网民中的普及率均在50%以上。商务交易类正历经跨越式发展,在网络应用中地位愈发重要，手机网上支付、手机网络购物、手机网上银行和手机旅行预定应用的网民规模半年增长速度均超过40%，带动整体互联网商务类应用增长。

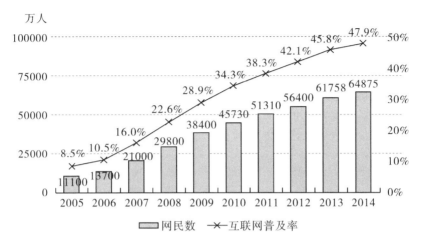

图4-3 中国网民规模与互联网普及率

资料来源：中国互联网络发展状况统率调查（2014.12）。

（一）信息获取类

1. 搜索引擎。截至2014年12月，我国搜索引擎用户规模达5.22亿人，使用率为80.5%，用户规模较2013年增长3257万人，增长率为6.7%；手机搜索用户数达4.29亿人，使用率达77.1%，用户规模较2013年增长6411万人，增长率为17.6%（图4-4）。手机搜索用户规模增长迅速，手机搜索已经超过手机新闻，成为除手机即时通信以外的第二大手机应用。搜索服务与产品形式更加多样化，线上搜索连接线下消费的趋势凸显。

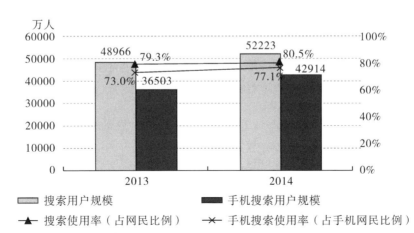

图4-4 2013—2014年搜索/手机搜索用户规模及使用率

资料来源：中国互联网络发展状况统计调查（2014.12）。

2. 博客。截至 2014 年 12 月，我国博客用户规模为 1.09 亿人，较 2013 年年底增加了 2126 万人，增长率为 24.2%。网民中的博客使用率为 16.8%，比 2013 年年底增长了 2.6 个百分点。自 2002 年起步，博客在中国已有近 13 年的历史。博客是一个内容发布平台，它的兴起源自人们自我表达的需求。早期的博客兼具自媒体属性和交互属性，是公众交流信息、展示自我的重要平台。随着社交媒体和社交网络的兴起，博客的交互属性逐渐被替代。如今，博客的创作者主要是精英人群，创造的内容也趋于专业化，博客的阅读者则主要把博客当成获取信息的渠道来源。

(二) 交流沟通类

1. 即时通信。截至 2014 年 12 月，我国即时通信网民规模达 5.88 亿人，比 2013 年年底增长了 5561 万人，年增长率为 10.4%。即使通信使用率为 90.6%，较 2013 年年增长了 4.4 个百分点，使用率位居第一。

即时通信服务作为互联网最基础的应用之一，伴随着智能手机的不断普及，在手机端也一直保持着稳步增长的趋势。截至 2014 年 12 月，我国手机即时通信网民数为 5.08 亿人，较 2013 年年底增长了 7683 万人，年增长率达 17.8%。手机即时通信使用率为 91.2%，较 2013 年年底提升了 5.1 个百分点 (图 4-5)。

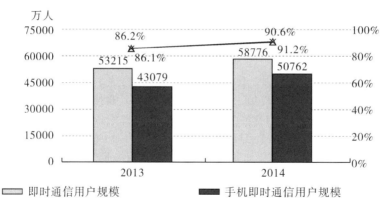

图 4-5　2013—2014 年即时通信/手机即时通信用户规模及使用率

资料来源：中国互联网络发展状况统计调查 (2014.12)。

2. 微博客。截至 2014 年 12 月，我国微博客用户规模为 2.49 亿人，较 2013 年年底减少 3194 万人，网民使用率为 38.4%，与 2013 年年底相比下降了 7.1 个百分点。其中，手机微博客用户数为 1.71 亿人，相比 2013 年年底下降 2562 万人，使用率为 30.7% (图 4-6)。在经历了 2011—2012 年的快速增长期之后，微博客市场逐步进入成熟期，整个市场呈现出集中化趋势，部分运营商对于微博客业务发展战略的调整使整体微博客用户规模有一定程度的降低。2014 年，随着腾讯、网易和搜狐等公司纷纷减少对微博客的投入，各个微博客服务商之间的竞争逐步趋缓，用户群体主要向新浪微博倾斜，这也促使新浪"微博"用户较以往略有提升，微博客一家独大的格局明朗。

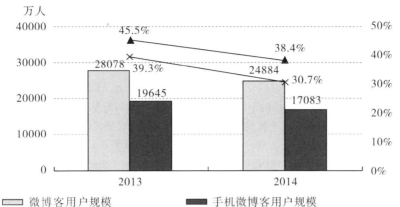

图4-6 2013—2014年微博客/手机微博客用户规模及使用率

资料来源：中国互联网络发展状况统计调查（2014.12）。

（三）网络娱乐类

1. 网络游戏。截至2014年12月，中国网络游戏用户规模达到3.66亿人，网民使用率从2013年年底的54.7%升至56.4%，增长规模达2782万人。手机网络游戏用户规模为2.48亿人，使用率从2013年年底的43.1%提升至44.6%，增长规模达3288万人，手机端游戏用户在成为最核心增长动力的同时也意味着电脑端网络游戏用户向手机端的进一步转化（图4-7）。

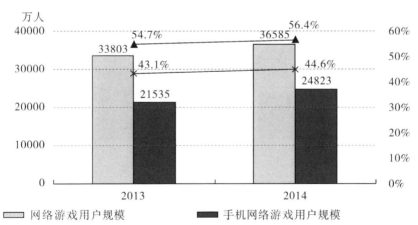

图4-7 2013—2014年网络游戏/手机网络游戏用户规模及使用率

资料来源：中国互联网络发展状况统计调查（2014.12）。

2. 网络文学。截至2014年12月，我国网络文学用户规模为2.94亿人，较2013年年底增长1944万人，年增长率为7.1%。网络文学使用率为45.3%，较2013年年底增长了

0.9个百分点。

网络文学自出现以来,以其低门槛和内容的非传统性,迅速获得了广大网民的认同并蓬勃发展,目前已经形成了一条相当成熟的产业链。由热门网络文学作品培养大量用户、制造口碑,再通过影视剧改编、游戏改编、实体书出版等连带产生一系列衍生产品,实现了文学、游戏、影视、动漫等产业的交叉融合,不断在原有内容上创造出更多价值。而随着智能手机的快速普及与3G、4G网络的迅速发展,网民可以通过移动设备随时随地进行阅读,使得网民的碎片化阅读需求被大大满足,极大地冲击了传统阅读市场。

3. 网络视频。截至2014年12月,中国网络视频用户规模达4.33亿人,较2013年年底增加478万人,网络视频用户使用率为66.7%,比2013年年底略降,网络视频对新增网民的拉动作用减弱。其中,手机视频用户规模为3.13亿人,与2013年年底相比增长了6611万人,增长率为26.8%。手机网民使用率为56.2%,相比2013年年底增年长6.9个百分点。网络视频用户整体规模仍在增长,但使用率略有下降,手机视频的用户规模和使用率仍然保持增长态势,但增速已明显放缓,网络视频行业步入平稳发展期。

(四)商务交易类

1. 网络购物。截至2014年12月,我国网络购物用户规模达到3.61亿人,较2013年年底增加5953万人,增长率为19.7%;我国网民使用网络购物的比例从48.9%提升至55.7%。与此同时,我国手机网络购物用户规模达到2.36亿人,增长率为63.5%,是网络购物市场整体用户规模增长速度的3.2倍,手机购物的使用比例提升了13.5个百分点,达到42.4%(图4-8)。我国网络购物市场主要呈现出普及化、全球化、移动化的发展趋势。

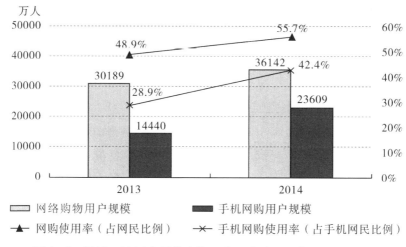

图4-8 2013—2014年网络购物/手机网络购物用户规模及使用率

资料来源:中国互联网络发展状况统计调查(2014.12)。

2. 团购。截至2014年12月,我国团购用户规模达到1.73亿人,较2013年年底增加3200万人,增长率为22.7%。与2013年12月底相比,我国网民使用团购的比例从22.8%提升至26.6%。与此同时,手机团购增长迅速,引领团购市场发展。目前,手机团购用户规模达到1.19亿人,增长率为45.7%,手机团购的使用比例由16.3%提升至21.3%。

3. 网上支付。截至 2014 年 12 月，我国使用网上支付的用户规模达到 3.04 亿人，较 2013 年年底增加 4411 万人，增长率为 17.0%。与 2013 年 12 月底相比，我国网民使用网上支付的比例从 42.1% 提升至 46.9%。与此同时，手机支付用户规模达到 2.17 亿人，增长率为 73.2%，网民手机支付的使用比例由 25.1% 提升至 39.0%（图 4-9）。

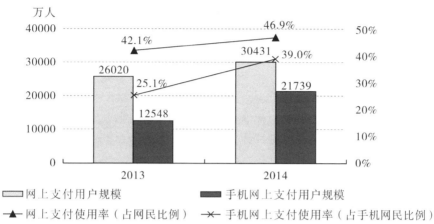

图 4-9　2013—2014 年网上支付/手机网上支付用户规模及使用率

资料来源：中国互联网络发展状况统计调查（2014.12）。

4. 互联网理财。进入 2014 年，互联网金融爆发出强劲成长力，众筹商业模式经媒体频频报道，被大众所认知，P2P 网贷从业企业规模超过千家，尤其是互联网理财产品，发展仅数月，销售就达到万亿规模，因此本次调查加入互联网金融模式中网民参与度最高的理财产品内容。截至 2014 年 12 月，购买过互联网理财产品的网民规模达到 7849 万人，较 2014 年 6 月增长 1465 万人。在网民中的使用率为 12.1%，较 2014 年 6 月增长 2 个百分点。

5. 旅行预订。截至 2014 年 12 月，在网上预订过机票、酒店、火车票或旅行度假产品的网民规模达到 2.22 亿人，较 2013 年年底增长 4096 万人，增长率为 22.7%，网民使用率由 29.3% 提升至 34.2%。在网上预订火车票、机票、酒店和旅行度假产品的网民分别占比 26.6%、13.5%、13% 和 7.6%。与此同时，手机预订机票、酒店、火车票或旅行度假产品的用户规模达到 1.34 亿，较 2013 年增长 8865 万人，增长率为 194.6%，网民使用率由 9.1% 提升至 24.1%。值得注意的是，手机在线旅行预订是移动端增长速度最快的商务应用，手机火车票预订对其用户规模增长贡献最大。

（赵泽润改编自中国互联网络信息中心 2015 年 2 月发布的《中国互联网络发展状况统计报告》）

思考与练习

1. 文化消费者的消费行为为什么表现为一个复杂的过程？
2. 分析文化消费者的行为过程对文化企业有什么作用。
3. 文化消费心理对文化消费的影响主要表现在哪些方面？
4. 文化企业如何才能较好地把握消费者的消费行为？

第五章 文化市场分析

● **知识要点**

了解市场细分的概念及作用。
理解文化市场细分的内涵、标准及程序。
理解目标市场的内涵及确定目标市场的步骤。
掌握目标市场策略及其应用。
理解文化市场定位的内涵。
掌握文化市场定位的方式及具体策略。

专业频率的成功开拓者——北京交通台

在北京,没有人不知道北京交通广播,没有人不知道FM103.9兆赫,因为这是北京交通广播的频率。

改革开放以来,随着中国经济的快速发展,汽车已经逐步走进寻常百姓家。1990年,我国全国汽车保有量为551.36万辆;到了2000年年末,全国汽车保有量增加到1608.9万辆;2014年全国民用汽车保有量达到15447万辆(包括三轮车和低速货车972万辆),比2013年年末增长12.4%。作为首都的北京市,其汽车保有量也是逐年快速增长。1990年,北京汽车保有量为38.9万辆,2000年增加到150.7万辆,2014年已超过500万辆。汽车的迅猛增长,形成了一个特殊的群体:开车一族。这些人是城市消费群体的主力,也是交通广播致力挖掘的对象。由于每天都要在汽车里消耗一定的时间,这段时间成为他们获得外界信息的重要时段。北京交通广播锁定这一目标受众群,实现广播的"窄播"化,并采取为移动群服务的相应举措,得到了广泛认可。

北京交通广播成立于1993年12月18日,是北京人民广播电台7个系列台之一,是与北京市公安交通管理局合办的。其主要任务是面向首都广大听众,提供交通方面的专门广播宣传服务。节目设置以交通新闻和路况信息为龙头,辅以服务性和娱乐欣赏性节目,及时、全面地宣传交通政策、法规;报道交通新闻,传播交通信息,服务疏导交通;提供交通专业知识和服务。主要开播《1039新闻早报》、《一路畅通》、《警法时空》、《欢乐正前方》、《旅途》、《单聊那些事儿》、《兵分两路听音乐》、《百姓TAXI》、《行走天下》、《新闻直通车》和《有我陪着你》等节目。

北京交通广播坚持"宣传、疏导、服务"的办台方针和"贴近、陪伴、娱乐"的节目宗旨，以"贴近你我，时时相伴"的人文关怀理念，为出行者提供亲切的伴随性服务，并始终以维护首都交通秩序，促进首都交通事业的建设和管理，增强全民交通法律意识，提升公民道德水准，提高首都交通的社会效益和经济效益为目标。为此，采编制作了大量有益的、令听众喜闻乐见的节目，相继创出了一批名牌栏目，涌现出了一批名牌主持人。北京交通广播先后有几十篇作品获"中国新闻奖"、"中国广播奖"等奖项。多名主持人荣膺"听众喜爱的十佳和优秀主持人"称号，多个栏目入选全国"十佳"广播栏目。多年来，北京交通广播屡获国家广电系统、北京市的各项荣誉。

作为一家专业广播媒体，北京交通广播始终把目光盯在广播发展的最前沿，研究广播发展规律和趋势。从节目创新、广告创收、内部管理机制、节目市场化运作等诸多方面做了大胆有益的尝试，创办了一批符合时代特点和听众需要的名牌节目，在京城数百万听众当中享有极高的收听率。依据央视－索福瑞提供的数据，2014年，北京地区频率收听率排名中，北京交通广播以30%的市场份额远远高出北京人民广播电台其他专业广播频率。

极高的收听率使得北京交通广播取得了连续多年全国电台单频道广告经营额第一的骄人业绩。从2000年起，北京交通广播连续4年刷新了全国广播媒体单一频率广告年收入的纪录。2003年，不到60个人的团队创造的纯广告收入是1.3亿元。2004年的广告收入为1.7亿元，占北京人民广播电台广告收入的近一半。2009年的广告收入突破4亿元大关。在广告市场竞争越来越激烈的形势下，2014年广告收入仍然达到4.969亿元。

2001年，北京交通台在全国广电行业中率先通过ISO 9001质量管理体系认证，内部管理进一步趋向理性、有序和细致。

与此同时，建台20多年来，北京交通广播始终不忘高举社会责任的旗帜，对社会公益事业鼎力相助，塑造了一大批知名的社会公益品牌，为首都北京的社会主义精神文明建设作出了突出贡献。

（赵泽润据北京交通广播网资料编写）

文化市场是文化企业的服务对象，也是企业实现其经营目标的最根本基础。但由于文化市场的规模庞大、体系复杂，作为个体的文化企业总是无法全面把握市场的购买规律和发展变化趋势。因此，文化企业必须对文化市场做细致的调研，并在此基础上对市场进一步分解，并依据自己的优势，找准自己的服务对象，才能有针对性地开展市场营销工作，更好地实现经营目标。

第一节 文化市场细分

作为一个复杂而庞大的整体，文化市场是由不同的购买者和群体组成的。由于这些购买个体和群体在地理位置、资源条件、消费心理、购买习惯等方面存在差异性，在同类产品市场上，会产生不同的购买行为。文化企业必须对消费者进行分类，并在此基础上选择适合自己提供服务的消费群体。

一、文化市场细分的概念

作为一种市场营销工作，市场细分是对市场的具体分解，也是对市场进一步认识的基础和前提。1956年，美国著名市场营销学者温德尔·斯密在广泛总结了企业在市场营销实践经验的基础上，提出了"市场细分"的概念。此后，这一概念在市场营销领域得到了广泛的推广和运用。

（一）市场细分

市场细分是企业以消费需求的某些特征或变量为依据，区分具有不同需求的顾客群体的一项工作。细分的结果是使同类产品市场上，同一细分市场的顾客需求具有更多的共同性，不同细分市场之间的需求具有更多的差异性，以使企业明确有多少数目的细分市场及各细分市场需求的主要特征。各个细分市场之间的需求差别比较明显，但同一市场的顾客群体可能会表现出相似的购买行为。因此，完全可以说市场细分的目标不是为了分解，而是为了聚合，即在需求不同的市场中把需求相同的消费者聚合到一起。当然，细分市场并不是文化企业的目的，不能为了细分而细分，市场也不是划分得越细越好。

市场细分有两种极端的方式：完全市场细分与无市场细分。所谓完全市场细分，就是市场中的每一位消费者都单独构成一个独立的子市场，企业根据每位消费者的不同需求为其生产不同的产品。从理论上说，只有一些规模小、消费者数量极少的市场才能进行完全细分，这种做法对企业而言是不经济的。尽管如此，完全细分在某些行业如飞机制造业等行业还是大有市场，而且近几年开始流行的"订制营销"就是企业对市场进行完全细分的结果。所谓无市场细分，是指市场中的每一位消费者的需求都是完全相同的，或者是企业有意忽略消费者彼此之间需求的差异性，而不对市场进行细分。

市场细分理论基于一个最为普通的观点，即所有的消费者并不是同一的，一个公司在市场营销中或者为消费对象中的不同群体制订不同的营销计划，或者只展开一种营销活动以专指某一确定群体。市场细分承认了在多元选择的市场背景下，消费者由于各种因素的区别，本身也呈现为多样化，任何以单一策略来对应所有不同的消费者的策划活动，都不是优秀的战略选择，而市场细分在本质上为迅速提高一个大型多元化的组织管理水平提供了实际的可能性。

市场细分理论产生之后经过了一个不断完善的过程。最初，人们认为把市场划分得越细就越能适应顾客需求，从而取得更大收益。但是，20世纪70年代以来，由于能源危机和整个资本主义市场不景气，营销管理者深感过分的细分市场必然导致企业经营总成本的上升，从而导致总收益下降。因此，西方企业界又出现了一种"市场同化"理论。这一理论不是对市场细分理论的简单否定，而是从成本和收益的比较出发，主张适度细分，是对过度细分的反思和矫正。这一理论在20世纪90年代全球营销环境下，又有了新的内涵，适应了全球化营销趋势的发展。

总之，这些变化都反映了市场细分理论的演变，是该理论趋于成熟完善的表现。

因此，市场细分不是从产品出发，而是从区别消费者的不同需求出发，以消费者的需求差异为出发点，根据消费者购买行为的差异性，把消费者总体市场划分为许多类似性购买群体的细分市场，其目的是使企业选择和确定目标市场，实施有效的市场营销组合，从而以最少、最省的营销费用取得最佳的经营成果。

（二）文化市场细分的内涵

文化市场细分就是依据某一类型文化市场消费者需求的差异性，立足其中某个或某些特征或变量，从而把整体市场分成若干个分市场和小市场，以此区分具有不同需求的消费者群体的过程。

近几年，我国文化产业发展迅速，出现了很多新兴的文化娱乐行业新门类。然而，就一些刚刚起步或处于迅速成长中的地区文化产业而言，区域文化产品的同质化程度比较严重，文化产品缺乏创新，市场交融度较高，整体竞争态势中文化市场份额竞争、价格竞争、品牌竞争和促销竞争尚未形成良性、有序的竞争。全国各种文化公司很多，但经营的产品或者劳务却呈现出高度的同质化特征。这种同质化的经营状况不仅对文化企业的发展不利，也妨碍了本应百花齐放的文化市场的繁荣发展。原信息产业部电子信息产品管理司孙文龙处长曾公开表示，我国无线娱乐产业发展中存在的问题之一就是产品内容同质化严重、商业模式不清晰。

二、文化市场细分的依据

文化市场细分对文化企业的市场营销活动具有十分重要的意义，文化企业必须做好市场细分。而做好市场细分的关键是要把握市场细分的依据，即根据什么将大市场划分为各子市场。在文化消费品市场，由于受性别、年龄、收入、地区等因素影响，不同消费者通常有不同的欲望和需要。文化企业要按照这些因素把整个大市场细分为若干不同的市场部分，这些因素叫作细分变数或细分变量。由这些因素所决定的消费者需求的差异，则是细分文化市场的依据。

（一）地理因素

地理因素即消费者所处的地理位置和自然环境等因素。菲利普·科特勒认为，地理细分要求把市场划分为不同的地理区域单位，如国家、州、地区、县、城镇或街道。[1] 还有人认为，地理因素还应该包括洲际、城乡、气候条件和其他地理环境等一系列具体变量。生活在同一地区的消费者在文化消费方面有很多相同的特点，而不同地区的消费者又存在着很多明显差异，地区范围大小对于人们的文化消费活动也构成一定的限制。例如，我国南方人与北方人有很多不同的音乐欣赏偏好，南方人偏好柔和圆润的曲调，而北方人则相对更喜欢粗犷豪放的曲风。

根据地理因素细分市场，有利于文化企业开拓区域市场。大企业既可以把大市场分成几个较大的市场（如长江以南和以北两个地区市场），中小企业也可以将市场分成许多小市场（如城市的一个区、农村的几个乡，甚至几条街）。但文化企业依据地理因素对市场进行细分时，需要在此基础上做进一步的分析，特别是要考虑其他相关因素。因为地理因素是一个静态因素，处于同一地理位置的消费者在文化消费方面仍然会存在很大的需求差异。

（二）人口因素

按照人口因素进行市场细分，也是一种较为常用的方法。它具有与以地理因素来进行市场细分同样的特点，即简便易行。科特勒认为，人口统计细分是将市场按人口统计变量，如以年龄、性别、家庭人数、家庭生命周期、收入、职业、教育、宗教、种族以及国籍为基础划分成不同的群体。[2] 在操作上，人口统计指标的含义都有明确的规定，资料比较容易获得。

在人口因素中，家庭生命周期处于不同阶段，对文化消费品的需求不一样，因而对文化产品市场的影响较大。

（三）需求偏好

这里说的需求偏好是指消费者对产品的需求倾向或希望，这与消费者的心

---

[1] （美）菲利普·科特勒著：《营销管理分析、计划、执行和控制》，梅汝和等译，上海人民出版社1997年版，第391页。

[2] 同上。

理特征密切相关。在一般消费品市场与文化消费品市场，需求偏好因素都是直接影响消费者购买的一个重要因素。例如，消费者购买家具时，有的希望家具占用空间少、利用率高、功能多，有的强调家具的美感和样式，有的则对那些牢固的家具感兴趣。由于需求偏好是顾客的内在倾向，比人口依据更加具体地表现了消费者对产品的需求，所以需求偏好可以帮助企业更好地了解消费者，确定他们购买产品的原因。

（四）行为要素

行为要素是指文化企业根据消费者购买或使用产品的时机，消费者所追求的利益，使用者的情况，使用者对某种产品的使用率，消费者对品牌的忠诚度，待购阶段，以及消费者对产品的态度等行为要素来细分消费者市场。

按消费数量来细分市场称为数量细分，许多产品的购买者可以进一步细分为大量用户、中量用户、少量用户这样几个消费群，文化企业应该对他们的不同特点和购买行为有透彻的了解，同时，不仅要推出适宜的变异产品，还要在价格、包装、销售渠道、销售形式、广告宣传等方面加以区别对待、精心安排，这可以帮助企业根据用量的大小来确定自己的目标市场。

根据消费者对品牌的偏好状况，文化企业可将一种产品的消费者划分为单一品牌忠诚者、几种品牌忠诚者、无品牌偏好者等几个主要群体。有些消费者一贯忠诚于某一品牌，任何时候、任何场合都只购买该品牌产品；有些消费者总是限于购买很少几种品牌的产品。凡这两类品牌忠诚者占较大或很大比重的市场，其他企业很难进入，即使进入也难以提高市场占有率；反之，则有利于文化企业进入该市场，并逐步扩大市场份额。有些消费者对任何品牌无所谓，购买具有很大的随意性，文化企业宜在促销方面多下功夫。

进行市场细分时，除参照上述依据外，还应树立动态观念。因为消费者的年龄、收入、家庭规模等会随着时间的推移而不断变化，生活方式、习惯、偏好也会随着年龄的增长和收入变化有所变更；城市大小、人口密度等会随着社会经济的发展而有所增减。

三、文化市场细分的原则和程序

（一）市场细分的原则

文化企业可根据单一因素，亦可根据多个因素对市场进行细分。选用的细分标准越多，相应的子市场也就越多，每一子市场的容量相应就越小；相反，选用的细分标准越少，子市场就越少，每一子市场的容量则相对较大。如何寻找合适的细分标准对市场进行有效细分，在营销实践中并非易事。一般而言，成功、有效的市场细分应遵循四点基本原则。

1. 可衡量性。指细分后的市场是可以识别和衡量的，即细分出来的市场不仅范围明确，而且对其容量大小也能大致作出判断。有些细分变量，如具有依赖心理的青年人，在实际中是很难测量的，以此为依据细分市场就不一定有意义。

2. 可进入性。指细分出来的市场应是文化企业营销活动能够抵达的，即文化企业通过努力能够使产品进入并对顾客施加影响的市场。一方面，有关产品的信息能够通过一定媒体顺利传递给该市场的大多数消费者；另一方面，文化企业在一定时期内有可能将产品通过一定的分销渠道运送到该市场。否则，该细分市场的价值就不大。例如，作为一种新型的产业，我国的会展业发展前景十分广阔，投资收益潜力大。但由于会展业是一种高度专业化和与资本化相结合的行业，对于资金规模小又缺少专业人才的企业来说，进入的可能性很小。因此，对于中小文化企业来说，细分会展业市场的实际意义不大。

3. 有效性。即细分出来的市场，其容量或规模要大到足以使文化企业获利。进行市场细分时，文化企业必须考虑细分市场上顾客的数量，以及它们的购买能力和购买频率。如果细分市场的规模过小，市场容量太小，细分工作烦琐，成本耗费大，获利小，就不值得去细分。例如，我国都市报业市场的核心应该是城市居民，尽管农村居民也可能订阅都市报，但较小的订阅量不会给都市报带来明显的效益。所以，如果依据地理因素，把都市报的市场细分为城市市场和农村市场，并把农村作为一个细分市场，恐怕在一个较长时期内都难以真正地进入。

4. 对营销策略反应的差异性。指各细分市场的消费者对同一市场营销组合方案会有差异性反应，或者说对营销组合方案的变动，不同细分市场会有不同的反应。如果不同细分市场顾客对产品需求差异不大，行为上的同质性远大于其异质性，此时，文化企业就不必费力对市场进行细分。另外，对于细分出来的市场，文化企业应当分别制订独立的营销方案。如果无法制订出这样的方案，或其中某几个细分市场对是否采用不同的营销方案不会有大的差异性反应，便不必进行市场细分。

（二）文化市场细分的程序

美国市场学家麦卡锡提出细分市场的一整套程序，包括七个步骤。

1. 选择应研究的文化产品市场范围。文化企业在确定经营目的之后，就必须确定市场经营范围，这是市场细分的基础。为此，文化企业必须开展深入细致的调查研究，分析市场消费需求的动向，作出相应决策。文化企业在选择市场范围时，应注意这一范围不宜过大，也不应过于狭窄。企业应考虑到自己所具有的资源和能力。

选定文化产品市场范围，即确定进入什么行业、生产什么产品。文化产品市场范围应以顾客需求，而不是以产品本身特性来确定。

2. 根据文化市场细分的标准和方法，列出所选择市场范围内所有潜在消费者的全部需求，这是确定市场细分的依据。为此，文化企业对市场上刚开始出现或将要出现的消费需求，应尽可能全面而详细地罗列归类，以便针对消费需求的差异性，决定实行何种细分市场的变数组合，为市场细分提供可靠的依据。

3. 分析可能存在的细分市场，并进行初步细分。文化企业通过分析不同消费者的需求，找出各类消费者的典型及其需求的具体内容，并找出消费者需求类型的地区分布、人口特征、购买行为等方面的情况，加上营销决策者的营销经验，作出估计和判断，进行初步的市场细分。

4. 确定在细分文化市场时所应考虑的因素，并对初步细分的市场加以筛选。文化企业首先应分析哪些需求因素是重要的，并将其与企业的实际条件进行比较。然后，删除那些对各个细分市场无关紧要的因素，以及企业无条件开拓的市场。如价廉物美可能对所有消费者都很重要，但这类共同的因素对文化企业细分市场并不重要；而对畅销紧俏产品，文化企业又不可能及时投产，所以也不足取。最后，筛选出最能发挥企业优势的细分市场。

5. 为细分市场定名。文化企业应根据各个细分市场消费者的主要特征，用形象化的方法，为各个可能存在的细分市场确定名称。根据潜在顾客基本需求上的差异性，将其划分为不同的群体或子市场，并赋予每一子市场一定的名称。例如，西方房地产公司常把购房的顾客分为好动者、老成者、新婚者、度假者等多个子市场，并据此采用不同的营销策略。

6. 分析市场营销机会。在文化市场细分过程中，分析市场营销机会，主要是分析总的市场和每个子市场的竞争情况，以及确定对总的市场或每一个子市场的营销组合方案，并根据市场研究和需求潜力的估计，确定总的或每一个子市场的营销收入和费用情况，以估计潜在利润量，作为最后选定目标市场和制定营销策略的依据。进一步分析每一细分市场的消费者需求与购买行为特点，并分析其原因，以便在此基础上决定是否可以对这些细分出来的市场进行合并，或作进一步细分。

7. 提出市场营销策略。一个文化企业要根据市场细分结果来决定市场营销策略。这里要区分两种情况：①如果分析细分市场后，发现市场情况不理想，企业可能放弃这一市场；②如果市场营销机会多，需求和潜在利润量充足，企业可依据细分结果提出不同的目标市场营销战略。估计每一细分市场的规模，即在调查基础上估计每一细分市场的顾客数量、购买频率、平均每次的购买数量等，并对细分市场上产品竞争状况及发展趋势作出分析。

第二节　文化企业确定目标市场的步骤与策略

文化企业在开展市场细分的基础上，必须依据自身的发展战略和环境状况等因素，确定自己的目标市场，才能有效地开展经营活动。

一、目标市场的内涵

文化企业市场战略的全部内容就在于根据明确的目标市场来开展企业的生产经营活动。那么，什么是目标市场呢？所谓目标市场，就是文化企业在市场细分的基础上，结合考虑各细分市场上顾客的需求和企业自身的经营条件，而选出的一个或若干个企业能很好地为之提供产品或服务的分市场。简言之，目标市场就是文化企业产品或劳务的主要需求者或顾客。

选择目标市场，就是根据文化企业本身和外界因素，选择与自己企业生产特点相适应的服务对象，作为从事生产经营活动的主要市场。文化企业选定了自己的目标市场，就可以针对这些顾客的特点和要求来设计、生产自己的产品，开展广告和推销活动。绝大多数企业确定自己的目标市场是通过对市场的细分来实现的，也有极少数企业不通过市场细分，而将整个市场作为自己的目标市场。

二、确定目标市场的步骤

由于目标市场对文化企业的营销活动和结果都产生较大的影响，因此，文化企业在确定目标市场时，需要按照科学的程序进行，以确保所确定的目标市场具有科学性和有效性。

（一）评价细分市场

企业要有效地选择目标市场，就应对不同的细分市场进行评价。评价时应考虑的主要因素有两点。

1. 细分市场的规模和发展前景。细分市场是否具备适度的规模是文化企业要考虑的首要问题。因为文化企业开发一个新的市场，要付出较高的广告、宣传等费用，如果市场规模过小，企业进入后得不偿失、无利可图，这样的市场就没有开发价值。大公司一般重视销售量大的细分市场，小公司则应避免进入规模较大的细分市场。市场的规模应从动态的角度来看待，细分市场的发展前景同样要关注。

2. 细分市场结构的吸引力。迈克尔·波特的竞争优势理论指出，决定企业能否在某一市场长期赢利的因素有五个方面，即五种竞争力量：

（1）细分市场内现有竞争对手的威胁。如果细分市场内已经存在众多实力雄厚的竞争对手，那么该细分市场是没有吸引力的。

（2）新加入者的威胁。细分市场的吸引力会吸引其他行业的投资者进入这一行业，从而加剧该行业的竞争。那些进入壁垒和退出壁垒低的市场往往是竞争激烈的市场。

（3）替代产品的威胁。替代产品会制约细分市场的价格和利润的上升。如果替代产品行业竞争加剧，该细分市场的利润就可能下降。

（4）购买者议价能力提高形成的威胁。购买者议价能力高，就会要求更高的产品质量和服务水平，致使竞争者相互竞争，细分市场的吸引力将会丧失。

（5）供应商议价能力提高形成的威胁。如果公司的供应商能够提高产品的价格或降低供应的数量，那么公司所在的细分市场是不具有吸引力的。

（二）评价自身资源

如果细分后的市场与企业的长期目标不一致，或企业不具备在该细分市场中获胜的资源条件，文化企业则应放弃该细分市场。如果企业明知自己没有足够的资源和经营能力，却一意孤行硬要去占领这一细分市场，其结果必然是不仅达不到目的，还要浪费大量的资源。

例如，某出版商原来打算发行精装图书，后来发现平装图书市场供不应求。这时，出版商必须谨慎考虑是否要进入这一市场。因为如果出版商的定位是精装高档图书，生产中档产品就会在消费者心目中降低原来产品的档次，与发展目标冲突；而如果发展高档产品，则需要考虑技术含量、人力、物力、财力等综合因素。

（三）选定目标市场

文化企业在综合考虑细分市场的特点和自身资源后，结合自身的长期发展战略，选定某一或某几个市场作为文化企业的目标市场。例如，出版商在综合考虑自身的经营实力和范围后，确定自己的目标市场仍然是精装图书市场。

（四）评估目标市场

目标市场选定后，文化企业应评估不同目标市场的价值，将需求数量化，以便根据每一目标市场的价值有效地分配营销力量，争取用最低的成本获得最高的效益。文化企业对目标市场进行评估时，要做两方面的工作。

1. 要充分估计目标市场需求与市场潜力。市场需求是变化的，有效的市场营销可以使市场需求增加，反之，则可使市场需求减少。文化企业要对市场需求的整体状况及其发展变化趋势做较科学的判断，并依据市场需求的整体状况及其发展变化趋势作出相应的营销对策。

2. 要评估本企业需求与营销的潜力。企业需求是指在整个市场需求中属于企业的那一部分。文化企业需求受企业营销努力的影响，企业营销有方，所得到的份额就大，若整个市场为某一企业所独占，则企业需求相当于市场需求。评价企业的需求与潜力，要更多地立足于文化企业的自身生产经营条件和资源优势，结合市场整体需求和潜力，作出科学的测评。

三、目标市场策略

文化企业通过市场细分后，初步确定了自己的目标市场，明确了经营对象，但还需要根据自己的经营条件和目标，确定目标市场的营销和竞争策略。所谓目标市场策略，就是文化企业经过市场调研和市场细分后，在确定的目标市场上设立的市场对策，是文化企业开展市场营销活动的重要指导思想。可供文化企业选择的目标市场策略有三种。

（一）无差异市场营销策略

假如文化企业面对的市场是同质市场，或者文化企业判断即使消费者是有差别的，但他们也有足够的相似之处而可以作为一个同质的目标市场加以对待，在这两种情况下，文化企业就可以采用无差异市场营销策略。这种策略是企业把一种产品的整体市场看作一个大的目标市场，营销活动只考虑消费者或用户在需求方面的共同点，而不管他们之间是否存在差异。因而企业只推出单一的标准化产品，设计一种市场营销组合，通过无差异的大力推销，吸引尽可能多的购买者。一般说来，这种目标市场营销策略除了适用于同质产品市场外，主要适用于需求广泛的，能够大量生产、大量销售的产品。采用这种策略的企业一般具有大规模的单一的生产线，拥有广泛或大众化的销售渠道，并能开展强有力的促销活动。

（二）差异性市场营销策略

差异性市场营销策略是指以市场细分为基础，把产品的整体市场划分为若干细分市场，从中选择两个以上乃至全部细分市场作为自己的目标市场，并为每个选定的细分市场制定不同的市场营销组合方案，同时多方位或全方位地分别开展针对性营销活动的目标市场营销策略。这种策略的基本原理就是把整体市场划分为若干需求与愿望大致相同的细分市场，然后根据企业的资源及营销实力选择部分细分市场作为目标市场，并为各目标市场制定不同的市场营销组合策略。例如，由于中国会展业市场规模非常大，每一个细分市场都有巨大的发展潜力，因此，会展业企业需要根据企业自身发展要求和资源情况选择合理的市场定位和发展目标。

但是，这一策略并非任何企业在任何时间都可以采用。这一策略的运用只能限制在销售额的扩大所带来的利润超过营销总成本费用的增加时，并且只有大中型企业可以采用，实力不足的小企业不宜采用。

由此看出，企业建立在优势资源上的差异化，可以从其以往业务中汲取更大能量，保持差异化的循序渐进和可持续进行。可见，虽然模仿在互联网应用中普遍存在，但只要能够实施差异化，致力于不断细分客户需求，并针对优势资源展开差异化，就可以摆脱对手的模仿，长久保持差异化优势。

（三）集中性市场营销策略

集中性市场营销策略是指文化企业集中全部力量于一个或极少数几个对企业最有利的细分子市场，提供满足这些子市场需求的产品，以期在竞争中获取优势的目标市场营销策略。其核心是在较少的市场或子市场上占有较大的市场份额，以替代在较大的市场上只占有较小的市场份额。运用这一策略要求企业不是面向整体市场，也不是把力量分散使用于若干个细分市场，而是集中力量进入一个细分市场，为该市场开发一种理想的产品，实行高度专业化的生产和销售的做法。

文化企业究竟应当采用哪一种目标市场营销策略，取决于企业资源状况、产品性质、产品生命周期、市场竞争态势、市场供求关系的变动等多种因素。对文化企业来说，目标市场营销策略的确定应该做到既相对稳定，又能根据各种因素的变动而适当调整。只有这样，才能赢得市场营销的主动权，取得市场营销的成功。

四、影响目标市场选择的因素

目标市场选择类型的多样性和文化企业情况的复杂性，决定了文化企业在具体选择目标市场时必须考虑各种条件或因素。

1. 文化企业资源状况和生产经营能力的大小。如果文化企业资源雄厚，人力、物力、财力充足，可考虑实行差异性市场营销策略，在较多的细分市场甚至整个市场上开展经营活动，最大可能地多占领不同的市场，在获取尽可能多的收益的同时，减少经营风险；反之，则只能实行集中性市场营销策略，在一个相对有利于自己的市场上精心经营，做好市场营销工作。

2. 产品的性质。企业的产品，如果是同质或相似的，如基础教育所需要的教材、各种普及性的图书产品，可考虑实行无差异市场营销策略，尽可能多地开发市场；而对于各种专业性较强、分众化性质较明显、性质差异较大的专业性报刊，就应考虑实行差异性市场营销策略或集中性市场营销策略。

3. 产品在生命周期所处的阶段。当文化企业向市场投入新产品时，由于竞争者少，宜采取无差异市场营销策略或集中性市场营销策略；当产品进入成熟阶段，由于竞争者的加入，宜改为以差异性市场营销策略开拓新市场，也可实行集中性市场营销策略，设法保持原有的市场，延长产品生命周期。

4. 市场需求的特点。如果消费者对市场上的某种产品具有相同的兴趣和爱好，在每一个时期内购买的数量也大致相同，对销售方式的要求也无大的差别，在这种情况下，文化企业可采用无差异市场营销策略；反之，市场需求的特点差别很大，就应该选择差异性市场营销策略或集中性营销策略。

5. 市场竞争情况。文化企业采取何种目标市场策略，往往要视竞争对手采取何种市场营销策略而定。如果竞争对手实行无差异市场策略，文化企业应当实行差异性市场策略；如果竞争对手已经采取差异性市场策略，此时文化企业就应运用更为有效的市场细分，采取无差异市场策略或集中性市场策略，充分发挥本企业的优势，力争在竞争中取胜。

由于影响目标市场营销策略的因素较多，而这些因素本身也在不断发展和变化，文化企业必须时时关注这些因素的发展变化规律，关注它们对文化企业目标市场营销策略的影响，并采取积极的应对措施，不断调整企业的生产经营策略，来确保经营目标与经营环境诸要素之间的动态平衡，使文化企业始终掌握市场营销的主动权，取得市场营销的成功。

第三节　文化市场定位

文化企业在确定自己的目标市场后，在研究目标市场需求等基础上，一项非常重要的工作就是研究为该市场服务的各类社会组织及其特征，并有针对性地确定自己在该目标市场的地位，特别是针对消费者而言，企业所提供的产品和服务在该市场上处于什么样的具体地位。只有如此，文化企业才能依据市场定位，做好产品和服务的设计、生产和营销工作，实现生产经营目标。

一、文化市场定位的内涵

"定位"一词源于1972年两位广告经理艾尔·里斯和杰克·特劳塔在《广告时代》中发表的系列论文。他们认为，市场上的产品一般都会在顾客心目中占据一定的不同位置。定位始于产品，而后延伸到一系列的商品、服务、公司、机构甚至个人。菲利普·科特勒将"定位"解释为：对公司的产品进行设计，从而使其能在目标顾客心目中占有一个独特的、有价值的位置的行动。

所谓市场定位，就是根据竞争者现有产品在市场上所处的位置，针对消费者或用户对该产品某种特征或属性的重视程度，强有力地塑造出本企业产品与众不同、印象鲜明的个性或形象，并把这种形象生动地传递给顾客，从而使该产品在市场上确定适当的位置。① 目标市场定位实际上是在已有基础上的深一层次的市场细分和目标市场的选择,即从产品特征出发对目标市场进行进一步细分,进而在按消费者需求确定的目标市场内再选择确定企业产品的目标市场。

文化市场定位的内涵与传统意义上的市场定位有所区别。这取决于文化产业中文化产品和文化服务的特殊性。

1. 文化产品的特殊性。从产品的生产来看,文化产品的特殊性表现在以下六个方面:

（1）文化产业的产品是满足人们的精神需求的,这是更高层次的需求,一般说来,人们的消费能力越强,对文化产品消费得越多。而其他产业的产品则主要是满足人们物质需求的。

（2）文化产业产品的生产者,必须是文化人力资本的拥有者,劳动者必须是具有创作才能的个人。生产文化产品中的劳动支付,完全是脑力的支付。而生产物质产品的产业,既有劳动密集型的产业,也有资本密集型的产业,还有知识密集型的产业；在一些产业中,三者兼而有之。

（3）文化产业是通过创造供给来培育和创造消费需求的。在文化产品未被生产出来之前,市场对此的需求是难以判断的,投资文化产品需要承担市场高风险。创造文化产品,创作者或是靠涌动的创作激情,或是靠对市场需求的理性预期,不可能有明确的消费对象。而物质产品生产产业则可以有明确的消费对象、明确的消费数量,以及明确的消费质量要求,完全可以按订单进行生产。

（4）文化产业的生产极具创造性和个性。文化产品的产生是具有自主知识产权的原创性研究和发明的过程。每一件文化产品都具有不可重复性、不可替代性和不可再生性,因此,文化产品都极具个性。而生产物质产品的产业,其产品大多具有同一性、标准性和可替代性,且大都有明显的生命周期。

（5）文化产业的产品创造的是无形资产,积累的是品牌效应。同一产品被拷贝的次数越多,其产生的产值就越高。美国的卡通产业产值与汽车产值相当,就充分说明了这一点。一个作家或演员,名气越大,市场需求就越大。而物质产品生产产业,一方面要生产有形物质、创造有形资产,另一方面要积累无形资产,不可能创造出脱离物质生产过程的无形资产。品牌也是有形商品质量和信誉的长期积累。

（6）文化产业与其他产业有共生性和融合性。任何一个产业形态,都融入了不同的文化内涵,如酒文化、茶文化、饮食文化、居住文化、汽车文化等,无不反映着不同的文化价值取向。

2. 文化服务的特殊性。作为一种体现社会契约或经济契约关系的服务活

---

① 纪宝成主编:《市场营销学教程》,中国人民大学出版社1997年版,第150页。

动，与货物交易相比，文化服务的特殊性也包括六个方面。

（1）不可储存和运输。服务的生产和消费同时发生。

（2）服务的易逝性。在服务能力不能得到完全使用时，就会发生机会损失，如电影院里的空座等。

（3）服务的无形性。购买产品时，顾客可以在买前观察、触摸或测试，而在购买服务时，顾客则依赖对服务供给者的认知程度或即时感受。

（4）服务的需求决定性。服务是在开放系统中进行的，不可能计划生产，受传递中需求变化的全面影响。

（5）服务的异质性。服务是观点、概念与感知，服务中顾客与提供服务品的供给方的交互性决定了服务的个性化，关注个性化也为服务的异质性创造了机会。

（6）服务的即时性。服务的生产和消费同时发生，普遍需要在同时同地完成服务交易，服务提供者与服务消费者如果不在同一场所同时进入服务程序，服务交易就难以完成。

文化产品和文化服务的特殊性，决定了发展文化产业必须注意到其独特性，必须将这个产业作为第三产业中重要的新兴产业，准确地进行市场定位，积极培育和推动其发展。

二、文化市场定位方式

文化市场定位是文化企业对目标消费者或者目标消费市场的一种理性选择，同时也是一个复杂的工作过程。文化企业要根据自己的生产经营优势和经营目标，结合竞争对手的市场战略和竞争手段等，确定自己在目标市场上的准确地位。

文化企业要想在市场竞争中取胜，获得长期稳定的发展，就必须做好产品和服务的目标市场定位工作。但文化企业又不同于一般的物质性生产企业，在加工对象、经营目标和价值追求等方面，都与物质性生产企业有着本质的区别，这就要求文化企业必须顾及文化产品的特点和消费者对文化产品的需求等方面，在产品和服务目标市场定位中，鲜明而突出地传达其正确的产品价值导向和精神追求。具体来说，文化企业的目标市场定位主要方式有三种。

1. 根据文化产品使用者定位。根据文化市场消费者的个性、偏好及消费类型在消费者心中树立起产品或企业的形象和地位。与一般物质产品使用的状况不同，文化产品的使用者在使用文化产品时，对产品的偏好、产品属性的要求等都呈现出自己的特点。而且，文化产品使用者本身的特点也比较多样，对文化产品的消费也具有多样化的特征。因此，文化企业可以根据文化产品使用者的情况，对产品目标市场作出准确的市场定位。

2. 根据文化产品的属性进行定位。文化企业可以依据所生产产品的档次、类型、价位、质量和利益等,确定其在目标市场上的定位。每个文化企业的产品都可以通过自己的策划、设计和生产,实现与竞争对手的差异化,因而也就为目标市场定位提供了前提和基础。

中国电影既有打造中国影像奇观的大片,也有专门面向国内市场、为迎合一定档期出现的贺岁片、暑期片、爱情片等。前者以成龙、李连杰、徐克等人的武侠片为例,而以张艺谋、陈凯歌的武侠作品为典型代表。虽说其所拍电影有时存在着形式大于内容的毛病,成了一场视听盛宴,但在体现东方特色、注重视听效果、讲究场面的华丽与宏伟上毕竟功不可没,让世界见识了一个传奇而磅礴的中国武侠世界。虽然国内批评之声不绝于耳,但明确的市场定位和高超的营销策略使得它们仍然占据票房前位,获得了极大的商业成功。除此之外,冯小刚的贺岁片已成为黄金招牌,而每年的情人节档期更有专门的爱情片上演,也都取得了较好的成绩。不少国产电影都有意识地针对电影消费的主体——城市青年一族,特别加强了都市爱情题材创作,力求与时尚文化同步。

3. 根据竞争者定位。文化企业在开展目标市场定位时,要充分考虑到竞争对手的影响力,识别自己的竞争优势,寻找与竞争者相错位的利益点,作为企业目标市场的定位,即采用错位竞争,有效地避开竞争对手的影响。

文化企业的目标市场定位工作要围绕企业的长期发展战略而开展,要随着文化企业长期发展战略的调整而适时调整。同时,目标市场定位要在保持稳定性的基础上,做到与市场经营环境的发展变化相一致,表现出适应市场的灵活性。

三、文化市场定位策略

文化企业的目标市场定位并不是随心所欲的行为,它必须是在对竞争者有正确的了解、对消费者有充分的分析的基础上,对企业自身有客观的评价之后作出的抉择。因此,文化企业既要做到正确定位,又要随时识别和防止错误定位的发生。

(一) 文化市场定位的策略

文化企业可以根据自己的长期发展战略、经营目标和生产经营条件,在充分考虑市场经营环境和竞争的基础上,采用科学的方法,确定自己的目标市场定位。常用的定位策略主要有三种。

1. 填补市场空位。这种策略就是将自己产品的位置确定在目前目标市场的空白地带。填补市场空位策略的明显优势是文化企业可以避开激烈竞争的压力,而且可以比较潇洒地与竞争者在目标市场上形成鼎立之势。在决定采用填补市场空位策略之前,必须弄清三个问题:

(1) 这一目标市场空白区位是否有相应数量的潜在顾客。很可能有这样的情况，目前这一市场区位仍然是空白的，但空白的原因并不是因为竞争对手熟视无睹或无暇顾及，而是这里根本没有潜在消费需求。如果事实真是如此，文化企业将产品置于这一区域，将必败无疑。

（2）文化企业是否有足够的技术力量去开发占领目标市场空白区域的产品。常有这样的情况，文化消费者对某一种产品存在需求，但由于技术水平的限制，现有的竞争厂商还无力生产这种产品。这时，如果一个文化企业能够开发这种产品，那将独领风骚，既能获得十分可观的经济效益，又能产生很好的社会效益。

（3）文化企业开发新产品以填补市场空位，在经济上是否合算。从文化企业发展的总体特征上看，文化企业主要是营利性组织。因此，即使某一市场空白，也存在潜在的顾客，而且文化企业也有能力去满足这一部分需要，但如果这样做，文化企业仅能获得微利甚至要亏损，那么任何企业都不会作出这样不明智的选择。

2. 与现有竞争者并存。所谓与现有竞争者并存的市场定位策略，就是将自己产品的位置确定在现有竞争对手产品的旁边。在市场营销中，文化企业，尤其是一些实力不太雄厚的中小型文化企业在产品定位时大多采用这一策略。文化企业实行与竞争者并存的策略需要具备两个前提条件：

（1）在文化企业产品欲进入的目标市场区域还有未得到满足的需求，这些需求足以吸引新进入的产品。

（2）由于文化消费者对现有产品已比较了解，因而文化企业推出的产品必须在各方面能与竞争对手的产品相媲美，否则文化消费者是不会接受的。

3. 逐步取代现有竞争者。取代现有竞争者的市场定位策略，是指文化企业将现有竞争者赶出原有的位置，并取而代之，占有它们的市场份额。采用这种策略一般有两种原因：

（1）文化企业选定的目标市场区位已为竞争者占领，而且其中已没有进一步发掘的潜在需求。

（2）一些实力雄厚的大文化企业自信有足够的力量打败竞争者，扩大自己的市场范围。

取代现有竞争者定位策略是富有挑战性的。采用这种策略的文化企业要有充分的思想准备。首先，新投入的文化产品必须明显优于现有产品；其次，文化企业必须做大量的宣传推销工作，大造舆论，以冲淡文化消费者对原有产品的印象和好感。在宣传推销时，文化企业应充分利用自己已有的卓著声誉。

（二）防止定位错误

文化企业在进行市场定位时，要注意避免以下几方面的错误：

1. 定位不明确。文化企业由于对市场特性、产品属性等理解错误或者不准确，在对目标市场进行定位时，会出现定位不明确的现象。这种定位不明确会使顾客对文化企业的产品和服务产生模糊的印象，对产品和服务的购买欲望变得模糊，最终会影响到文化企业的市场营销。

2. 定位过于狭隘。主要表现为文化企业过分强调定位于某一个狭隘的小市场，可能使顾客忽略了企业在其他方面的表现。

3. 定位混淆。文化企业未注意企业品牌的整体形象，造成一些矛盾的宣传。造成定位混淆的原因可能是企业宣传产品的利益点太多了，也可能是企业的品牌定位太过频繁。

4. 有疑问的定位。由于文化企业对自己的定位不够准确，或者对自己的定位表述不清楚，客观上让消费者对企业的定位产生疑问。例如，购买者一般难以相信某一种拥有多种优良特性，又有着与之不相称的廉价的企业和品牌的产品。

本章小结

文化企业市场营销活动的成败总是建立在对市场的正确认识和分析基础之上的。本章内容集中在文化企业开展市场营销活动的前期准备工作——市场分析上。市场分析是文化企业走向市场前必须要做而且必须做好的工作。只有正确地分析了市场，准确地找到企业的目标市场并确定了自己的市场定位，文化企业的市场营销工作才有可行的条件。

本章第一节详细介绍了市场细分的要素、程序和方法。第二节全面介绍了文化企业目标市场的内涵，确定目标市场的步骤，以及影响目标市场选择的因素和常见的目标市场策略。第三节集中介绍了文化目标市场定位的内容和方式。

资料链接 >>>>

中国音乐产业

在国家文化产业政策环境不断优化的背景下，中国音乐产业正处于由以实体唱片为主的传统模式向以网络音乐为主的数字模式转变的关键期，逐步形成了以音乐内容创作和音乐版权经纪为双核驱动，以跨终端、跨媒体的平台为售卖渠道，以最终用户体验度为市场导向的新型文化经济业态。2013年中国音乐产业市场总规模达到2716.56亿元，已成为拉动文化产业发展的重要引擎。

音乐产业，是指以音乐作品原创为核心，覆盖音乐创作、表演、制作、出版、发行等与音乐生产服务相关的所有行业。音乐产业结构分为三个层次：

核心层，包括实体唱片、音乐图书、数字音乐、音乐演出、音乐版权经纪与管理五个部分；

关联层，包括乐器、专业音响、音乐教育与培训三部分；

拓展层，包括卡拉OK市场、广播电视音乐、音乐评奖和排行榜、国家音乐产业基地、音乐对外交流五个方面。

具体分析音乐产业的结构可以看出，音乐产业在规模不断扩大的同时，呈现出以下特征：

1. 以乐器、音乐教育培训、专业音响为主的音乐产业关联层行业总产值约为1233.82亿元，约占总体市场规模的45%；以广播电视音乐、卡拉OK市场为主的拓展层行业总产值约为886亿元，约占总体市场规模的33%。关联层行业市场规模比重最大，也表明了音乐产品服务符合一般文化产品的基本特征：融合性、关联性、渗透性。能够以音乐产品或服务的消费为核心，带动创作、生产、复制、传播、娱乐、版权、教育等多种业态共同发展。

2. 从核心层音乐行业市场结构来看，数字音乐产业所占比重最大，约占核心层的73.9%，音乐演出产业占到总规模的23.5%。这些数据表明，数字化娱乐方式已成为当前主流大众消费模式。另外，核心层的线下音乐消费从以实体唱片消费为主发展到以现场音乐体验消费为主，并且实体唱片赖以生存和发展的音乐版权经纪又未完全激活，因此呈现出以音乐会、演唱会、音乐节等为主的现场音乐体验消费一枝独秀的发展态势。

3. 从关联层音乐行业市场结构来看，音乐教育培训行业所占市场规模较大，占关联层行业市场规模的46.8%，乐器行业、专业音响行业则发展较为均衡，分别占22.8%和30.4%。

4. 从消费终端来看，2013年在实体唱片、音乐图书出版等实体产品行业中，网络销售已经成为主要渠道之一，销售形式由线下转为线上；发展最为迅速的是数字音乐行业，不仅智能手机用户达到3.13亿人，相关音乐类终端产品也层出不穷。例如，截至2013年年底，仅苹果移动应用商店供中国内地的音乐类产品就达约3.1万个。消费终端的数据再次表明了中国音乐产业数字化、移动化、大众化的发展趋势。

以服务普通消费者为核心的数字音乐、卡拉OK行业的市场规模较大，充分说明最受消费者喜爱的音乐产品和服务需要包含参与、体验、娱乐、社交等增强用户黏性的元素，尤其是在新技术手段下用户消费渠道发生变化，如何使纯粹的音乐作品、音乐表演与文化体验、交互参与、商业娱乐等行业进行融合发展，将成为中国音乐产业未来挖掘潜在市场空间的重要路径。

（温芳改编自 http：//www.ce.cn/culture/gd/201411/14/t20141114_3905292.shtml）

思考与练习

1. 文化市场细分可以参考哪些标准？
2. 企业在确定目标市场的时候有哪些步骤？
3. 什么是文化市场定位？文化市场定位有哪些具体的应用策略？

第六章 文化市场竞争及竞争战略

● 知识要点

了解市场竞争及其构成要素。

理解文化市场竞争及市场竞争类型。

掌握制约文化企业市场竞争的因素。

理解文化竞争者及其主要类型。

掌握文化市场竞争者分析过程。

掌握文化企业成本领先战略。

掌握文化企业的差异化战略。

掌握文化企业的目标集中战略。

掌握市场竞争定位的含义。

掌握市场主导者策略。

掌握市场挑战者战略。

掌握市场跟随者战略。

掌握市场补缺者战略。

旅游演艺市场突围之战从哪里入手

2014年8月,大连万达集团制作的大型世界级音乐舞台剧《海棠·秀》停演,这让旅游演艺行业投资者在激进过后初尝了市场的残酷。

作为海南文化旅游的重要产品,这部由万达集团重金打造的首个旅游演艺产品,于2011年9月在海棠湾万达大剧院首演。全剧的制作成本高达6000万元,由来自7国的知名艺术家联袂打造,其中,导演盖尔·爱德华兹获得过"艾美奖"。2013年,《海棠·秀》巡演版问世,更是计划在全国40个城市巡演。作为三亚,甚至是海南夜游产品和文化旅游的重点产品,《海棠·秀》备受期待。

背靠着万达集团,《海棠·秀》的首演可谓风光无限。但高昂的制作、高频率的关注度却没有带来可观的票房。《海棠·秀》官方提供的数据显示,开演近3年来，《海棠·秀》共演出了700多场，观看人数不到30万人，即平均每场不到400名观众，上座率可谓惨淡。万达集团为了拉动客流，一度推出多项促销活动，如住一晚希尔顿酒店送两张《海棠·秀》演出票，以酒店客去拉动上座率，"酒店+秀"特价促销价格最疯狂时曾达到890元，而两张《海棠·秀》的门票价格就已经达到700元，即使是给旅行社的价格，也要560元。由此可见《海棠·秀》的窘境。

《海棠·秀》运营3年来亏损严重，一直需要万达集团输血维系。不佳的业绩也令管理层频繁更迭，3年间换了四任总经理，其他高管亦频繁调换。

据相关媒体调查报道，海南现有的旅游驻场演出中5家亏损、2家停休业，真正赢利的只有4家。数据统计也显示，2013年全国旅游演出票房从上一年的30亿元下降到22.6亿元，当年全国范围内停演的旅游驻场演出就有13台之多。

在海口的海胆剧场，"中国第一个以大海为实景，以大海为主题的演出"《印象·海南岛》经过短暂的绚丽后，便是长久的落寞。从2009年4月上演两个月后，就艰难维持，可容纳1600人的"印象剧场"常常接待不到200名的观众。面对巨额亏损，1.8亿元的投资也难以收回，在苦撑一年多后，《印象·海南岛》运作方不得不把55%的股权低价转让给一家深圳的房地产公司。靠一台"大制作"的旅游演出来激活海口旅游，改变海南旅游"南重北轻"格局的如意算盘被彻底打破。

近年来，旅游演艺已经成为很多主题景区中的重要发力元素，宋城演艺通过"千古情"系列的演出带动了整个主题公园的发展，被业内奉为运营经典。

当前，国内像万达集团、华侨城集团、港中旅集团、曲江文旅、宋城演艺、中坤集团等企业都在其主题景区打造了旅游演艺项目，但每一家又选择了不同的发展路径，各自的生存状况也不尽相同。

如何把这些演艺项目做成功，或者尽量延长其演出寿命，已经成为主题景区管理层绞尽脑汁也要想出办法的任务。

2014年12月22日晚，被称为"一生必看的世界级舞台秀"的《汉秀》终于在武汉"红灯笼"剧场拉开了全球首演序幕。《汉秀》官网对其作了极其精彩的介绍：《汉秀》是万达集团和德贡集团联袂倾力打造的超越目前世界所有演艺水平的舞台节目。取意汉族、楚汉、武汉文化精粹之意，由全球享负盛名的舞台艺术大师弗兰克·德贡先生亲自执导，融合了深厚的东方文化内涵与顶尖的西方娱乐元素，将震撼人心的前沿技术与挑战体能的极限表演完美结合。但是，当这项花费25亿元制作的舞台秀还在建设之中时，就有业内人士对其持有异议，认为《汉秀》在某些方面相比《海棠·秀》并无明显改进，可能会因此重蹈《海棠·秀》的覆辙。

当我国旅游演出市场在走下坡路的时候，《汉秀》将如何在行业不景气的大背景下做到"一枝独秀"呢？这个问题真的不好回答，但《汉秀》却必须回答。

（温芳改编自《数据评解：〈2014 中国音乐产业发展报告〉》，中国经济网，2014 年 11 月 14 日）

文化企业要想走向市场，就必须生产出满足广大文化消费者的产品，同时还要具备在市场上与其他竞争对手开展竞争的条件。只有如此，才能更好地服务于广大文化消费者，才能使自己在市场竞争中处于不败之地。

第一节　文化市场竞争

随着文化产业的不断发展，文化市场越来越成为国民经济各部门和各行业及相关组织和个人关注的对象，也成为文化企业参与市场竞争的难题。文化企业必须充分认识和掌握文化市场的竞争特点和规律，把握竞争要素，不断提高自己的竞争优势。

一、市场竞争及其构成要素

从市场学的角度看，市场是一群具有一定购买欲望和购买能力的组织和个人所组成的消费群体。这一消费群体所形成的现实需求和潜在需求分别形成了现实市场和潜在市场。因此，消费群体构成了市场。

为了满足消费群体的需求，实现自己的经营目标，企业必须通过自己的生产经营活动，为市场提供产品和服务。因此，众多以利润最大化为目标，向市场提供商品和劳务的企业就成为有别于消费者市场的另外一个群体，即产品和服务提供商，并由此形成了行业。所谓行业，是指为同一市场生产和提供某一类或者能够相互替代的商品和服务的所有企业构成的组织。

市场竞争是指为文化市场提供各种产品和服务的企业为了更多地向文化消费者销售自己的产品和服务而开展的各种营销行为。通俗地说，市场竞争就是各类企业争夺消费者的各种行为。为了夺取尽可能多的消费者，企业会采取各种手段和办法，采取各种各样的行为。因此，竞争实质是一种很复杂的企业营销行为。

从竞争手段和方法上看，企业的市场竞争各不相同，但其构成的要素是一样的。

1. 产品和服务。产品和服务是文化企业开展市场竞争的基本前提条件，也是最有力的竞争条件。文化企业之所以能够从别的企业争夺消费者，最主要的法宝就是有比对手更有吸引力的产品和服务。这种产品和服务或者是某一方面具有较明显的优势，或者是综合优势明显。

2. 营销行为。尽管文化企业可能凭借自己的生产经营能力，生产和经营别人的优势产品和服务。但要提高竞争能力，还需要在透析文化市场竞争现状、规律和特点的基础上，积极采取不同于对手的竞争手段和方法。

3. 目标顾客。目标顾客是指在细分市场的基础上，文化企业根据自身特点确定的经营活动的服务对象。目标顾客是文化企业最主要的市场，也是文化企业经营收益的最主要来源。选择正确的目标顾客，并尽力为之服务，就可以获得竞争优势。坚持"目标顾客第一"已经成为企业竞争的不二选择。那些在生产经营上投入很多，在营销上也想了许多办法，花了很大力气开拓市场、促进销售，结果却不令人满意的企业，其主要问题就是没有找到自己的目标顾客。

4. 竞争目标。文化企业的竞争目标是文化企业开展竞争所要实现的最终目的。因为不同企业的生产经营战略不同，其竞争目标也不一样。大多数企业的竞争目标都包括提高收益、开发市场、提高市场占有率、降低成本、降低库存等。

二、文化市场竞争及市场竞争类型

文化市场竞争是指为文化市场提供产品和服务的企业，为了更好地占领市场，提高产品和服务的市场占有率，实现企业的生产经营目标而与其他文化企业开展的竞争。

从文化企业的角度看，文化市场上的竞争对手多少是不一样的。依据市场中可容纳的企业个数、资源是否自由流动、进入市场是否存在壁垒、产品是否具有同质性等要素进行划分，可以将文化市场划分为完全竞争市场、完全垄断市场、垄断竞争市场和寡头垄断市场四种形式。每种市场形式都具有自己的特点，同时也有不同的表现形式。

1. 完全竞争市场。完全竞争市场是一种竞争不受任何阻碍的市场类型或结构。这种市场的特点比较明显：

（1）有大量的买者和卖者，每个人都只是市场价格的接受者而不是制定者。在这个市场上，每一个买者和卖者的实力都很小，个人的行为对市场上的营销活动没有任何影响。买者的购买力小，卖者的生产能力也小，双方只能按照市场上形成的价格开展交易。

（2）产品是同质的，即彼此可以完全替代。由于生产者的生产能力小，只能根据自己现有的能力生产一种产品，且产品与其他生产者生产的产品，无论是在质量上还是在形式上都没有差别。

（3）资源可以自由流动。市场上没有任何人为或者其他因素限制资源的流动。当市场有赢利的机会时，生产者可以自由地加入；当市场经营出现亏损时，生产者可以及时退出。

（4）买卖双方都具有完全的信息。由于市场相对较小，参与市场活动的各方当事人对市场上的信息完全了解，任何一方都具备开展生产经营或者购买决策的信息条件。

（5）没有政府的干预，企业无勾结，企业行为完全由市场决定。实际上，这种市场形式在现实中是不存在的。文化产品作为一种具有特殊属性（政治属性）的产品，对社会和顾客的影响较之普通的物质产品为大，政府和相关主管部门一直都对其实施全面或者局部的管理。文化企业市场总是处于一定的管制之中，没有限制和约束的完全竞争市场在现实中很少存在。

2. 完全垄断市场。又称垄断或独占市场，与完全竞争市场结构相反，是指一家企业控制某种产品的全部供给，不存在任何竞争的市场类型。完全垄断市场具有以下特征：

（1）企业数目唯一，一家企业控制了整个行业某种产品的全部供给。完全垄断市场上的垄断企业排斥其他竞争对手，独自控制了一个行业的供给。由于整个行业仅存在唯一的供给者，企业就是行业。

（2）垄断企业是市场价格的制定者。由于垄断企业控制了整个行业的供给，也就控制了整个行业的价格，成为价格制定者。完全垄断企业可以有两种经营决策，一是以较高价格出售较少产品，二是以较低价格出售较多产品。目前，我国许多地区的有线电视公司除了收取高额的初装费之外，还向消费者收取一定数量的使用费。这种把应该由公司承担的投入性成本，通过垄断经营的方式转嫁给老百姓，并继续收取使用费用的做法，体现了垄断企业对市场价格的控制权。

（3）垄断企业提供的产品不存在任何相近的替代品。否则，其他企业可以生产替代品来代替垄断企业的产品，完全垄断企业就不可能成为市场上唯一的供给者。因此消费者别无选择。

（4）其他任何企业进入该行业都极为困难或不可能，要素资源难以流动。完全垄断市场上存在进入障碍，其他企业难以参与生产。

完全垄断市场与完全竞争市场一样，也是一种较极端的市场形式，在现实中并不大量存在。但因为某种原因，完全垄断市场还是在某些特定的时间出现在某些特定的行业中。因此，文化企业必须充分认识完全垄断市场形成的原因，为开展竞争提供依据。

某一垄断企业之所以能够成为某种产品的唯一供给者，是因为该企业控制了这种产品的供给，使其他企业不能进入该市场并生产同种产品。导致垄断的原因一般有以下几方面：

（1）对资源的独家控制。如果某一企业控制了用于生产某种产品的全部资源或基本资源的供给，其他企业就不能生产这种产品，该企业就可能成为一个垄断者。

（2）规模经济的要求形成自然垄断。如果某种文化产品的生产具有十分明显的规模经济性，需要大量固定资产投资，规模报酬递增阶段要持续到一个很高的产量水平，此时，大规模生产可以使成本大大降低，那么由一个大型企业供给全部市场需求的平均成本最低，两个或两个以上的企业供给该产品就难以获得利润。这种情况下，该企业就形成了自然垄断。目前，有线电视在城市里就是典型的自然垄断行业。

（3）拥有专利权。专利权是政府和法律允许的一种垄断形式。专利权是为促进发明创造，发展新产品和新技术，而以法律的形式赋予发明人的一种权利。专利权禁止其他人生产某种产品或使用某项技术，除非得到发明人的许可。一家企业可能因为拥有专利权而成为某种商品的垄断者。不过专利权带来的垄断地位是暂时的，因为专利权有法律时效。在我国，发明专利权的期限为20年，实用新型专利权和外观设计专利权的期限为10年。在有效期限内，专利拥有人就拥有了对该专利技术的垄断。

（4）政府特许权。某些情况下，政府通过颁发执照的方式限制进入某一行业的人数。很多情况下，一家企业可能获得政府的特权，而成为某种产品的唯一供给者。国务院于1994年颁布了《卫星电视广播地面接收设施管理规定》及其实施细则，明确规定个人不得安装和使用卫星地面接收设施。这种规定使得老百姓只能选择有线电视，有线电视成为强制性消费，形成了电视节目市场上的垄断企业。特许经营权使某行业内现有企业免受竞争，从而具有垄断的特点。政府给予企业特许权的前提是企业同意政府对其经营活动进行管理和控制。

3. 垄断竞争市场。垄断竞争是一种既有竞争因素又有垄断因素，即竞争和垄断相结合的市场结构，是现实中较普遍存在的一种市场类型。垄断竞争是一种介于完全竞争和完全垄断之间的市场组织形式，在这种市场中，既存在着激烈的竞争，又具有垄断的因素。垄断竞争市场具备如下基本特征：

（1）市场中存在着较多数目的企业，彼此之间存在着较为激烈的竞争。由于每个企业的产量在整个市场中都只占有一个很小的比例，无法形成较大范围的影响力。同时，大多数企业向市场提供的产品具有一定的相似性。为了更好地占领市场，企业之间会开展多种形式的竞争，包括价格竞争和非价格竞争。

（2）企业所生产的产品同时具有一定的差别，导致企业在某一方面或某个领域形成某种垄断。文化企业因为拥有某一方面的特长和优势，可以生产出与竞争对手具有一定差别的产品。这种差别可以是同一产品在价格、外观、性能、质量、构造、颜色、包装、形象、品牌、服务及商标广告等方面的差别，也可以是以消费者的想象为基础的虚幻的差别。由于这些差别的存在，产品成了带有自身特点的"唯一"产品，消费者也有了选择的必然，企业对自己独特产品的生产销售量和价格也具有一定的控制力，即具有了一定的垄断能力。而垄断能力的大小则取决于它的产品区别于其他企业产品的程度，产品差别程度越大，垄断程度越高。

（3）企业进入或退出该行业都比较容易，资源流动性较强。垄断竞争市场是一种常见的市场结构，文化领域的市场大多属于这种市场形式。由于国家积极支持文化产业的发展，在市场准入等方面主动降低门槛，甚至不设门槛，因此，进入该市场的限制很少。同时，文化产业多属于创意产业，其发展的核心不取决于物质生产条件的好坏，而取决于文化产品的创意。因此，相对于物质产品生产领域的高生产技术设备投入，文化企业此方面的投入较少，进入的资源限制也较少。当文化企业准备从该市场退出时，退出成本也相对较低。

企业之间的竞争一般采取两种手段，一是价格竞争，二是非价格竞争。垄断竞争市场的竞争形式也不例外。

价格竞争是指企业运用价格手段，特别是运用低价格手段与竞争对手争夺市场的竞争。价格竞争是具有成本优势的企业经常采用的一种竞争手段，成本优势企业通过不断降低产品价格，在市场上吸引消费者，提高产品的市场占有率。

垄断竞争企业除了进行以价格为基础的竞争外，还通过不断改进产品和增加营销工作力度等开展竞争，这种竞争通常被称为非价格竞争。非价格竞争主要表现为企业通过提高产品的质量，改进产品的性能，改变产品的设计、包装、装潢，或者通过大量的广告推销产品等与其他企业展开竞争：①改进产品。文化企业可以依靠自己的科技实力，不断改进其产品，提高产品符合消费需求的程度，以此吸引更多的顾客，扩大销量。改进产品包括改进产品质量，改变包装和装潢，改变服务质量，等等。②改进营销。非价格竞争的另一种形式是不断改进企业的营销措施和手段，以提高营销的力度，进而吸引更多的消费者消费本企业的产品，以提高自己的市场竞争力。

4. 寡头垄断市场。寡头垄断市场是少数企业垄断了某一行业的市场，控制了这一行业的供给，其产量在该行业总供给中占有很大比重的市场结构，其基本特性是企业之间的相互依存。因为相互依存，企业在作出决策时总是猜测竞争对手的反应，而又总不能确切地知道对手的反应，只能在存有不确定性的情况下进行决策。企业在猜测竞争对手的反应时，总是假定其价格或产量不变，并由此建立起不同的寡头垄断模型。

从 20 世纪 80 年代初开始，国际文化企业逐步走上了产业化、集团化、规模经营的道路，形成了对国际文化市场垄断的文化跨国公司。时代华纳、新闻集团、迪士尼集团、维亚康姆集团、贝塔斯曼集团等大型跨国集团在电影、电视、音像、报业、图书出版业等行业都已形成了全球性的寡头垄断。寡头垄断市场的特征有：

（1）企业数极少，新的企业加入该行业比较困难。在一个新的市场领域，寡头垄断的数量较少。经常性的情况是一个行业只有一到两家企业，共同垄断了这一地区市场，其他企业所占的市场份额非常少。2014年，中国游戏市场（包括网络游戏市场、移动游戏市场、单机游戏市场等）实际销售收入达到1144.8亿元人民币，比2013年增长了37.7%。其中，腾讯所占比重最大，达到38.2%，其次是网易，所占比重为8.1%，搜狐排名第三，所占比重为3.9%，盛大和完美世界排名第四和第五。其他游戏企业所占份额非常少，几乎没有什么影响力。

（2）产品既可同质，也可存在差别，企业之间同样存在激烈竞争。文化企业向市场提供的产品尽管都由自己设计、开发和生产，但产品之间总是存在着一定的关联度。因此，企业之间总是处于竞争状态。20世纪90年代中期，民营资本开始介入电视剧生产制作。巨大的影响力和高额的利润吸引了越来越多的民营资本投入电视剧领域，并于2003年前后达到高潮。然而，无情的电视剧市场总是不停地淘汰着一个又一个民营电视剧公司。大浪过后，市场上能够存活并发展的民营电视剧制作公司越来越少。当前，能够一直活跃在中国电视剧市场上的电视剧制作机构不超过10家。海润影视、华谊兄弟、光线传媒、博纳影业、银润传媒、慈文影视、北京小马奔腾影视、中北电视艺术中心等已经成为电视剧市场上的绝对主力，在我国电视剧市场上展开激烈的竞争。

（3）企业之间互相依存（关联性强）。由于市场上的竞争对手都具有较强的实力，能够为市场提供足够多的产品，并对其他企业产生较大的影响，每一家寡头垄断企业都必须充分关注竞争对手的各项生产经营举措。在作出重大的生产经营决策前，都要了解和估计竞争对手的行为和可能作出的反应。如果自己的生产经营活动没有刺激竞争对手，并引发其作出强烈反应，文化企业的生产经营决策就具备了成功的可能性；反之，则可能会加剧竞争，提高生产经营成本。

三、制约文化企业市场竞争的因素

文化企业参与市场竞争是一个主动的行为过程，但其部分的成效和结果如何，则主要取决于外部竞争环境和内部竞争力量的综合反映。因此，必须全面分析制约和影响文化企业市场竞争的能力。分析文化企业竞争能力大小的常用方法是麦克尔·波特提出的"五种力量竞争"模型。此模型是麦克尔·波特于20世纪80年代初提出的，对企业战略制定产生了全球性的深远影响，主要用于竞争战略的分析，可以有效地分析客户的竞争环境。"五种力量竞争"模型将大量不同的因素汇集在一个简便的模型中，以此分析一个行业的基本竞争态势。"五种力量竞争"模型确定了竞争的五种主要来源，即行业内现有竞争对手的竞争力、供应商的讨价还价能力、购买者的讨价还价能力、新进入者的威胁、替代品的威胁。一种可行性战略的提出首先应该包括确认并评价这五种力量。

1. 行业内现有竞争对手的竞争力。任何一个文化企业在生产经营过程中，都必然会直接受到行业内竞争对手的冲击。这种冲击所产生威胁的大小，既取决于文化企业自身抵抗竞争对手冲击的能力的大小，也取决于竞争对手的冲击力的大小。从竞争的角度看，竞争对手的任何有针对性的竞争措施都会在现有市场上产生影响，文化企业在日常经营中遇到最多的冲击和威胁也来自现有的竞争对手。

2. 供应商的讨价还价能力。供应商影响行业竞争者的主要方式是提高价格（以此榨取买方的赢利），降低所提供产品或服务的质量。在文化企业生产经营过程中，任何一个与文化产品生产经营存在供应关系的供应商都与文化企业存在着既互相利用又互相争利的关系。供应商总是根据自己手中产品的市场供求状况，调整对文化企业的供应策略。当供应商品在市场上处于供小于求的状况时，供应商会不断抬高价格，并向文化企业提出各种附加的供应条件，以期从中得到更多收益。由此，文化企业会被动地增加生产成本，产品的市场竞争力下降。在报纸的生产成本中，纸张成本占60%～70%。由于生产成本的上升，世界范围内的报业集团大都面临成本上升的压力。

3. 购买者的讨价还价能力。与供应商一样，购买者也能够对行业赢利性造成威胁。购买者能够强行压低价格，或要求更高的质量或更多的服务。为达到这一点，他们可能使生产者互相竞争，或者不从任何单个生产者那里购买商品。

4. 新进入者的威胁。一个行业的进入者通常会带来大量的资源和额外的生产能力，并且要求获得市场份额。除了完全竞争市场以外，行业的新进入者可能使整个市场发生动摇。尤其是当新进入者有步骤、有目的地进入某一行业时，情况更是如此。新进入者威胁的严峻性取决于一家新的企业进入该行业的可能性、进入壁垒以及预期的报复。2009年1月7日，工业和信息化部为中国移动、中国电信和中国联通发放3张第三代移动通信（3G）牌照。2013年12月4日，工业和信息化部又正式发布了第四代移动通信（4G）牌照。随着市场的不断扩大，3G、4G会对新闻媒体，包括报纸、电视等的发展带来革命性的影响。

5. 替代品的威胁。替代品是指那些与客户产品具有相同功能或类似功能的产品。如数字媒体技术可以替代媒体模拟技术，网络传输技术可以代替邮政传送技术，并能使远距离传输实现即时传输。生产替代品的企业本身就给客户甚至行业带来威胁，替代竞争的压力越大，对客户的威胁越大。决定替代品压力大小的因素主要有：①替代品的赢利能力；②替代品生产企业的经营策略；③购买者的转换成本。

通过分析以上因素，文化企业可以分析出参与文化市场竞争的各个竞争对手，从而为文化企业开展竞争提供有效的帮助。在实践中，行业中的每一个企业或多或少都会遇到以上各种竞争力量及其构成的威胁。当确定了竞争对手的优势和劣势后，文化企业必须顺应环境因素变化，进行准确的市场定位，并及时调整自己的生产经营策略，以有效地对其他企业的举动作出反应。

第二节　文化市场竞争者

文化市场是一个具有潜在吸引力的市场，不同类型的生产经营者被文化市场的发展潜力所吸引，会不断增加市场的投入，进入文化市场领域，与现在的文化企业开展竞争，争夺市场份额。这必然会给现有的文化企业增加生产经营的难度，降低其赢利水平。因此，文化企业必然对竞争者进行分析，通过科学的分析方法明确找出企业的实际和潜在的竞争对手，掌握竞争对手的竞争策略，有针对性地采取竞争措施，提高自己的市场竞争能力。

一、文化市场竞争者及其主要类型

文化市场上的竞争者因为划分的标准不一而类型不同。从最广泛意义上讲，文化企业的竞争者是指所有与自己争夺同一文化消费者购买力的各种企业。尽管这些企业可能不与文化企业在一个行业，但因为对文化消费者的购买力形成了争夺，致使文化消费者把自己收入中的一部分用于非文化消费，从而减少了文化消费，因此其实质上是与文化企业开展争夺消费者的竞争，构成了文化企业的竞争对手。

市场是由具有一定购买欲望和购买能力的消费者组成的。消费者参与市场的核心目的是通过购买行为获得所需产品。因此，从广泛意义上看，所有能为消费者提供满足他们需要的产品的企业都是竞争对手。这些企业从行政管理或者行业管理方面看，有的与文化企业属于一个区域，有的属于同一个行业，也有的与文化企业没有任何直接的关系。但从实质上说，他们与文化企业是竞争对手。

从市场的属性上看，文化企业的消费者更直接对文化产品产生需求和购买欲望。因此，从直接意义上讲，竞争者是指那些生产经营与本企业提供的产品相似或可以互相替代的产品，以同一类顾客为目标市场的其他企业。这是文化企业最直接的也能够简单判断出的竞争对手。

二、文化市场竞争者分析

对于文化企业来说，分析竞争者是在市场上开展竞争的必要步骤。科学分析竞争者、准确找出竞争者，并掌握其竞争策略和目标，会更有利于文化企业的市场竞争。因此，科学分析竞争者需要做以下几项工作。

(一) 准确识别企业竞争者

文化企业的竞争者遍布各个行业，呈现出多种多样的形式，企业不可能凭直观发现，必须依据一定的标准进行分析，以确定竞争者。分析竞争者，可以依据两个标准。

1. 行业标准。依据行业标准，本行业内现有的与企业生产同样产品的其他厂家，是企业的直接竞争者。文化企业依据国家统计部门及相关行业划分行业种类，同一行业内的企业都是竞争者。这种方法是把行业里提供同一类产品或服务的企业，或者提供可相互替代的产品的企业都作为竞争者。这是一种传统方法。这个方法的优点较明显，即比较简单、快捷，能够在较短的时间内发现和判断出竞争对手，而且分析的结果准确度也较高；但其不足之处也较突出，即方法机械，没有充分考虑竞争者的范围，是一种行业竞争观念。国家统计局制定的文化产业标准，对文化产业做了行业规定，行业内的企业都属于文化产业范围，同属竞争对手。

2. 市场竞争标准。这种标准是把以满足文化市场上相同顾客需要，或服务于同一文化消费者的企业作为竞争者，而不用行业标准进行划分，不论企业是否属于文化行业。这个方法的优点是，分析的市场范围更广阔，能更准确地识别文化企业的竞争者，不至于遗漏；缺点是分析工作的量较大，科学性受到一定程度的影响。文化企业所提供的产品具有的属性别的行业企业也有，两者尽管不在一个行业，也是竞争者。

(二) 确定竞争者的目标与战略

识别文化企业的竞争者后，企业要深入分析主要竞争者的竞争要素，确定竞争者在一定时期的竞争目标和为实现竞争目标而采取的竞争策略。

1. 竞争者目标。一般来说，企业的竞争目标主要包括利润目标、市场占有目标、现金占有目标、品牌目标等。判断竞争者的目标可以帮助文化企业预见竞争者的战略、策略行动，进而找到一个能尽量避开竞争者目标的有利位置，来实现本文化企业的目标和减少来自竞争者的威胁。竞争者的目标可以分为总目标与分层目标、近期目标与远期目标等。文化企业应采用动态的、具体分析的方法来判断竞争者的目标。

2. 竞争者的战略。为实现竞争目标，文化企业会制定并执行相应的竞争策略。目前，不同的文化企业因为竞争条件不一样，采取的竞争战略也不同。文化企业在市场竞争中常用的竞争战略有产品战略、价格战略、促销战略和渠道战略等。

（三）评估竞争者的优势与劣势

"扬长避短"是文化市场竞争的重要原则之一。在市场竞争中，文化企业需要分析竞争者的优势与劣势，做到知己知彼，才能有针对性地制定正确的市场竞争战略，以避其锋芒、出其不意、攻其弱点，利用竞争者的劣势来争取市场竞争的优势，从而实现企业营销目标。

（四）判断竞争者的市场反应

估计竞争者在遇到攻击时可能采取什么行动和作出何种反应，有助于文化企业正确地选择攻击对象、因素和力度，实现每一次竞争行动的预期目标。

竞争者的反应可以受它对各种假设的影响，也可以受它的经营指导思想、企业文化和某些起主导作用的信念的影响，还可能受其心理状态的影响。从心理状态来划分，主要有四种反应类型。

1. 从容型竞争者。某些竞争企业对市场竞争措施的反应采取漫不经心的态度，或不迅速反应，或反应不强烈。这可能是因为竞争者受到自身在资金、规模、技术等方面的能力的限制，无法作出适当的反应；也可能是因为竞争者对自己的竞争力过于自信，不屑于采取反应行为；还可能是因为竞争者对市场竞争措施重视不够，未能及时捕捉到市场竞争变化的信息。

2. 选择型竞争者。某些竞争企业对不同的市场竞争措施的反应是有区别的。例如，大多数竞争企业对降价这种价格竞争措施总是反应敏锐，倾向于作出强烈的反应，力求在第一时间采取报复措施进行反击，而对改善服务、增加广告、改进产品、强化促销等非价格竞争措施则不大在意，认为不构成对自己的直接威胁。

3. 凶暴型竞争者。许多竞争企业对市场竞争因素的变化十分敏感，一旦受到竞争挑战就会迅速地作出强烈的市场反应，进行激烈的报复和反击，势必将挑战自己的竞争者置于死地而后快。这种报复措施往往是全面的、致命的，甚至是不计后果的，不达目的绝不罢休。这些强烈反应型竞争者通常都是市场上的领先者，具有某些竞争优势。一般企业轻易不敢或不愿挑战其在市场上的权威，尽量避免与其正面交锋。

4. 随机型竞争者。这类竞争企业对市场竞争作出的反应通常是随机的，往往不按规则出牌，反应不可预知，可能采取反击，也可能不采取反击，使人感到不可捉摸。例如，这一类竞争者在某些时候可能会对市场竞争的变化作出反应，也可能不作出反应；既可能反应迅速，也可能反应迟缓；其反应既可能是剧烈的，也可能是柔和的。

（五）选择企业应该采取的对策

文化企业针对竞争对手的竞争反应，要根据自己的经营战略及时作出回应。通常的做法是确定和调整自己的竞争战略，开展有针对性的竞争。竞争战略的基本类型主要有成本领先战略、差异化战略和目标集中战略。选择竞争战略应当考虑五个方面的因素。

1. 企业自身条件。企业自身条件主要是指文化企业的生产经营条件和能力，具体包括企业的产品研发能力、生产技术和设备、市场营销能力、资金实力和经营管理能力等，是企业制定竞争战略的前提和基础。

2. 产品性质。产品性质主要是指文化市场上的产品主要属于同质性还是异质性。同质产品一般是指在性能、品质、内容等方面的区别不大，在消费时可以完全相互替代的产品；异质产品一般是指在性能、品质、内容等方面的区别较大，在消费时不能相互替代的产品。文化企业所生产和经营的产品如果是同质产品，企业可以实行无差异营销策略。相反，如果文化企业所生产和经营的产品是异质产品，文化企业则必须选择好目标市场，采用差异性营销策略或集中性营销策略。

3. 市场的同质性。市场同质性是指文化企业细分后的子市场在需求和消费行为上相同或者相似。如果市场上消费者的需求和爱好相同或相似，对市场营销刺激的反应基本一致，即市场的同质性较高；反之，如果市场上消费者的需求和爱好不同，对市场营销刺激的反应基本不同，即市场的异质性较高。对于同质市场，文化企业可以选择无差异营销策略或集中性营销策略；而对于异质市场，文化企业应该采用差异市场营销策略或集中性市场营销。

（4）产品生命周期。产品生命周期指一种新产品从开始进入市场到被市场淘汰的整个过程，分为投入期、成长期、成熟期和衰退期四个阶段。一种产品进入市场后，它的销售量和利润都会随时间推移而改变，呈现一个由少到多再由多到少的过程。产品只有经过研究开发、试销，然后进入市场，它的市场生命周期才算开始；产品退出市场，则标志着生命周期的结束。产品生命周期的四个阶段呈现出不同的市场特征，企业的营销策略也就以各阶段的特征为基点来制定和实施。

（5）外部环境。外部环境为文化企业生存发展提供了条件，但同时也必然会限制企业的生存和发展，文化企业制订竞争战略时必须充分认识和考虑外部环境的影响力。对文化企业竞争战略产生影响的外部因素很多，从其影响力的大小来看，主要需要考虑政治法律环境、社会文化环境、经济环境和科学技术环境四个方面。

第三节　文化企业基本竞争战略

文化企业在分析和掌握了竞争对手的竞争战略后，要想在市场竞争中占据主动地位，就必须根据自身的优势，结合发展战略和目标，制定出自己的基本竞争战略。文化企业的基本竞争战略主要有三种。

一、成本领先战略

成本领先战略又称低成本战略，主要是指文化企业利用自身的优势，尽可能降低企业的产品生产和经营成本，在同行业中取得最低的生产和经营成本，从而获得竞争优势的战略。

（一）成本领先战略的实施条件

成本领先战略的理论基石是规模效益（即单位产品成本随生产规模增大而下降）和经验效益（即单位产品成本随累积产量增加而下降）。为实现产品成本领先的目的，企业内部需要具备下列条件：

1. 设计和生产具有一定关联度的相关产品，以便能够共同承担和分摊庞大的固定成本。同时，这些产品能为主要市场上的消费者服务，增加产品产销量。

2. 在现代化设备方面进行大量的领先投资，采取低价位的进攻性定价策略。这些措施可能会造成初期的投产亏损，但长远目标是提高市场占有率，获取更多的利润。

3. 低成本给企业带来高额边际收益。企业为了保持低成本地位，可以将这种高额边际收益再投到新装备和现代化设施上。这种再投资方式是维持低成本地位的先决条件，以此形成低成本、高市场占有率、高收益和更新装备的良性循环。

4. 企业具有先进的生产工艺技术，降低制造成本。

5. 降低研究与开发、产品服务、人员推销、广告促销等方面的费用支出。

6. 建立起严格的、以数量目标为基础的成本控制系统。控制报告和报表要做到详细化和经常化。

7. 企业建立起具有结构化的、职责分明的组织机构，便于从上而下地实施最有效的控制。

（二）实施成本领先战略的要求

1. 文化企业要始终树立成本领先战略思想，并通过实施该战略积累成本领先战略经验。成本领先战略不等于文化企业产品在市场上总是主动地降价。因为生产经营要素成本的变化,文化企业的生产经营成本有时会上升,完全依靠降低价格的做法不能保证文化企业经营目标的实现。成本领先战略是要求文化企业通过努力,使得企业产品成本在该行业中与其他企业相比处于领先水平。文化企业要确立成本领先的地位,必须积极探索符合自己特点的成本管理经验,并使之上升为一种战略思想。

2. 建造高效率的合理生产经营规模,通过扩大规模来降低成本。一般而言,文化企业产品的成本中的固定成本占有一定的比重,并对产品成本有极大的影响。降低产品成本,主要是降低单位产品固定成本。文化企业通过科学的测算,可以确定适合企业的合理生产经营规模。在这一规模下进行产品生产经营,就可以降低生产成本,使文化企业的产品与其他同行相比具有成本领先优势。

3. 不断改进生产制造工艺和技术,提高劳动生产率。生产制造工艺和技术的不断改进和提高,是生产效率提高的前提条件,也是产品生产成本降低的前提条件。生产制造工艺和技术的提高,可以使文化企业在单位时间内生产出更多的产品,平均生产成本不断降低,成本优势就能显现出来。

4. 足够的资本及良好的融资能力。成本领先战略的实施,在保证了文化企业的产品与其他同类产品相比具有成本优势的同时,也可能给企业带来一些问题。其中资金问题比较突出。当因采用成本领先战略而又无法及时销售产品回笼资金时,文化企业可能面临资金短缺的问题,此时,解决这个问题的办法就是通过多渠道融资。因此,实施成本领先战略,需要文化企业具有足够的资本和良好的融资能力,以保障该战略的顺利实施。

5. 建立低成本和高效率的营销系统。成本领先战略的实施是建立在产品成本相对于同类产品较低的基础上的。这种战略的实施对营销工作的要求也是如此。一方面,营销成本也要顺应该战略保持在相对较低的水平上;另一方面,营销工作要做到高效率、高效益。只有实现了营销的高效率,才能降低营销成本,也才能快速实现营销收益,实现成本领先战略的最终目的。

成本领先战略适用于那些正在成长或已成熟的行业。诸如新闻出版业、广播电视业等都采用或者可以采用这种策略。通过实施这种战略,新闻出版和广播电视业产生了一批规模大、效益好的报业集团和广电集团,而这些集团通过实施成本领先战略,更加巩固了自己在行业中的领先地位。

二、差异化战略

差异化战略是文化企业通过设计开发和生产经营等工作,使自己的产品或服务区别于竞争对手的产品或服务,从而吸引顾客,实现竞争目标的战略。在这种战略指导下,文化企业在顾客广泛重视的某些方面选择重点,并通过产品开发、生产和经营等向顾客提供差异化的产品和服务，确保企业和产品在本行业中具有明显的特色。差异化战略要求企业选择那些使自己别具一格而又不同于其他竞争企业的特质，既可以建立在产品本身的基础上，也可以以产品交货系统、营销方式及其他因素为基础。

文化企业实施差异化竞争战略，需具备下列条件：

1. 具有较强的研究与开发能力。面对严峻和复杂的竞争环境，企业既要关注外部环境带来的变化，更要发觉自己独特的资源优势、提高企业的核心竞争力，以应对激烈的市场竞争。通过提高研究与开发能力，文化企业会形成本身独有的而又能支配的竞争力，以实现竞争战略目标。要保证有较强的研究与开发能力，文化企业必须具备一定的研究与开发技术条件、先进的设备和一定数量的研发人员。

2. 产品和服务在行业内具有较高的知名度和美誉度。文化企业实施差异化战略的前提就是产品和服务有别于竞争对手。但这仅仅是开展差异化竞争的基础。要想在市场竞争中取胜，文化企业的产品和服务在行业内还要有一定的知名度和美誉度。只有具备了较高的知名度和美誉度，又具有有别于竞争对手的使用价值，文化产品和服务才会有真正的吸引力，才能得到消费者的认可。

3. 较强的市场营销能力。差异化产品和服务的销售对象并不是市场上的全体消费者，而是对该产品和服务具有明确需求欲望和购买能力的特定消费者。因此，与一般的企业营销工作不同，实施差异化战略的文化企业营销工作的第一步就是要准确地找到市场所在，这是营销活动的重中之重。市场调研、市场细分和目标市场的确定等工作非常重要。除此之外，市场营销其他方面的工作也都要有针对性地展开，以便为特定的消费者准确地提供产品和服务。

三、目标集中战略

目标集中战略是指文化企业在详细分析内外环境的基础上，针对某个特定的顾客群、产业内一种或一组细分市场，开展生产经营活动，以充分发挥企业优势，赢得竞争优势的战略。

相对于成本领先战略和差异化战略所关注的广阔市场，目标集中战略是把经营的重点放在较小的细分市场上，希望通过提供优质产品和服务，在小市场上获得一个较大的市场份额。

目标集中战略是很多中小型文化企业的选择。在市场细分后，文化企业可以选择一个特定的目标市场作为自己的服务对象，向该市场提供非常有特色的产品和服务。这样既可以避免激烈的竞争，又可以集中优势在很小的范围内或市场上专注经营，以形成竞争优势。

文化企业实施目标集中战略的方式有三种：

1. 产品重点集中。这是最典型的目标集中战略。产品重点集中要求文化企业依据自己的生产经营优势，在选择目标市场的基础上，重点生产和经营一种文化产品和服务，并由此形成自己的专业特色和优势。如我国报业集团在分析读者的基础上，凭借集团优势，出版发行具有明显专业特色的专业报纸，服务于某一特定的读者群体，占据了我国报纸的半壁江山。2013年，全国共出版报纸1915种，平均期印数23695.77万份。从分类上看，综合报纸821种，平均期印数9401.24万份，占报纸总品种的42.87%；专业报纸1094种，平均期印数14294.53万份，占报纸总品种的57.13%，专业类报纸名副其实地成为我国最大的一类报纸。①

2. 用户重点集中。文化企业将经营重点放在某一特定顾客群体上，以符合其需求的产品和服务基础，更好地为特定的顾客群服务，尽最大可能占领这一市场。

3. 地区重点集中。公司集中生产满足特定地区需要的产品。

第四节　市场定位与市场竞争定位战略

文化企业在分析市场营销环境的基础上，依据自身的条件确定自己的竞争策略后，还需要分析目标市场上竞争对手的竞争状况，确定自己在目标市场上所处的位置，以便正确地开展生产经营活动。

一、市场定位及内容

市场定位是指文化企业根据竞争者现有产品在市场上所处的位置，针对顾客对该类产品某些特征或属性的重视程度，为本企业产品塑造与众不同的、给人印象鲜明的形象，并将这种形象生动地传递给顾客，从而使该产品在市场上确定适当位置的战略工作。市场定位战略在20世纪70年代由美国营销学家艾·里斯和杰克·特劳特提出，并在世界范围内得到运用，其实质是使本企业与其他企业严格区分开来，使顾客明显感觉和认识到这种差别，从而在顾客心目中占有特殊的位置。

市场定位的内容主要包括：

1. 竞争定位。竞争定位是指突出本企业产品与竞争者同档产品的不同特点，通过评估选择，确定对本企业最有利的竞争优势并加以开发。竞争定位最重要的前提是差异化，定位的结果是以消费者的主观认知来判断的。且定位并非一成不变，当环境改变时，文化企业可能需要重新定位。根据市场竞争定位，可以将市场上的竞争者分为市场主导者、市场跟随者、市场挑战者和市

---

① 国家新闻出版广电总局：《2013年全国新闻出版业基本情况》。

补缺者四种。

2. 企业定位。企业定位是指文化企业以顾客需求为核心，通过其产品及品牌，将企业独特的个性、文化和良好形象塑造于消费者心目中，并占据一定位置。企业定位的重点是企业品牌和形象的塑造。文化企业通过企业品牌和形象的塑造，向市场传递具有企业特色的生产经营信息，包括产品生产、营销以及服务等方面的信息，以在消费者心目中确定较明确的形象和地位。

3. 产品定位。产品定位是文化企业通过努力，使文化产品在消费者心目中占有一定的位置。产品定位的重点是突出产品的特征和确定目标顾客，其特征主要包括产品质量、特色、成本、性能、可靠性等。目标顾客的确定是与产品定位相匹配的。只有确定了目标顾客，并充分掌握其需求特征，才能对生产经营的产品进行开发、生产和经营，以满足目标顾客的需求。因此，文化企业要通过市场调查，掌握目标顾客的消费习惯及其发展变化趋势，从产品特征、包装、服务等多方面开展研究，并顾及竞争对手的情况，最终确定自己的产品。《花木兰》是中国家喻户晓的故事，美国迪士尼公司借用这一中国古代民间故事进行动画再创作，拍摄了动画片《花木兰》，并且大受欢迎。为了开发国际市场，迪士尼公司对动画片《花木兰》的内容进行了重新定位，借用了中国花木兰的故事外壳，充分展开他们的想象力，塑造了一个善良勇敢的花木兰形象，并将美国式的诙谐幽默和叛逆精神等现代理念融入古老的传说中。

二、市场竞争定位战略

不同的文化企业在市场上开展生产经营活动时，总会遇到各种各样的竞争对手。摆正自己的位置，确定自己的竞争战略，是文化企业在开展竞争前必须要处理好的一件事情。文化企业可以根据自己的经营目标和竞争战略与优势，确定自己的市场竞争定位战略。

（一）市场主导者战略

市场主导者是指在相关产品的市场上占有率最高的企业。该企业在相关产品的市场中拥有最大的市场占有率，在价格变动、新产品开发、分销渠道的宽度和促销力量等方面主导着其他企业，是市场上其他企业公认的领导者。

文化市场主导者企业在文化市场上具有最高的占有率，也有非常大的收益率。其他企业则会通过各种手段和措施与之展开竞争，并可能会抢夺其市场份额。因此，文化市场主导者企业要想维持其优势地位，就必须采取强有力的措施，应对竞争，维护自己的市场地位。文化市场主导者可以采取以下几种竞争策略。

1. 扩大市场需求量。文化市场主导者通过改进营销措施，不断扩大市场的需求总量，进而提高自己的市场收益。因为文化市场主导者在市场上占有最大的份额，市场需求的扩大也意味着其收益的扩大。文化市场主导者扩大市场需求量的方法有以下三种：

（1）发现新用户，吸引新使用者。尽管文化企业总是努力开拓市场，但市场上仍然存在着潜在消费者。文化企业要针对这些潜在消费者，采取不同的营销手段和措施，将其转化成为实际购买者。如果文化企业能够不断做好这项工作，其产品和服务的需求量就会不断增加，市场主导地位也会不断加强。

（2）开发新用途。即发现并推广现有产品的新用途。文化产品与一般物质产品相比，具有一些不易发现的功能和作用。如果文化企业能够对自己产品的功能进行开发，就会使现有产品产生新的功能和用途，从而在保证原有市场的基础上开发新的市场。

（3）鼓励更多地使用原来的产品。文化企业可以通过多种促销形式，促使消费者更多地消费文化产品，从而扩大对原有产品的需要，提高产品的销量。为此，文化企业可以通过广告、营业推广等形式让文化产品的消费者从偶然性消费变成经常性消费，从短期消费变成长期消费。

2. 保护市场占有率。面对众多的竞争对手，在扩大市场需求的同时，文化企业要采用各种措施，保护自己的市场。保护市场的措施很多，可以从产品开发、价格、服务等方面入手，以巩固企业在现有细分市场上的地位。同时，还要采取积极的应对措施，应对竞争者的竞争，保护自己的市场。

（1）做好市场营销组合工作，促进市场营销水平的提高。综观市场竞争的历史，不难发现，在市场竞争中真正起主导作用的不是外部因素，而是企业内部营销能力和水平。文化企业主导者只要围绕文化产品和服务，做好营销组合工作，并从产品开发与生产入手，不断降低产品的生产经营成本，建设起高效的产品分销渠道，为文化消费者提供完整的售后服务等工作，就能与现有的顾客维持稳定的业务关系，同时，也就能够吸引更多的消费者来消费本企业的产品，从而保证本企业产品的市场占有率稳定在原有的水平之上。

（2）分析竞争对手的竞争策略，采取积极的应对措施，防卫竞争。为了防卫市场竞争，文化市场主导者可以采取多种方法和措施保护自己的市场。

3. 提高市场占有率。文化市场主导者可以通过采取积极的营销组合，开发新的市场，提高市场占有率。市场占有率的提高，可以通过扩大产品的销量，使分摊到单位产品上的成本下降，从而直接增加文化产品的收益。在采取措施提高市场占有率时，文化企业需要注意提高市场占有率可能给企业带来的负面影响。这些影响主要包括：①过高的市场占有率引起国家反垄断活动的可能性；②为提高市场占有率所付出的成本；③争夺市场占有率时所采用的市场营销组合战略。

(二) 市场挑战者战略

文化市场挑战者是指在文化市场上处于次要地位,但在战略上要争取市场领先地位的文化企业。文化市场挑战者的营销战略目标是不断增加自己的文化市场份额,这种战略无异于向文化市场主导者发动攻势战略。

1. 挑战对象。文化市场挑战者的竞争战略核心是确定其战略目标和挑战对象。大多数文化市场挑战者的战略目标是增加自己的市场占有率,而对挑战对象的选择则较复杂。一般来说,有三种类型的文化企业可以作为挑战者的挑战对象:

(1) 文化市场主导者。文化市场主导者是在文化市场上占主导地位、市场占有率最高和影响最大的文化企业。如果挑战者能够打败主导者,就可以取代其市场地位,并得到相应的市场收益。因此,向文化市场主导者发起挑战,并战而胜之,是众多挑战者的愿望。挑战者要想战胜主导者,需要做许多工作,并承担非常大的风险。工作核心之一就是要了解和掌握消费者的需要或者不满足之处,并为之提供更符合消费者需求的产品和服务。只有通过这种方式,才能更好地占领文化市场主导者的市场份额。

(2) 与自己规模相当,但经营不良且财务状况不佳的文化企业。向文化市场主导者发起挑战,意味着挑战者需要承担非常大的风险。为了避免风险,同时积累实力,文化企业可以选择那些与自己规模相当,但经营不良且财务状况不佳的企业作为攻击对象。通过打败这些企业,一方面扩大自己的市场,另一方面积累资金、经验,等自己具备足够强大的实力时,再向文化市场主导者发起挑战。

(3) 地方性或者区域性的小企业。对于经营不善、财务困难的地方性小企业,文化企业挑战者可以很轻松地占领其市场份额,甚至吞并企业本身。采用这种挑战方式,挑战者的压力较小,战略成功的可能性较大。一般文化企业主要是靠争取一些"小企业"或者"小公司"的顾客而日渐壮大的。

由此可见,选择竞争者与选择目标是相互关联的。如果攻击的对象是文化市场主导者,则其目标可能是夺取某些市场,以提高市场占有率;若所攻击的对象是地方性的小企业,则其目标可能是将一些小企业逐出市场。因此,不论在何种情况下,文化企业实施挑战战略,都要确保战略行动有一个明确的方向、一个决定性的以及可以达到的目标。

2. 挑战战略。文化企业挑战者针对不同的挑战对象,需要采用不同的挑战战略。具体来说,可以采取以下几种战略:

(1) 正面进攻战略。指文化企业集中兵力向对手展开正面进攻,进攻的重点是对手最具实力的方面。而向对手最具实力而不是弱点的地方进攻,其结果取决于谁有最强的实力和持久力。文化企业可以攻击对手的产品、广告、价格等。

为了保证文化企业的正面进攻取得成功,进攻者必须具有超过竞争者的竞争优势。如果进攻者的竞争优势小于防守者,则进攻很可能以失败告终。

(2) 侧翼进攻战略。指文化企业在对手侧翼或后方发动进攻的方式。这种进攻方式对那些拥有资源少于对手的攻击者有较大的意义。

文化企业的侧翼进攻可以从地理区域的角度向对手开展进攻。开展地理上的进攻,可以把区域内的竞争对手、本国或世界上的竞争对手作为自己的进攻对象,从中选择绩效水平不佳的对手,向其展开进攻。同时,文化企业也可以寻找未被文化市场领先者占领的市场作为主要进攻的地点,并投入较大的力量,尽快占领该市场。

(3) 包围进攻战略。指文化企业在几条产品线上同时向竞争对手发动全面的进攻,使文化市场主导者的所有经营阵地都受到冲击。一般来说,文化企业只有比竞争者向市场提供更多、更好的文化产品,并且这些产品能够较快地被消费者接受,才能达到预期的效果。因此,运用这种进攻战略,需要文化企业具有比对手更多、更强的资源优势,并具备较强的管理能力。否则,文化企业可能会受到市场主导者的全面反击,最终以全面失败而告终。

(4) 游击进攻战略。这是小型文化企业经常使用的一种竞争战略。小型文化企业经营实力相对较弱,不具备与大型文化企业开展直接竞争的优势。小型文化企业只能采取快速、灵活的游击战术,在竞争对手经营的领域内进行小的、断断续续的攻击,以获取适当的收益,并占领一些对竞争者影响不大的市场。小型文化企业可以通过发动一系列短期的促销和价格进攻,或者提高自己的服务质量来占领大型文化企业的一些不重要的市场。

(三) 市场跟随者战略

市场跟随者是指在文化市场上处于次要地位,但在战略上不主动向市场主导者挑战,而是安于次要地位的文化企业。其最显著的特征是不主动向市场主导者发起挑战,而是安于现在的次要地位,并能够与市场主导者保持"和平共处"。当然,文化企业实施这种战略也应以获得尽可能多的收益为前提。在大多数情况下,文化企业都愿意采用这种市场经营战略。市场跟随者战略主要包括:

1. 紧密跟随战略。文化企业在产品和服务的生产、市场营销等方面,尽可能仿效市场主导者,从而与主导者保持一致。同时,跟随者非常注意摆正自己的市场地位,一般不轻易冒犯市场主导者的领地,在市场营销方面也非常注意保持"低调",避免与主导者发生直接冲突。这种战略对文化企业提出了较高的要求。文化企业在保证实现自己经营目标的同时,还需要处理好与市场主导者之间的关系,避免市场主导者采取报复行为。

2. 距离跟随战略。文化企业在市场的主要方面，如产品的开发与生产、目标市场、价格水平和分销渠道等方面都追随市场主导者，但仍在某些方面与主导者保持一定的差异，以形成明显的距离。这种战略的实施保证了文化企业对市场主导者既不构成威胁，同时又能够实现自己的市场目标。因此，这是许多文化企业在开展竞争时经常采用的一种战略。采取这种战略的文化企业，可以通过兼并同行业中的一些小型企业来发展自己的实力。

3. 选择跟随战略。文化企业在某些方面紧跟市场主导者，而在另一些方面又保持自己的特色，形成自己的差别优势。这类文化企业由于具有一定的资源优势，在某些方面具有一定的竞争力。因此，在制订自己的竞争战略时，并不是盲目地跟随市场主导者，而是有选择地跟随。当市场主导者的行为对自己有明显利益时，文化企业就快速追随；在跟随的同时还不断地发挥自己的资源优势，提升自己的竞争力。

（四）市场补缺者战略

自 20 世纪 80 年代以来，我国大量文化企业随着文化体制的改革而不断出现。迄今为止，虽然文化产业领域已经有一批颇具实力的大型文化企业，但更多的文化企业还处于规模小、经营实力弱的地位。这些小型甚至微型文化企业不仅不具备参与国际市场竞争的实力，就算在国内市场上与少数大型文化企业相比，也处于较弱势的地位。要想在当前的市场环境下生存和发展，这些小型文化企业必须避免与大型文化企业直接竞争，同时，还应运用自己有限的力量，为文化市场的某些部分提供专门的服务。小型文化企业可以通过专业化为那些可能被大型文化企业忽略或放弃的市场进行有效的服务。这些小型文化企业就是市场补缺者。市场补缺者是指精心服务于市场的某些细小部分，而不与主要企业竞争，只是通过专业化经营来占据有利的市场位置的文化企业。

市场补缺者选择的市场是一个有利的小市场，西方称之为"niche"，即补缺基点，其实质是被大型企业忽略但通过专业化经营能获取较大收益的市场上的某些细小部分。

文化市场补缺者立足于小的文化市场，通过专业化的文化产品开发、生产和市场营销来实现自己的经营目标。较符合小型文化企业经营战略的经营策略主要有：

1. 最终用户专业化。文化企业通过提供某种产品或者服务，专门致力于为某类最终用户服务。这类最终用户可能因为规模较小，或者购买力较低，大型文化企业不愿意为之服务。但对于小型文化企业来说，这类用户的规模也许就比较大了，甚至能够充分满足小型文化企业的需要。

2. 垂直层面专业化。文化企业专门致力于分销渠道中的某些层面。由于文化产品分销渠道建设和管理受到的影响因素较多，大型文化企业在建设和管理分销渠道的工作中，也会受到某些因素的影响和制约。小型文化企业可以充分发挥自己机动灵活的优势，在产品分销渠道建设和管理中寻找机会，精心做好分销渠道某一层面的工作，从而获取产品分销方面的市场。

3. 顾客规模专业化。文化市场上的顾客类别从数量上讲是多种多样的。大型文化企业往往重视大规模的顾客群体，相对轻视小规模的顾客群体。这就为小型文化企业提供了市场机会。小型文化企业只要能够发现适合自己生产经营条件的小规模顾客群体，就可以集中力量，专门为其生产和销售某种文化产品，以实现自己的营销目标。

4. 特定顾客专业化。文化企业只对一个或几个主要顾客服务。小型文化企业的生产经营能力相对来说较弱，但其服务于一个或者几个顾客的能力还是具备的。小型文化企业寻找并集中精力服务于一个或者几个顾客，有时会比大型企业的服务能力和水平更高，更能得到顾客的依赖。

5. 地理区域专业化。小型文化企业可以选择被大型文化企业放弃的小型市场作为自己的目标市场，集中精力为国内外某一地区或地点的顾客服务。

6. 产品或产品线专业化。有时，小型文化企业可以凭借自己的独特优势，集中力量生产一大类产品，或者一种产品。在这种情况下，其产品和服务质量反而会比生产多品种的大型文化企业要好，在某些特定的市场上更具有竞争力。

7. 客户订单专业化。小型文化企业的生产经营成本相对较低，可以接收大型企业不接收的少量产品订单。小型文化企业在生产条件许可的情况下，可以专门按客户订单生产预订的产品。

8. 质量和价格专业化。在生产经营某些特定产品时，小型文化企业的生产经营条件可能并不比大型文化企业的条件差，甚至会超过大型文化企业。为此，小型文化企业可以专门生产和经营某种高质量的产品，以满足特定顾客的需要。一般来说，小型文化企业的生产经营成本相对较低，在产品价格上具有相对优势，完全可以凭借这种价格优势，与大型文化企业争夺顾客。

本章小结

随着我国文化产业化进程的加快，文化市场在不断壮大的同时，竞争也越来越激烈。文化企业只有积极参与市场竞争，才能实现自己的经营目标。

本章在分析文化市场竞争及其类型的基础上，较深入地分析了制约文化企业市场竞争的因素；重点分析了文化企业竞争者的内涵及其主要类型，并向读者介绍了文化市场竞争者分析的过程；分析了文化企业的基本竞争战略，介绍了成本领先战略、差异化战略和目标集中战略；同时，在介绍文化企业市场竞争定位基本含义的基础上，全面分析了市场主导者策略、市场挑战者战略、市场跟随者战略和市场补缺者战略。

资料链接

我国演出市场未来几年逐步步入转型升级轨道

2014年4月，中国演出行业协会发布《2013中国演出市场年度报告》（以下简称《报告》）。《报告》显示，2013年我国演出市场总经济规模为463.00亿元，与2012年同项指标统计收入相比下降9.0%，其中票房收入为131.08亿元，同比下降2.9%，政府补贴、广告赞助、衍生产品、主体配套设施及其他服务性收入同比下降9.6%，我国演出市场步入转型升级轨道。

2013年，各地贯彻落实中央"八项规定"和中宣部等五部委发布的《关于制止豪华铺张、提倡节俭办晚会的通知》等政策，政府举办演出、演出要价虚高以及演出舞美搭建攀比等行业奢靡之风得到有效遏制。同时，文化部门积极简政放权，进一步取消和下放演出审批，为演出市场繁荣创造政策环境。在节俭办晚会和简政放权双重政策下，我国演出市场转型升级，部分演出经营者逐步更弦易辙，从倚靠政府转而面向市场。

一、演出市场主体积极转型

2013年全国国有文艺表演团体1422家，收入78.54亿元。其中，转企国有文艺表演团体1283家，未承担改革任务保留事业编制院团共139家；民营文艺表演团体10953家，收入111.06亿元，占全国文艺表演团体总收入的58.6%；全国演出经纪机构总数增加到4046家，但从业人数同比下降15%，民营演出经纪机构收入占全国演出经纪机构总收入的88.6%。在2013年简政放权政策大背景下，民营演出企业积极打造自主项目，塑造企业品牌形象，逐步由传统依赖项目一次性收入的粗放型经营方式，向以品牌带动的集约型经营发展方向转变，并呈现专业化、连锁化、国际化发展态势。

二、演出营销更加多元

2013年演出市场出现的O2O票务销售和演出营销众筹打破了传统演出运营方式，O2O票务销售模式推动互联网成为线下交易的前台，为观众与演出商建立线上支付平台，众筹模式与演出营销的结合开启了演出定制服务的新渠道。同时，演员与企业的合作模式也逐步从单一的广告代言、出席活动等线下营销转变为集微博营销、广告代言于一体的线上线下全面合作。

三、演出市场产业附加值增加

2013年，全国新建、改建和在建的演出场所50个，总投资超60亿元，拉动建筑、设计及灯光、音响、机械等设施设备行业的发展；全年文艺表演团体新创或新编剧目5700个，带动服装及道具制造业产值超过6亿元；旅游演出观众5000万人次，带动景区、餐饮、酒店等旅游相关行业新增产值超过164亿元；大型演唱会和音乐节等大型演出活动观众达1500万人次，带动交通、衍生品、餐饮及其他配套服务产值超44亿元。同时，演出行业与金融、保险、咨询等行业间的互动、渗透，产生演艺保险、演艺投资等新型的服务业态和商业模式。

四、演出市场种类多元化

2013年国内音乐类演出总场次1.65万场，票房总收入达43.06亿，占演出市场票房总收入的32.8%，居各类型演出票房收入首位。在专业剧场举办的演出中，舞蹈类演出共

6200余场,票房总收入为7.18亿,与2012年相比,舞蹈类演出呈下滑趋势,总场次及上座率均有所下降;话剧演出总场次为1.12万场,占专业剧场演出总场次的15.1%,票房收入15.94亿元,平均票价和上座率均比2012年有所上升;戏曲演出1.53万场,票房收入9.08亿元;曲艺、杂技类演出总场次8500场,票房收入6.22亿元。

五、缺乏优秀原创作品等因素制约市场发展

《报告》认为,我国演出市场还存在一些制约性问题。例如,部分二、三线城市剧场空巢现象明显。目前,全国剧场总数为2132个,其中以艺术类演出为主的专业剧场1279个,约占剧场总数的60%,其余约40%的剧场中约20%改为旅游演出剧场或娱乐演艺场馆,20%转作其他用途或闲置。在全国1279家专业剧场中,2003年之后新建或改建的约占46%。除北京、上海、广州等一线城市之外,全国其他地区专业剧场年平均演出场次约为58场,其中年演出场次达到50场以上剧场的占总数的35%。又如,优秀原创作品的缺乏制约演出市场的发展,2013年上座率第一位的话剧演出以排演与改编为主,话剧创作面临院团编剧锐减、编剧岗位虚设、编剧人员老化等诸多问题。同时,国有院团市场意识有待加强,民营院团融资困难,演出票务市场乱象丛生,舞蹈缺乏市场培育等问题也制约着我国演出市场的发展。

(温芳改编自中国文化传媒网,http://www.ccdy.cn/wangxun/201404/t20140410_909656.htm,《2013中国演出市场年度报告》)

思考与练习

1. 如何才能更好地分析文化市场竞争者?
2. 举例说明文化企业实施什么样的竞争战略比较好。
3. 处于不同市场地位的文化企业,如何与对手展开市场竞争?

第七章 文化产品策略

● **知识要点**

理解文化产品的概念。
理解文化产品组合的内涵。
掌握文化产品组合广度、深度、关联度等相关概念。
理解文化产品组合策略及运用。
掌握文化产品生命周期的内涵。
掌握文化新产品开发的程序及策略。
理解文化产品品牌策略及包装策略的运用。

迪士尼——将"快乐营销"进行到底

1923年,年轻的沃尔特·伊莱亚特·迪士尼向叔父借了500美元,成立了一个生产动画片的公司。几乎没有人想到,它竟然会成为一个遍及全球的娱乐业巨头。

1928年,迪士尼创造了米老鼠形象,并使它首次出现在同声配乐的动画片中。米老鼠和该部电影成了他的首次重大成功。10年后,迪士尼成功地完成了从正片播映前的附加短片到正片的飞跃。通过《白雪公主和七个小矮人》一片,他将第一部大型动画片搬上了银幕。这部动画片的经典之作在当时获得的票房收入几乎是个天文数字:800万美元——这是在电影票只需几美分的情况下实现的。

20世纪70年代后期到80年代初期是迪士尼"失去的10年"。公司徘徊在低增长甚至亏损的边缘。曾是好莱坞首屈一指的迪士尼公司变成了二等制片商。

1984年,小罗伊重返迪士尼,公司内耗告一段落。随后董事会一致邀请犹太人迈克尔·艾斯纳和弗兰克·威尔斯入主迪士尼。艾斯纳杰出的管理才能加上威尔斯的人事天赋,使迪士尼公司从此进入艾斯纳-威尔斯时代。

艾斯纳和沃尔特一样深知动画是迪士尼的灵魂。他非常看重动画片制作,他对动画片的大手笔投入带来了丰厚回报。艾斯纳在动画领域的另一重要决策就是大胆运用新技术。在第一部故事片长度的计算机动画影片中使用大量的数字设计。艾斯纳还非常重视普通电影的制作，他把电影列为公司长期发展计划之一，首先通过小成本影片来启动迪士尼普通电影门类，实现自给自足的持续发展。

电影史上，再也找不到第二个人像迪士尼那样深刻地意识到电影的娱乐价值，又如此成功地把握住了观众的娱乐心理。迪士尼首先想到儿童应该有自己的电影，他拍摄的动画片也被归类为儿童片，但是他显然不满足于只为儿童拍片，他的目光盯着的是从老到少的最大限度的观众市场。事实上，迪士尼的动画片要比迪士尼的故事片更不像儿童片，能被其中的讽刺与幽默逗乐的，往往是成人，而不是儿童。迪士尼最好的动画片，往往诉诸人类与生俱来的对孤独、隔绝、被抛弃的恐惧感，能被感动的也往往是成人。小象丹博被同类抛弃的悲哀、发现和实现自我的欢欣，小鹿斑比失去亲人、家园的苦痛，是儿童无法完全感受的。但是迪士尼影片主题的复杂性也就只是到这种程度了，小象丹博最后签百万美元的合同去了好莱坞，这就是迪士尼对成功、幸福的理解。

在20世纪五六十年代，迪士尼已完全变成了生产、贩卖娱乐的企业家、商人，他对赚取电视播放的利润、对经营游乐场的兴趣超过了电影制作。这也为公司增加了一个又一个的财富源头。

迪士尼倡导的快乐文化，得到世界上各个年龄层次、各个社会阶层人们的认可。可以说，快乐无国界。从迪士尼动画，到迪士尼乐园，再到迪士尼游戏，在迪士尼的所有产品中，无不散发着快乐的因子。

其实，自从沃尔特·迪士尼在1923年创建了迪士尼动画公司，米老鼠、布鲁托、古菲、唐老鸭已经让全世界的孩子充满欢笑。而到了1955年，迪士尼用动画片赚来的钱在加州的阿纳海姆建立了迪士尼乐园，把动画片的世界变成现实。这个游乐场在1955年开放后，很快就成为美国最受欢迎的一个旅游点。

迪士尼的理念是将动画片中的魔幻和快乐场景"复制"展现在人们生活中。他对乐园的热情甚至超过了电影，"电影交出后就再也不能变动了，而乐园是可以永无止境地发展下去的；增建、改变，简直就是个活的事物，这一切太有意思了！"

迪士尼所带给你的将全部是快乐的回忆，无论在什么时候，都不能让游客失望，哪怕只有一次。如果游客感到欢乐，他们会再次光顾。能吸引游客重来游玩，恰是迪士尼经营兴旺的奥秘所在。

（赵泽润改编自媒体资源网，http://www.allchina.cn，作者：王新业）

文化产品是文化企业实现经营目标的最根本基础，也是市场营销的核心所在。文化企业只有根据市场需要，结合自己的生产经营目标和条件，生产出适销对路的文化产品，才能够满足文化消费者的需求，才能占有市场，实现自己的经营目标。因此，文化产品策略一直是文化企业的核心策略。

第一节　文化产品及其组合

文化产品是文化市场营销组合中最重要也是最基本的因素。文化企业制定营销组合策略，首先必须决定发展什么样的产品，以满足目标市场需求。文化产品策略还直接或间接地影响到其他营销组合因素的管理。从这个意义上说，产品策略是文化企业市场营销的基石。

文化产品是一个历史范畴，一种特殊的商品形态。它不仅蕴含着现代文化经济运动的全部矛盾关系，而且还深刻地折射出现代文化与现代政治、现代文化与现代社会运动的最一般关系。文化商品的成熟性程度已经成为衡量现代文明社会发展程度的一个重要的指标体系。发展以文化产品的生产、销售和服务为核心内容的文化产业，已经成为国际社会致力于推动本国经济和社会发展的重要产业政策。因此，研究文化产品的基本属性、特征、形态、价值和发展规律，有着重要意义。

一、文化产品

文化产品的概念可以分为广义和狭义两种。狭义的文化产品是指文化艺术工作者通过有目的的艺术劳动创造出来的产品；广义的文化产品不仅仅是指文化产品实体本身，它还指通过市场交换能够满足消费者某种精神需求和利益的有形物体与非物质的无形服务的总和。

文化产品跟一般产品价值不同，主要原因在于其价值体现方式的不同。文化产品的价值主要由三部分构成。

1. 文化价值是文化产品的核心价值。文化产品作为精神产品，其决定性价值必然取决于文化产品中的文化含量和文化意义。一部《红楼梦》金砖不换，关键在于它的文化含量和文化意义，即它的文化价值。

文化价值具有社会性和时代性。社会和时代属性是文化产品价值的本质属性之一。民间有句流行的话"乱世黄金盛世收藏"，其实也蕴含着这个道理。齐白石的作品在"文革"期间分文不值，"文革"结束不久，一张三尺的画，也就卖几元几十元，可现在拥有一张真迹，那保准就是百万甚至千万富翁。齐白石作品的文化价值是永存的，但作为文化产品的白石老人的画，必须在社会发展到了享受精神生活的层次和高度，具有时代需求的时候，方得以实现其文化产品价值。

2. 承载价值是文化产品的形式价值。文化产品的承载价值，表现为文化产品外在体现价值，或是品类价值。文化产品的承载，可以有实物载体，如一尊盆景的花木和栽盆、深圳华侨城"世界之窗"里面的微缩景观等；也可能没有实物载体，如一首民谣或者一个传说。文化产品的承载价值的外在意义，表现出很强的商品性特征。这是文化产品具有上层建筑意义，同时又具有经济基础意义的结合点，也是商品价值和文化产品价值相联系的传输带。

3. 附加价值是文化产品的突出价值。文化产品的附加价值是由文化产品的直接引导、促动所产生和带来的额外价值。也许任何产品都有一定的附加价值，但文化产品的附加价值注定成为其价值组合不可分割的部分，并且得到广泛认同。文化产品的附加价值是显而易见的，如拍摄电视剧《三国演义》的影视城，随后就成为著名的三国城旅游景区。这个景区及其带来的旅游收益、品牌价值、就业价值等，都是电视剧《三国演义》的附加价值。

二、文化产品组合

大多数文化企业都不是只生产一种文化产品，而是生产若干种。凡是被文化企业列入市场销售目录的产品名称都可称为产品项目。产品线则是指那些具有相同制造原理和技术、用途相同、目标市场与销售渠道大致相同或密切相关的一组文化产品。如某音像公司生产的教育磁带，是音像公司许多产品中的一个文化产品项目，这个项目内各不相同的、针对不同目标市场的文化产品，如儿童拼音教育、外语教育、道德教育等磁带，则构成了教育类磁带的产品线。

（一）文化产品组合的概念

文化产品组合是指一个文化企业生产和销售的各类文化产品之间的组合方式，包括广度、深度和关联度。

文化产品组合的广度是指文化企业产品线的项目。文化产品线越多，意味着文化产品组合的广度越宽；反之，就表示文化产品组合的广度越窄。

文化产品组合的深度是指一个文化企业的产品线中，不同规格、式样、档次的文化产品的平均数目。如果文化企业的产品线中各种规格、式样、档次少，则表示文化产品组合的深度小；反之，就表示深度大。

文化产品组合的关联度是指文化企业在产品的生产条件、分销渠道和最终使用方面的相关程度。如果文化企业的产品能够共用企业的生产设施、销售渠道等，则文化产品的关联度就高；反之，则表示关联度较低。

文化产品组合一方面反映了文化企业的产品生产经营现状和能力，另一方面也是其生产经营策略的表现。

（二）文化产品组合策略

在市场经营过程中，文化企业往往会根据不断变化的市场需要，结合自己的营销目标，综合考察企业自身的实力，对文化产品组合的广度、深度和关联度作出决策，力争实现文化企业的利润目标。这种决策结果在产品上的表现就是文化产品组合策略。文化产品组合策略的优劣对企业来说关系重大。如果决策正确，既能扩大文化企业的销售领域，满足不同类型文化消费者的需要，分散文化企业的营销风险，又能更好地发挥文化企业的营销优势，提高声誉，从而获得较高的利润；反之，如果决策失误，文化企业就会遭受被淘汰的命运。所以，文化产品的组合策略务须慎重，运用时既要考虑内部因素即文化企业自身的实力，又要考虑外部因素即市场需求方面的因素。具体可以分为以下几种策略：

1. 产品延伸策略。产品延伸牵出的是关联产品的研发，它包含产品之间的关联层次和关联程度，也包含对产品资源深度开发的有效利用，最终形成一定规模的良性循环的共生互利产业链。通过有效的延伸策略，文化产品可以以齐全的规格、品种及档次，适应不同消费层次、不同消费心理的消费者，最大限度地占领市场。同时，文化企业的形象也将得到较好的展示和巩固，从而建立起声誉。这会给文化企业的长期发展战略带来良好的影响。

2. 扩展策略。一是扩大文化产品组合的广度，增加文化产品线，扩展文化经营的范围；二是扩大产品组合的深度，也就是增加文化产品的品种规格、增加文化产品组合的某些关联度，满足各种精神和心理需要的文化消费者；三是在市场竞争不太激烈时，如果文化企业的实力很强，可以考虑采取行业全面型策略，向文化市场提供尽可能多样化的文化产品，形成产品的系列化、集团化。

3. 缩减策略。缩减文化产品策略包括两个方面的内容，一是紧缩文化产品组合的广度，减少文化产品线，缩小营销的范围；二是紧缩文化产品组合的深度，减少文化产品的品种和规格。企业实行这种策略，就是要缩小营销范围，实行集中经营。

文化产品组合策略应该针对文化市场千变万化的复杂形势，把握文化企业的实力，作出文化产品组合的最佳选择。事实上，在实际运作中，文化市场比一般的商品市场更复杂、更富有变化，文化产品组合策略就应随之改变、不拘一格。尤其应在把握文化消费者心理变化的前提下，合理巧妙地运用文化产品的基本策略，取得满意的营销效果。

第二节　文化产品生命周期

文化产品同人的寿命一样，从投入市场到被市场淘汰，有一个发生、发展和消亡的过程。不同性质的产品有不同的生命周期。了解和掌握不同文化产品生命周期的发展及变化，有利于文化企业掌握文化新产品的开发和文化老产品的更新换代，制定正确的市场营销战略，为在文化市场竞争中取得成功打下坚实的基础。

文化产品生命周期是指文化产品的市场寿命，即文化产品从投入市场到被市场淘汰所经历的全部运动过程。它是相对于文化产品的物质寿命或使用寿命而言的。物质寿命反映文化产品物质形态消耗的变化过程，市场寿命则反映文化产品的经济价值在市场上的变化过程。

一、文化产品的生命周期

大多数文化产品的生命周期可以分为四个阶段：

1. 文化产品的导入期，即文化产品刚开始进入市场的初期阶段。此时，文化消费者还远未了解新上市的文化产品，文化产品销售增长缓慢，利润很低甚至会亏损。

2. 文化产品的成长期。文化产品开始被消费者认识和接纳，销售量迅速增加，文化企业投入成本减少，利润大幅度上升，容易吸引更多的竞争者。

3. 文化产品的成熟期。此时文化产品市场成长趋势减缓或饱和，产品已被大多数潜在购买者所接受，利润在达到顶点后逐渐走下坡路。此时市场竞争激烈，文化企业为保持产品地位需要投入大量的营销费用。

4. 文化产品的衰退期。这期间文化产品在市场上的销售量显著衰退，利润也大幅度滑落。同时，市场竞争者也越来越少。

文化产品典型的生命周期如图7-1所示。

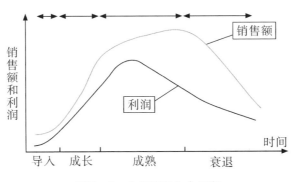

图7-1　文化产品生命周期

二、文化产品生命周期的特点

文化产品各生命周期阶段的特点如表7-1所示。

表 7-1 文化产品各生命周期的特点

周期阶段 营销要素	导入期	成长期	成熟期	衰退期
销售量	低	剧增	最大	衰退
销售速度	缓慢	快速	减慢	负增长
成本	高	一般	低	回升
价格	高	回落	稳定	回升
利润	亏损	提升	最大	减少
顾客	创新者	早期使用者	中间多数	落伍者
竞争	很少	增多	稳中有降	减少
营销目标	建立知名度，鼓励试用	最大限度地占有市场	保护市场，争取最大利润	压缩开支，榨取最后价值

实际上，由于多种因素的影响和制约，文化产品生命周期的表现形式较为复杂。总结起来，可以有以下几种常见的特殊表现形式：

1. 文化产品生命周期的长短有很大区别。有的文化产品生命周期极为短暂，可能刚上市不久就夭折了，有的文化产品的生命周期却很长。

2. 由于文化产品的独特性，并不是所有的产品都有典型的生命周期曲线变化，有导入、成长、成熟和衰退这几个阶段。有的文化产品也可能刚刚经历成长期，在进入成熟期之前就提前进入了衰退期，销售量大幅下降，产品很快退出文化市场，如图 7-2 所示。

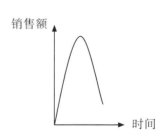

图 7-2 产品生命周期循环

3. 各种文化产品从导入、成长到成熟所需要的时间差别也很大。有的产品在导入期经历的时间短，很快就进入了成熟期，取得高额利润，而有的文化产品可能长达几年才进入成熟期。

4. 文化产品的生命周期不只有"上升—成熟—下降"一种形式，还存在一些特殊情况。文化企业可以采取强有力的营销策略，如寻找不同的文化市场，发挥文化产品新特点等，延长文化产品的成长期和成熟期，使销售量曲线下降后，生命周期出现再循环曲线，如图 7-3 所示。

5. 有的文化产品进入成熟期以后，文化企业通过制定和实施正确的营销策略，使产品销售量不断达到新的高潮，如图 7-4 所示。

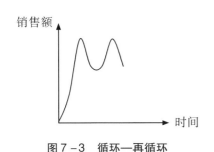
图 7-3 循环—再循环

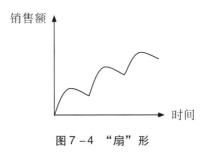
图 7-4 "扇"形

三、影响文化产品生命周期的因素

由于文化产品的生产经营环境相对复杂，文化消费者对文化产品的需求也较多样化。因此，文化企业产品生命周期的长短会受到多种因素的影响。具体来说，主要有以下几个方面：

1. 消费者的文化素养。消费者文化素养的高低是影响文化产品生命周期的重要因素。文化消费者如果没有一定的文化修养，对文化产品"看不懂"、"听不明白"、"欣赏不了"的话，文化产品即使进入市场也不能被文化消费者接受，它的生命周期就会很短。而一些经典著作、经典影视剧作品，即使历经几十年甚至是几百年，依然很受消费者欢迎。

2. 消费水平。物质消费是第一消费，文化消费是第二消费。消费水平的高低也是影响文化产品生命周期的因素。人们的消费水平较高，就会对文化消费的要求高，需求变化快，需要以不同的、最新的文化产品来满足自己的精神文化需要，这同时会刺激文化产品的更新换代，使文化产品的生命周期缩短。反之，人们的消费水平偏低，文化产品的生命周期也就相应延长。

3. 科技进步。科技是文化企业产品生产的助推器，也是推进文化产品更新换代的最重要条件之一。科技水平越高，文化企业制造的产品质量越高、越精良，文化产品更新换代就快，其生命周期相对就短了。如从老式唱机发展到砖头式放音机、双卡收录机，再到激光唱片，制作音响的技术进步很快，厂家也纷纷采用最新的技术推出更新颖、更精良、更能满足人们视听享受的产品。

4. 市场竞争状况。市场竞争的激烈程度也会影响文化产品的生命周期。如果文化市场竞争激烈，各文化企业为了求得生存，就会频频推出文化新产品，以求获得竞争主动权。这就使文化产品的更新换代加快，从而缩短了文化产品的生命周期。

四、文化产品不同生命周期阶段的营销策略

在产品生命周期的不同阶段，文化产品的成本、销售、利润、竞争态势及

消费者行为等都具有不同的特点，文化企业应针对产品生命周期不同阶段的特点，制定相应的营销策略。

（一）导入期的营销策略

文化产品处于导入期时，销量低，生产成本高，促销费用大，文化企业应主要考虑以什么价格向市场推出产品，应采取什么促销方法。基于这些考虑，文化企业可以选择四种营销策略。

1. 快速掠取策略，即以高价格和高促销费用推出新的文化产品。采用高价格，有利于树立文化产品高质量的品牌形象，有利于文化企业获取较多毛利，更有利于回收成本和推动高强度促销。同时，高促销策略还有利于吸引目标顾客购买产品。文化企业采用这一策略的条件是：文化产品有质量优势，消费者对产品品牌了解不足，但市场容量较大并且稳定，产品的价格弹性较小，文化企业急于占领市场。

2. 慢速掠取策略，即高价格和低促销策略。文化企业采用这种策略的目的在于增加利润，回收资金，减少未来的风险。文化企业采用这一策略的适用条件是：文化产品价格弹性小，市场容量稳定但不大，或容量大但不稳定，竞争对手较弱，品牌作用不明显，文化企业注重短期收益，不注重长远的市场占有率。

3. 快速渗透策略，即低价格和高促销策略。该策略注重文化企业长远的占有率和规模优势。文化企业采用该策略的条件是：产品价格弹性大，降低成本，增加销量；产品市场容量大且稳定，市场竞争激烈；高促销有利于品牌的传播，争取更多的潜在消费者。这种策略需要大量的资金支持，一般为实力雄厚的文化企业所采用。

4. 慢速渗透策略，即低价格和低促销策略。低价格有利于文化产品进入市场，低促销有利于降低成本。文化企业采用该策略的条件是：产品价格弹性大且市场容量大，低价本身就在争夺占有率，如果新产品是原有产品的改进品，消费者对产品的品牌已经熟悉，或者该产品已经是名牌产品，促销的作用已经不大，低促销有利于产品的竞争。

（二）成长期的营销策略

当文化产品处于成长期时，消费者对文化产品已相当熟悉，文化产品使用率急剧上升，利润也随之较快增长。但同时有更多的竞争者会进入其中，竞争日益激烈。在这一阶段，文化市场营销的策略如下：

1. 改进产品。文化企业开始在改进文化产品上下功夫，对文化产品质量、性能、式样、包装等方面进行改进，更好地适应消费者需求，增强市场竞争力。

2. 改变广告宣传策略。广告宣传的重心从介绍文化产品转变为宣传产品特色，树立品牌形象，争取创立名牌，提高品牌知名度，使消费者对其产生偏爱。

3. 寻找新市场。寻找新的目标市场，选择有利的销售渠道，有效地控制目标市场。

4. 降低文化产品价格。成长期文化产品销量上升，促销和广告费用降低，文化企业可通过削价策略，把握产品价格的主动权，在价格上更吸引消费者。

（三）成熟期的营销策略

成熟阶段是文化产品收获的黄金阶段，企业应采取积极的营销策略设法延长这个阶段的时间。主要的策略有：

1. 文化产品革新策略。对原有的文化产品进行创新，改进性能，提高质量，改进外观和款式。

2. 市场开发策略。文化产品进入成熟阶段后，群雄鼎立的市场格局已经形成，对于文化企业来说，争夺竞争者已经控制的市场变得相当困难。此时，开拓新市场主要是对文化企业现有市场进行深度开发。此外，还可重新细分市场，发现新的需求和新的目标市场，运用产品差异化策略来扩大市场销售量。

3. 改革营销组合策略。如改进产品的包装、调整产品的价格、优化销售渠道，促销应从宣传产品用途、宣传企业品牌转变为塑造企业形象，文化企业要更多地宣传企业的理念、社会目标，努力提升企业的形象和声誉。

（四）衰退期的营销策略

这个阶段的策略原则是撤退。文化企业要进行谨慎的分析研究，不可草率决策。可供选择的策略有：

1. 持续策略。由于众多的竞争者退出市场，暂不退出市场的文化企业的市场空间有所增加，在一定时期维持营销甚至缩减推销人员，减少促销费用等尚可获得一定的利润。

2. 维持策略。由于市场容量衰退，一些目标市场的营销效率下降。应放弃低效率的目标市场，在一定时期内集中力量经营少数效率较好的目标市场。

3. 放弃策略。对衰退较快的文化产品，文化企业没有可能通过维持来获得收益，或需要抽出资金发展其他产品时，应当立即放弃这个文化产品。

第三节　文化新产品开发

在竞争日趋激烈的市场上，文化产品的更新速度越来越快。文化企业要想长久地占领市场,光靠现有产品是绝对不行的,必须不断更新产品、推陈出新,才能适应不断变化的市场需求、科学技术的快速发展以及产品市场生命周期日益缩短的要求。因此,开发新产品越来越成为关乎文化企业生存与发展的重大问题。

一、文化新产品的概念和种类

新产品一般是指同老产品相比,具有新功能、新特色、新结构或新用途,能满足顾客某种新需求的产品。具体来说,新产品有以下几种:

1. 全新产品。全新产品是指应用新原理、新工艺和新材料、新技术制造的市场上前所未有的文化新品。同时,它往往要求顾客培养新的消费观和新的消费方式。如手机、电视等产品刚投入市场时都属于全新产品。这类产品开发难度最大,费用高,成功率低,据调查,新产品中全新产品只占10%。

2. 换代新产品。换代新产品是指对市场上已经出现的文化产品在结构和性能上进行部分改变而形成的产品,它使原有文化产品的性能得到改变和提高,更能满足人们新的文化消费需求。

3. 改进新产品。改进新产品是指对现有产品的质量、性能、材料、款式、包装等方面进行改良之后生产出来的产品。如出版社对于旧版书的再版,一方面使其在内容上与时俱进,紧跟时代发展;另一方面使其在外观和包装上更加美观,更能刺激消费者的购买欲望。

4. 仿制新产品。仿制新产品是指文化企业仿照市场上已有的产品生产的新产品。其实文化产品的独创非常困难,如创作一部新电影、谱写一首新歌等。可是如果能把握机会,善于发现,可以通过瞄准借鉴一些文化产品典范,结合自身情况加以模仿。例如,香港经常模仿欧美畅销的电影、电视模式,结合中国文化背景,拍摄本地的电影;内地一些成功的电视节目,如《超级女声》就是借鉴了《美国偶像》的模式,央视的《赢在中国》也是借鉴美国的《学徒》栏目,等等。

二、文化新产品的开发程序

开发新产品的难度很大,但新产品的开发关系到文化企业的生存和发展。面对消费者市场日益激烈的竞争,面对科技日新月异的发展,文化企业必须重视新产品的开发。为了把失败的风险降到最低程度,新产品开发应按科学的程序进行。具体来说,文化新产品的开发程序主要有八个环节(图7-5)。

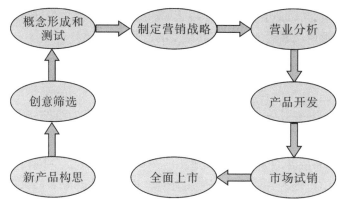

图 7-5 文化新产品的开发程序

(一) 文化新产品的构思

文化新产品的构思就是开发文化新产品的设想或创意。虽然并不是所有设想或创意都能变成产品，但寻求尽可能多的设想可以为开发新产品提供较多的机会。文化新产品构思的主要来源有：

1. 消费者的需求。指消费者对现有文化产品提出的不满意见、要求、希望、爱好等，是文化新产品构思的主要来源。许多新产品的构思就是来源于消费者，实践证明，在来源于消费者创意的基础上发展起来的新产品，成功率最高。

2. 专业技术人员对产品技术的创意。指专业技术人员从技术的角度来研究文化产品的新用途、新发展，文化企业在此基础上形成新产品的构思。

3. 竞争者的经验和教训。指从竞争者产品的优缺点、竞争者成功与失败的经验和教训中得到启发和设想。

(二) 筛选

文化企业在广泛征集新产品构思的基础上，还要对这些构思进一步进行评估，研究它们的可行性，挑选出可行性较强的构思，尽早发现并放弃不理想的构思。对文化新产品构思的筛选一般要考虑：

1. 该构思是否具有潜在的市场需求。
2. 该构思是否与企业目标相适应。
3. 文化企业有无足够的资源能力实现该构思。

(三) 文化产品概念的形成与测试

1. 文化产品概念的形成。经过筛选之后，文化企业要把选定的新产品构思转变为产品概念,即用文字、图像、模式等对文化产品构思进行具体、明确的描述,使之形成消费者能够理解和接受的产品形象。

任何一个产品构思都有可能转化为若干个产品概念。例如,某演出商为迎接国庆,打算组织一系列专场演出,想在欢庆国庆的同时,寻找庆典演出的模式,这就是一种产品构思。

为了了解这些新产品在市场上的竞争状况,应对每一个产品概念进行定位,以确定该产品在市场上的位置和竞争者的多少、远近及实力大小等。

2. 文化产品概念的测试。产品概念的测试,就是将一个精心描述的文化产品概念提交给目标顾客,请他们作出评价,以了解潜在顾客的反应,为优选产品概念提供依据。

(四) 制定市场营销战略

制定市场营销战略,即在形成文化产品概念之后,文化企业的有关人员要拟定一个将文化新产品投放市场的初步市场营销战略报告书。报告书由三个部分组成:

1. 描述目标市场的规模、结构、行为,文化新产品在目标市场上的定位,头几年的销售额、市场占有率、利润目标等。
2. 简述文化新产品和计划价格、分销渠道以及第一年的市场营销预算。
3. 阐述计划长期销售额和目标利润以及不同时间的市场营销组合。

(五) 营业分析

营业分析是指分析文化新产品的预计销售量、成本和利润情况,以了解其是否符合企业的目标。

1. 销售额的估计。文化企业的高层管理人员通过对过去的销售情况及目标市场情况做深入细致的考察之后,估计出该产品的销售额有多少。在估计文化新产品的销售额时,还应该考虑到这种产品是一次性购买的产品,还是偶尔购买的产品,或者是经常购买的产品。
2. 成本和利润估计。在对文化新产品的长期销售额作出预测之后,可推算这期间的生产成本和利润情况。这需由研究与开发部门、生产部门、市场营销部门和财务部门共同讨论分析。

(六) 文化产品开发

文化产品开发,即由研究与开发部门和工程技术部门把这种产品概念转变成为现实的文化产品,进入试制阶段。只有在这一阶段,以文字、图表及模型等描述的产品设计才变为实体产品。

这一阶段应当搞清楚的问题是,文化产品概念能否变为技术上和商业上可行的文化产品。如果不能，除在全过程中取得一些有用的副产品即信息资料外，所耗费的资金则全部付诸东流。

（七）市场试销

市场试销，即文化企业的高层管理者对某种新产品开发试验结果感到满意时，着手用品牌名称、包装和初步市场营销方案把这种文化新产品装扮起来，推上市场进行实验。其目的在于了解文化消费者和经销商对于经营、使用和再购买这种新产品的实际情况以及市场大小，然后再酌情采取适当对策。

（八）全面上市

文化新产品的市场试销获得成功后，文化企业就要将其大批量地投放市场。在这一阶段，文化企业高层管理者必须做好四项决策。

1. 何时推出新产品。文化企业必须分析何时是新产品推出的最佳时期。如果是季节性较强的文化产品，新产品就应该在消费季节到来之前进入市场；如果新产品会影响公司其他产品的销售量，就应延迟推出新产品的时间；如果新产品还可以进一步改进或可能受到经济衰退的影响，文化企业可等一段时间再推出新产品。

2. 在何地推出新产品。文化企业还需要决定向哪里投放新产品，尤其要决定文化产品在哪个地方推出。能够把新产品在全国市场上投放的文化企业是不多的。一般是先在主要地区的市场推出，以便占有市场，取得立足点，然后再扩大到其他地区。

3. 向谁推出新产品。新上市的产品，最先的促销对象通常具有如下特征：①创新使用者；②喜欢冒险；③可能是大量使用的用户；④对新产品颇有好感；⑤是某一方面的"舆论领袖"，有宣传影响力。文化企业必须根据自己的市场定位，确定新产品的推销对象。

4. 如何推出新产品。新产品上市前，文化企业必须制订出详细的市场营销计划，就新产品的市场营销工作作出全面的规划，包括产品价格确定、产品促销方式、产品的流通渠道建设等。同时，文化企业还要考虑是否需要为此建立一个专门的营销组织，独立开展新产品的营销活动，等等。

第四节　文化产品品牌和包装策略

品牌作为企业的无形资产，其力量不可低估。联合国工业计划署的调查表明，全球著名品牌在整个产品品牌中所占比例不足3%，但所拥有的市场份额却高达40%以上，销售额已超过50%。成功的品牌对企业的长远发展是非常必要的，它不仅可以使企业赚取更多的利润，还可以使企业在产品延伸及进行资本运营等诸多方面获得利益。因此，文化产品品牌策划是非常必要的。

将品牌概念引入文化产业，预示着该产业已跨进品牌竞争这一更高层次的市场运作时代。随着文化市场竞争的加剧，稀缺的注意力资源成了众多企业争夺的焦点，而良好的品牌形象无疑会增强受众的忠诚度和美誉度，从而提高品牌企业的公信力，使其长久地吸引受众的注意力。

一、品牌与商标

如今越来越多的企业意识到品牌的重要性，品牌意识已深入人心，那么究竟什么是品牌呢？

（一）品牌

品牌是用以识别某个销售者或某群销售者的产品或服务，并使之与竞争对手的产品或服务区别开来的商业名称及其标志，通常由文字、标记、符号、图案和颜色等要素或这些要素的组合构成。就其实质来讲，它代表着销售者对交付给买者的产品特征、利益和服务的一贯性的承诺。

1. 品牌名称。是指品牌中可以用语言称谓表达的部分。如自 2004 年以来，世界品牌实验室从财务、消费者行为和品牌强度几方面，运用"经济用途法"对我国的市场品牌进行分析，连续五次推出"中国 500 最具价值品牌"。其中，自 2004 年以来始终位居传媒品牌第二位的品牌是凤凰卫视。"凤凰卫视"就是一个品牌名称。

2. 品牌标志。指品牌中可被认出、易于记忆但不能用言语称呼的部分。这一部分更多地用标记、符号、图案和颜色等来表现。如凤凰卫视中文台的台标，借用了传统的龙凤图形，并使用了中国特有的"喜相逢"的结构形式，反映出一种厚实的文化底蕴。同时，两只凤凰两两相对旋转的翅膀极富动感，体现了现代传媒的特色。

一个品牌可从以下六个方面透视：

1. 品牌属性。即品牌最基本的含义。品牌首先代表着特定的产品属性，是文化企业给消费者提供的产品的最核心内容。迪士尼品牌体现了迪士尼系列产品和服务为消费者提供娱乐财富的最根本属性。

2. 品牌利益。即品牌体现的特定的利益。顾客不是在买属性而是买利益，这就需要属性转化为功能性或情感性的利益。就迪士尼品牌而言，"娱乐和快乐"是任何一名消费者与其接触后，特别是参与消费后得到的最基本的利益。

3. 品牌价值。即品牌体现的生产者的某些价值感。迪士尼公司自成立起就坚持为消费者提供快乐。创办人沃尔特·迪士尼先生曾说过："我们不用考虑钱的多少，我们需要考虑的是东西的好坏。我的理论是：只要东西好，我们就可以把大众吸引过来。"正是这样的经营理念，使其产品具有其他同类产品不具备的娱乐价值。如今的迪士尼乐园，不仅是所有孩子最向往的地方，也是许多成年人的梦想之地，而且70%的游客会故地重游。

4. 品牌文化。即品牌可能代表的某种文化。迪士尼品牌充分体现了美国文化产品"娱乐、快乐"的属性。

5. 品牌个性。不同的品牌会使消费者产生不同的联想，这就是由品牌个性决定的。迪士尼品牌会让消费者立刻想到唐老鸭、米老鼠、白雪公主、睡美人等动画明星（图7-6），想到梦幻"国度"迪士尼乐园，想到这些明星带来的无尽快乐。

图7-6　迪士尼乐园吉祥物米老鼠一直是迪士尼乐园的招牌

6. 品牌用户。即品牌暗示的购买或使用产品的消费者类型。迪士尼品牌本身就是一个奇迹。其品牌涵盖范围广，消费者群体巨大。但众多消费者对它的热爱都围绕一个核心：迪士尼会给我们带来快乐！

当受众可识别品牌的这六个方面时，这个品牌就被称为深度品牌，否则只是一个肤浅品牌。品牌最持久的含义是其价值、文化、个性，它们构成了品牌的实质。

（二）商标

商标是一个法律概念，是经过政府有关部门注册，获得专用权而受法律保护的一个品牌或品牌的一部分。

现代商标作为一种产权，不但受到各个国家法律的保护，而且在国际上还受到以《保护工业产权巴黎公约》（1883年）为基础的国际工业产权制度的保护。

（三）品牌与商标的联系与区别

在现实生活中，人们有时会把商标和品牌混为一谈，认为品牌就是商标。实际上，品牌与商标是不完全一样的，它们既有联系，又有区别。

1. 品牌与商标的联系。所有的商标都是品牌，但并非所有的品牌都是商标，商标是品牌的重要组成部分。品牌是一个笼统的总名词，商标是受法律保护的品牌。

2. 品牌与商标的区别。品牌是一个市场概念，是产品或服务在市场上通行的牌子；商标是一个法律概念，它是品牌的法律化，成为注册人在某些商品上受法律保护的专用标记。

（四）品牌化

文化企业为其产品选择、规划、决策品牌名称和品牌标志，并向政府有关部门进行注册登记的全部活动，被称为"品牌化"，注册之后则产生商标。

二、文化品牌

文化品牌对外是引发消费者产生共鸣和推动文化企业价值取向的催化剂，对内则是文化企业与员工进行沟通和激励的磨合剂。它的精髓是以理性的诉求强调功能性利益，以刺激与品牌内容相联系的情感认同达到树立文化品牌形象的目的。对文化品牌的理解应从下面两点入手：

1. 文化品牌是一种能让消费者对文化产品或服务持续产生购买或使用倾向的内在气质。就以在媒介产业领域占据"第一把交椅"的中央电视台来说，观众很容易从它身上联想起很多东西。从节目的角度来说，很容易想到《新闻联播》、《焦点访谈》、《天气预报》、《艺术人生》、《赢在中国》等；从主持人的角度来说，很容易想到李瑞英、朱军、王利芬等知名主持人；从电视媒体的特性来说，很容易想起"可信"、"专业"、"真实"。当观众从现实生活的角度产生某些与电视媒体有关的需要时，也很容易想起中央电视台；想判断某个新闻事件的真实性时，也会想起中央电视台。这就是品牌的力量。

2. 品牌主导下的文化产业在很大程度上是一种"注意力"经济。一个成功的文化品牌可以使购买者或使用者持续、集中地获得相关信息，并且满足消费者需要的使用价值和附加价值。例如，当前传媒产业中全方位的竞争已经成为现实，报刊、广播、电视、互联网、手机等都在为争夺有限的受众注意力资源而展开各种各样的竞争，品牌注意力的多少意味着发行量、收视率、点击率的高低，这将直接影响广告等收入来源，关系到传媒企业的生存。这种表面上的传媒受众和市场的竞争，本质上体现的是传媒品牌的竞争，表现为受众对传媒的偏好和忠诚度，并且这种品牌的竞争已经渗透到了传媒运作的方方面面。

例如新闻质量的竞争，面对重大新闻事件，谁的报道及时、准确、详尽、有特点，谁就可能首先赢得受众。

三、文化品牌策划的途径

随着现代管理理论的不断发展与深化，文化企业塑造品牌的方法与途径也越来越多样化。文化品牌的塑造过程，实际上是塑造文化企业形象和传播企业形象的过程，也是文化企业创造满足消费者心理和精神需求的一种特殊的文化过程，同时还是给文化企业的产品增加附加值，增加科技含量、文化含量、情感含量的过程。它的基点是"一切以满足消费者的需求为中心"，有别于传统企业以产品生产为中心、以促销为中心的经营方式。

品牌策划是塑造品牌的最重要也是最核心的工作。它是文化企业为实现特定的市场目标，经过细致的调查分析、创意谋划，制订在未来市场经营过程中的最佳战略和行动方案的过程。因此，品牌策划要体现文化企业的经营理念、确立运作方案、提出具体谋略。文化品牌的策划思路，就是在明确品牌定位的基础上，建立 CIS 识别系统，塑造文化企业或文化产品的整体形象。

（一）明确文化品牌定位

文化品牌定位是指文化企业在细分市场上，明确产品所应服务的特定目标受众群，寻求在市场和消费者心目中的最佳位置，确立品牌并牢牢占领市场的过程。随着人们精神需求的多元化和个性化，文化产业市场已经由原来的"大众"市场变为"小众"市场，受众的构成已不再是一个利益基本一致的大群体，而是利益多元化的小群体，并呈现出立体性、复合性和交叉性。因此，文化企业必须对不同的消费者进行市场细分，针对消费者的兴趣与需求确定产品或服务的个性特色，并通过品牌形象传播强化这个特色，使它与消费者的购买动机相一致，达到消费者满意享用的效果。品牌定位准确与否，决定着文化企业产品或服务的市场份额。

因此，根据细分市场中消费者不同的动机，要采取不同的品牌定位模式，即认定对目标消费群起主导作用的心理动机，才可能操纵消费者认知、情感和心理的杠杆来影响他们的行为。

（二）建立 CIS 识别系统

CIS 的全称是 Corporate Identity System，即企业识别系统。自 20 世纪 50 年代中期，美国 IBM 公司采用这一差异化战略取胜市场开始，半个多世纪以来，CIS 风靡世界，被众多国际企业普遍采用，成为创立国际名牌的现代经营策略。

文化企业 CIS 设计的起点是将构成品牌形象的要素转化为统一的识别系

统，然后再借助于信息传达将其准确、清晰地展示在公众面前，在企业与公众的相互作用过程中形成符合 CIS 设计的传媒组织形象。其本质是一种以塑造文化企业形象为目标的组织传播行为。

CIS 由三个要素构成，包括 MI（理念识别）、BI（行为识别）、VI（形象视觉识别），这三个要素既独立发挥作用，又相辅相成，最终融合为一个有机的整体。

1. 理念识别。理念识别是文化品牌策划的基本精神所在，它处于最高决策层次，是系统运行的原动力，代表着文化企业的意志和信息内核。理念定位注意品牌价值追求的表达，是文化企业品牌定位所应具有的核心价值和独特个性，是企业文化的重要组成部分。理念识别通常用一句座右铭式的口号表达文化企业的经营理念。对于报纸而言，这种理念识别就体现为办报方针，它们往往根据市场细分的结果，分析市场的空间和可拓展性，通过办报方针表现出独特的品牌定位和个性追求（表 7-2）。

表 7-2 部分报纸的办报方针

报 纸 名 称	报 纸 定 位
《纽约时报》	刊登一切可以刊出的新闻
《今日美国》	文辞简洁，信息丰富
《广州日报》	不可或缺
《北京青年报》	有新闻的地方就有我们
《新京报》	负责报道一切
《华西都市报》	市民的公仆
《环球时报》	没有什么能逃过《环球时报》
《中国证券报》	可信赖的投资顾问
《经济观察报》	高度决定影响力
《南方日报》	深入成就深度
《南方都市报》	办中国最好的报纸
《21 世纪经济报道》	新闻创造价值
《南方农村报》	服务农村经济，维护农民权益
《南方体育》	跟它们不同
《城市画报》	新生活的传播者
《21 世纪环球报道》	新闻全球化

从表 7-2 可以看出，各家报纸往往通过一句简短的口号，表明品牌定位的价值取向。作为文化企业对公众社会的郑重承诺，企业经营理念是获得社会公信力的一个诉求点，更是树立文化品牌形象的重要标志。定位理念作为文化企业经营理念的具体表征，应避免随意杜撰，而要在企业的市场定位、经营目标以及信息资源等条件基础上提炼而成。

2. 行为识别。行为识别是文化企业的动态识别形式，它的核心在于对 CIS 理念的推行。文化品牌的行为识别几乎覆盖了文化企业的所有经营运作活动。由于文化产业内容生产的特殊性，行为识别也就主要表现为对文化内容产品的策划和生产。对文化企业来说，再好的理念最终都需要通过优质的文化产品来实现。因此，多出精品、打造特色内容，就成为维系文化品牌的根本。

3. 形象视觉识别。文化品牌形象视觉识别也是 CIS 系统中的一个重要环节，因为它直接表现了文化企业或产品的视觉形象。对于报纸而言，形象视觉识别表现为报纸的报头、报眉、栏目、版式、线条、字体、标题、插图等视觉符号。对于电视频道而言，形象视觉识别包括台标、标准色、声音识别系统、标准字、话筒标志、片尾字幕定版、频道形象片花、频道形象宣传片、开始曲和结束曲等要素。

（三）不断进行品牌创新和维护

所谓品牌创新，是指文化企业针对市场变化，创造新的品牌、创造品牌新的应用、引进和转让品牌资产来实现品牌的管理活动。品牌创新也是指文化企业通过创造出竞争对手所不具备的先进技术和手段，提供比竞争对手更加完善全面的服务，满足顾客更新更高的需求，来保持和发展品牌的一种全新的经济活动。随着文化产业市场竞争的日益加剧，品牌的平均生命周期也随之不断缩短，品牌创新能力成为文化企业生存的关键因素。品牌一旦进入成熟期，文化企业应不断地对其进行创新，以延续品牌的价值。为此，文化企业应当建立完善的市场调查机制，对文化市场受众需求、文化品牌的效果等进行量化的跟踪调查，及时发现受众市场的变化，从而对文化 CIS 系统进行及时调整；通过再调整，加强与受众的互动，实现自我超越。

品牌维护是文化企业通过规范的企业制度、利用各种法律法规来保护企业品牌利益的活动。首先，文化产业是知识密集型产业，对其进行品牌维护的首要任务是建立品牌保护制度，通过现代企业机制约束企业行为，确保品牌的品质永远处于优秀状态。其次，要不断提升品牌形象，使得品牌的品质持久恒定，并且在不断创新的过程中动态满足消费者的个性需求，真正做到常变常新。最后，要熟悉各种品牌管理的法律法规，对于那些抢注、盗用或仿冒品牌名称等严重损害企业品牌形象的行为，要通过法律途径进行解决；对于企业偶然出现的恶性事件，要使用危机公关手段在法律基础上妥善处理其对品牌的影响。

四、包装的含义、种类和作用

包装是指对某一品牌商品设计并制作容器或包扎物的一系列活动。也可以说，包装有两方面的含义：其一，包装是指为产品设计、制作包扎物的活动过程；其二，包装即指包扎物。一般说来，商品包装应该包括商标或品牌、形状、颜色、图案和材料等要素。

具体到文化产品包装，文化企业需要从文化产品的运输、储存、陈列、销售等角度来策划包装。包装要做到结构合理，运输方便，尽可能缩小体积，节约包装材料，节省仓储费用。而这些一般又都是由产品的自然属性、用途、销售对象、包装材料、技术条件等决定的。

1. 图案。图案是对文化产品的主要对象及衬托主要对象的配物、配料、配色等如实的描绘。一般来说，包装策划中的图案设计主要有三种形式。

（1）摄影图案。它既可以用逼真的产品实物来拍摄，以突出和表现产品，又可以用产品的产地风景及风土人情来拍摄，以间接表现产品、宣传产品。

（2）绘画图案。可以根据消费者的爱好和生产者对产品宣传的需要，进行艺术加工和适当组合，使画面更集中、更鲜明，从而更好地宣传产品。例如，用不同的绘画技巧反映产品的用途，宣传产品：以古典风格的绘画，显示产品的古朴名贵；以民间风格的装饰性绘画，表现产品的地方性特色；运用现代喷绘画来表现强烈的时代感；等等。

（3）抽象图案。以抽象图案为包装策划，注意形式感，讲究图案简洁、鲜明而富有个性，除了给消费者以美的感受外，还能正确表达包装的主题，引发人们对产品心理上、逻辑上的联想。如以柔和淡雅的图形来设计女性杂志，用刚劲厚重的图案表达男性杂志，会使读者产生不同的视觉感受。

2. 文字。文字是文化产品包装的重要组成，它不仅起到了装饰作用，更重要的是为了宣传和介绍产品。在文化产品的包装设计中，文字应当简练鲜明、布局位置突出，使消费者易于识别、便于记忆。用文字说明产品名称时，有时还可附加关于产品某种特色的简要说明，如历史悠久、地方特色、工艺上乘、品质优良等，以便引起消费者的好感。

还有一些包装策划设计是以文字的组合与变化来装潢整个画面的。这种包装的表现手法没有图案形象或实物照片，仅靠一些文字的构成与组合。根据产品的特点和销售意图，采用艺术手法，力求画面美观、文字醒目，达到更强烈的宣传效果。

3. 色彩。消费心理学认为，色彩能将产品或企业的某一信息，直接通过视觉神经传递给大脑，具有快捷、刺激强烈、极易记忆的特色，加之色彩能激发人们许多微妙的心理变化，所以恰到好处的色彩设计能增强消费者对产品或企业的好感，进而产生购买欲望。因此，产品带给消费者的第一印象中最重要的就是色彩。现在已经有越来越多的产品在色彩上下功夫，如可口可乐的专用色红，雪碧的专用色绿，这些产品畅销不衰，与它们独一无二的特"色"脱不开干系。

五、文化产品包装策划的原则

文化产品包装的最终目的是为了方便文化消费者，引起文化消费者的注意，增进其好感，从而尽快使文化产品实现其市场价值。一般来说，包装策划应遵循以下四项原则：

1. 形象鲜明，个性突出。这是文化产品包装策划的首要原则。由于文化市场上的商品非常丰富，消费者在同类商品面前往往眼花缭乱、难以抉择，这时包装在很大程度上就决定了消费者的取舍。因此，文化企业在开展包装设计时必须运用各种手段，直接或间接地反映文化产品的特性，生动地展现产品的个性形象，使消费者对其一见钟情。

要展现产品的个性形象，就必须注意包装的差异性，特别是要针对文化产品的不同市场策略进行创意和策划。能够体现产品差异性的包装形式主要有异常式包装、系列式包装、开窗式包装等。异常式包装与惯常式包装形成鲜明对比，如时尚杂志封面一般都设计成艳丽的色彩，而有的杂志却反其道而行地采用素色格调，还有些杂志用精美的手提袋作为包装样式，附上各种新奇的小赠品，如此一来，就格外引人注目。系列式包装具有统一格调，给人以集中有力的印象，比零星点缀的产品更能吸引人。开窗式包装往往能满足那些急于了解商品"真面目"的消费者的好奇心，进而引起他们的注意，促进销售。

2. 创新求异，紧跟时代。求新求异是消费者的普遍心理，在这种心理支配下的消费行为不仅要求产品的性能、特点有时代感和新鲜感，对产品包装的现代化要求也十分强烈。好的包装设计策划，不论是在材料选用、工艺制作、款式塑造方面，还是在包装图案、色彩调配等方面，都要积极地进行创新，并反映时代风貌、特色，给文化消费者以别出心裁、风姿独具的良好印象。

3. 美观大方，富有魅力。文化产品包装中，美感的设计主要有两种风格，一种是民族传统风格，如龙凤呈祥、敦煌飞天、舞女宫灯、彩俑古鼎、山水寺庙、福禄寿禧、山水花鸟等；另一种是现代手法流派，如抽象的图形、不规则线条、夸张的形象、实物或艺术摄影等。无论什么样的包装艺术风格和图案内容，都必须构图形象生动、色调简洁明快、图案和内容和谐统一，从而增加其艺术魅力，使消费者赏心悦目。

4. 实事求是，诚实可信。文化消费者在购买和使用产品的过程中，经常会产生各种怀疑或恐惧心理，如担心产品的性能和质量不可靠、能否达到预期的效果、是否会产生副作用等等。针对以上问题，包装策划设计者应注意利用包装来消除消费者的不信任心理，实事求是地介绍宣传产品，说明使用中的细节和注意事项。例如，某些旅行社在进行旅游项目推介时，在媒介宣传包装中过于强调旅游地的自然资源和人文资源的丰富多彩，然而对消费者关心的旅游问题，如路线、行程的安排，车辆、食宿的标准，以及费用支出等却避而不谈。这些细节可能是导致消费者确立消费动机、维护自身利益的首要考虑因素，应当在项目的推介包装中予以详细说明。

本章小结

对于文化企业来说，要想在市场上竞争取胜，最主要的手段就是向市场上的消费者提供符合其需求的产品和服务。随着时代的发展，文化消费者对文化产品和服务的需求在不断发生变化，文化企业只有掌握这些需求及变化规律，才可能生产和经营适销对路的文化产品和服务，在与对手的竞争中取胜。

本章第一节从静态角度详细介绍了文化产品的概念，并介绍了文化企业实行多产品组合策略时，如何在文化产品组合广度、深度、关联度等方面设计组合策略。第二节则从动态角度分析了文化产品生命周期的内涵，全面介绍文化产品在生命周期每一个阶段的特点、文化企业的市场营销策略。第三节介绍了文化新产品开发的程序及策略。第四节介绍了文化产品品牌策略及包装策略的运用。

资料链接 >>>

文化标准化中长期发展规划（2007—2020）

一、序言

文化领域的标准化是促进文化艺术与现代科技紧密结合、推动文化创新的重要技术保障，是繁荣文化事业和发展文化产业的重要基础性工作。"十五"期间，文化标准化工作取得了很大的进展，为繁荣文化事业、发展文化产业发挥了积极作用。随着文化建设的迅猛发展，文化标准数量少、水平低、适用性较差、缺乏统一规划等问题日益凸现。加快文化标准化工作已成为今后一段时期一项十分紧迫的任务。

本世纪前20年，是我国文化发展的重要战略机遇期，也是国家标准化事业实现跨越式发展的关键时期。为更好地推动国家标准化发展战略在文化领域的贯彻实施，发挥标准化工作在落实科学发展观、建设先进文化和推动文化体制改革和文化创新中的技术支撑和保障作用，根据国家标准化管理委员会《标准化"十一五"发展规划》和文化部《文化建设"十一五"规划》，结合文化建设实际，制定《文化标准化中长期发展规划（2007—2020）》，指导我国文化领域的标准化建设。

二、指导思想和基本原则

（一）指导思想

以邓小平理论和"三个代表"重要思想为指导，全面落实科学发展观。以立足中国、面向世界，立足当代、面向未来建设中国特色社会主义文化的高度，创新文化标准化管理机制，全面推进文化标准化建设。

（二）基本原则

坚持政府主导原则。标准化工作是一项全局性、战略性的工作，必须加强政府宏观指导和政策导向，大力推动标准化规划的实施。

坚持重点保障原则。标准化工作要面向文化建设的中心工作，重点加强基础性标准、行业急需标准以及涉及公共文化安全和文化环境保护的标准建设，逐步开展面向社会的文化服务标准、技术标准、管理标准、基础标准等各项工作。

坚持需求导向原则。加强文化标准化与文化建设紧密结合，密切标准化建设与社会需求的联系，加快速度，提高质量，增强适用性。为繁荣文化事业、发展文化产业提供技术保障，为制定、贯彻执行文化法律法规提供技术支撑。

坚持共同参与原则。充分调动和发挥文化企事业单位、社会团体和专家学者的积极性和创造性，参与文化标准的研究和制（修）订工作和文化标准的贯彻实施。

坚持制定与实施并重原则。不仅要注重标准的研究、制（修）订工作，更要注重标准的贯彻实施，使标准真正成为文化建设的规范，成为广大文化艺术工作者自觉遵循的行为准则。

坚持自主创新原则。文化标准化建设要解放思想，弘扬创新精神，善于把现代科学理论同文化建设的具体实践相结合，积极探索有中国特色的文化标准化创新之路。

坚持国际化原则。积极采用国际标准和国外先进标准，加强与国际有关标准组织的交流与合作，学习和借鉴国外先进的标准化经验，全面提升我国文化产品和文化服务的国际竞争能力。

三、主要目标和任务

2010年以前，初步建立起文化领域标准体系，开展文化标准化理论研究，完成部分安全标准、基础标准和行业急需标准的制（修）订。2020年以前，建立起较为完善的标准体系，取得一批文化标准化理论研究重大成果，完成主要标准的制（修）订工作，使文化标准化建设走向规范有序健康发展的道路。

1. 加强文化标准化基础建设。建立健全文化标准管理体制，创新文化标准管理机制，努力实现文化标准化的统筹规划、有序发展、规范管理。

加强文化标准化组织建设。建立文化部标准化指导委员会、组建全国专业标准化技术委员会，积极推动文化行业标准监督检验和认证机构的构建。在全国培育一批标准研究和制定的文化企事业单位及社会团体，形成有一定规模和业务水平的文化标准化建设队伍。

建立文化标准化理论研究机制，加强文化标准化基础性科学研究。在2010年以前，逐步开展文化标准化基础理论研究、文化行业技术标准体系研究、公共文化服务标准体系研究、文化行业基础分类标准的研究及初步制定文化行业标准课题指南等。在2020年之前，基本完成文化标准化基础研究，推出一批文化标准化基础理论研究成果；全面推进文化标准体系研究，形成涉及文化领域安全、环保、质量、工艺、功能、技术、检验检测、资质、等级评定、保护消费者权益的标准体系；建立较为完善的图书馆、博物馆、文化馆、美术馆、演出场所、社会艺术教育、社区文化设施、文化娱乐场所、网络文化、动漫游戏、乐器、工艺美术等文化行业分类标准；出版发行《文化行业标准编制导则》、《文化艺术分类标准》、《文化标准体系》等系列的行业基础标准。

培养文化标准化建设人才。有计划、有步骤地每年培训一定数量的文化标准化专业人才，逐步建立文化标准专家库。鼓励学术交流、国际合作等多种形式培养文化标准化专业人才。加强与国家标准委员会人才培养的联合联动，积极参加国家标准委员会标准化专业培训活动，在国家标准化管理委员会的指导下，培养文化标准化工程师，试行文化标准化首席研究员制度。

建立文化行业标准网。建立网上查询、申报、公示、交流和宣传文化标准的信息平台。

2. 加强公共文化服务体系的标准化建设。加强公共文化体系服务标准的制定实施，努力改善公共文化服务体系的社会服务功能和社会效益。制定实施以服务为核心，以群众满意度为基本准则的公共文化服务标准，推动全国公共文化服务体系的规范化服务。制（修）订公共文化体系的建设标准、建筑设计规范、文化设施价值评价体系等一系列的文化标准。鼓励和扶持区域性公共文化服务体系的规范化、标准化建设，促进基层文化事业发展。

3. 编制涉及公共文化安全标准。制定涉及文化安全、文化环境保护、公共文化活动场所安全的相关标准。研究和制定文化资源数字化等涉及文化资源安全的技术标准和管理标准；研究和制定关于抢救和保护物质的、非物质的文化遗产管理技术规范；研究和制定文化内容管理规范，限制多媒体、互联网等文化载体中的文化公害，保护文化环境的健康发展；研究和制定剧场、互联网上网服务营业场所、歌厅、露天演出、文化集会等公共文化活动场所的安全管理技术规范。

4. 编制文化领域急需标准。制定《文化服务术语》、《公共文化服务体系分类标准》、《文化设施分类标准》、《文化设施通用术语》、《文化信息系统标准》、《文化内容数据库核心元数据》等标准。

制（修）订美术馆、文化馆等文化设施建筑设计规范、质量合格检验评定标准，社区文化设施建设标准，数字图书馆技术规范；制定图书馆、美术馆、博物馆、文化馆、剧院等公共文化设施的服务规范。

制定音响师、灯光师、舞台机械师、调律师、舞台美术师、录音师等执业岗位认证标准和等级评定标准。

加快文化标准制（修）订速度，使制（修）订周期缩短为2年，标准寿命期缩短为5年；努力满足社会发展对文化标准的需求，逐步提高和改善文化标准的质量和适用性。

5. 以标准化推动文化艺术领域科技进步。全面推动文化艺术领域的技术标准化建设，促进我国文化艺术领域的科技进步和新产品研发。着力促进现代科学技术在文化艺术领域的创新和广泛应用，引导新兴科学技术和前沿科学技术在文化领域产、学、研各方面的广泛应用和集成创新或消化吸收再创新，推进具有自主知识产权的我国文化标准的研究制定。

6. 以标准化促文化产业的发展。推进文化产业科学技术进步，以标准的形式推动文化产业的秩序化发展，促进文化市场的规范化管理，使我国文化产业向规模化、品牌化方向发展，提高民族文化产品的国际竞争力。

7. 通过标准化为文化法制化建设打下良好基础。加强与文化法制建设紧密相关的标准化工作，努力实现文化标准对文化法制化建设的技术支撑和保障作用，使文化标准化研究和贯彻实施真正成为文化法律法规前期研究和实践性检验的过程。研究具有我国自主知识产权的文化技术标准；建立全面、统一、公开的文化产品准入制度和评审规则；研究、制定文化经营场所的合格检验标准和验收规范，完善质量检测、检验规程；完善文化市场的分类服务标准，为贯彻文化市场法律法规提供可操作的依据和规则。

8. 加强文化标准的宣贯实施力度。通过文化标准行政主管部门出台行政法规，扩大文化标准的宣传范围和执行力度；加强文化标准的国内国际交流，广泛宣传我国文化标准化建设的意义和成果；逐步建立以推动文化标准贯彻实施为目的的认证、鉴定、检测机构，切实加强文化标准贯彻实施的措施；建立文化标准贯彻实施的奖励机制。

四、保障措施

要采取切实可行的措施，为标准化工作创造良好环境。建立以政府为主导，文化企事业单位和社会团体积极参与的文化标准建设机制；加强文化标准化组织的基础建设工作，保证文化标准化各项目标和任务的完成。

加大经费支持力度。各级文化主管部门要加大公共文化安全、基础、通用、公益等行业标准的研究和制（修）订经费的财政支持，努力争取列入年度财政预算；鼓励和引导社会各界，特别是有条件的文化企事业单位出资制（修）订行业标准。

加强文化标准化的推广宣传。大力加强标准化知识的普及、宣传和加大标准的宣贯工作，颁布《关于加强全国文化标准化工作的实施意见》。建立奖励机制，鼓励和调动文化企事业单位、社会团体积极参加文化标准研究制定和标准实施。激励全社会各行业的专家学者对文化标准化建设的创新。

健全文化标准化管理组织，完善文化标准化管理制度。根据文化行业的发展，逐步建立健全专业标准化组织，并加强归口管理工作。全面推动文化行业标准监督检验和认证机构的建设，加强对涉及公共文化安全的监督管理。逐步建立科学、合理的文化标准课题研究制度，努力完善课题申报、审批、审核和发行的规范化管理制度。不断培育标准研究制定的各类组织和标准化人才。

（中华人民共和国文化部，2007-07-13）

思考与练习

1. 什么是文化产品组合？文化产品组合的策略有哪些？
2. 文化产品在生命周期不同阶段的营销策略各有哪些？
3. 什么是文化产品品牌？文化产品品牌的功能有哪些？
4. 文化产品品牌策略有哪些？
5. 文化产品包装的种类和作用有哪些？

第八章 文化产品价格策略

● **知识要点**

了解文化产品的定价程序。

理解文化产品定价的影响因素。

掌握文化产品的成本导向定价法、需求导向定价法、竞争导向定价法。

掌握文化产品定价的策略及其运用。

中国报业最著名的四次价格战

报业是世界各国文化发展的排头兵,同时也是竞争最为激烈的一个行业。从历史上看,报业的发展始终与竞争相伴,而报业竞争的主要手段之一就是报业企业之间的"价格战"。尽管我国的报业发展历史并不长,但从其历史上看,也先后爆发了多次"价格大战",其中最著名的有四次。

一、1872年《申报》案——中国报业价格战的开端

1872年的上海,《上海新报》一枝独秀。英国商人创办了《申报》。《上海新报》当时的售价为每份30文,《申报》为了快速抢占市场,定价为每份8文。《上海新报》无奈之中,以每份8文应对,但5个月之后便"关张大吉"。在消灭了对手之后,《申报》将售价提高到每份10文,弥补成本亏空。20年后,新创刊的《新闻报》以其人之道还治其人之身,以每份7文的价格进入市场,并且给摊贩更高的折扣价,发行量一路攀升,很短时间内就成为和《申报》并驾齐驱的大报。《申报》身前身后的价格战,是中国报业价格战历史上最早也是最成功的案例。《申报》利用价格战的手段,一举摧毁了当时上海报业市场领袖《上海新报》的霸主地位,用5个月的时间,就摧毁了一张老报纸。而《新闻报》则以同样的手段在较短的时间内与业已成为"大佬"的《申报》比翼齐飞。价格战之功效,令人瞠目!

二、1995年、1997年香港两次"割喉战"——综合性都市报争战的良好范本

被台湾政大新闻研究所说成是"一个苹果酿成香港割喉战"的香港报业价格战,可谓中国报业史上的经典"战役"。1995年的香港,变革前夕的报

业，《东方日报》一统江山，君临天下，而《星岛晚报》、《快报》、《联合报》、《新报》、《成报》等报纸偏安一隅，相安无事。但是突然间，被称为"从天而降的恐怖大王"，后来又被称为"狗仔教父"、"香港黄色新闻大王"、"独立操守的异教徒"的报业奇才，"佐丹奴"的创始人黎智英创办了《苹果日报》。《苹果日报》创刊之时，高薪挖角、大肆宣传，使用大胆鲜亮刺激的版面语言，并推出了买一份报送一个苹果的促销招数，主动跳水至每份2港元。《苹果日报》一时间一纸风行，发行量一路飙升，在短时间内，便坐拥40万份的发行量。地位稳定后涨为每份3港元。

同年底，老大《东方日报》开始反攻，主动跳水降价为2港元，拉开降价序幕。紧接着，《苹果日报》和《成报》跟风降到2港元，一场更大规模的价格战打响。另外几家观望的报纸，如《天天日报》和《星岛晚报》也被拉下水，全部卷入混战。其间，《新报》更是火上浇油，将报纸价格降到每份1港元。大战硝烟弥漫，延至1996年7月才正式停息。各家报纸坐在一起，恢复了大战前的售价，每份5港元。在这一场"割喉战"的风云激荡之中，《快报》、《联合报》、《星岛晚报》、《电视日报》、《东快讯》、《华南经济新闻》六家报纸在枪林弹雨中灰飞烟灭。

1997年5月，1996年牺牲的《快报》回魂转世，模仿《苹果日报》以2港元售价进入市场的招数，亦以低价向《东方日报》、《苹果日报》和《明报》发起挑战。《东方日报》旋即以2港元应对，同时向《苹果日报》施压。在第一次"割喉战"中已经大伤元气的《成报》也降价为3港元。

经过第一场"割喉战"的血腥洗礼，三家降价的报纸在降价的同时削减版面，因此对《苹果日报》的侵蚀并不是很大。但是，其余波使无辜的《新晚报》停刊，而抢先发难的《快报》也"阵亡沙场"。至此，第二场价格战终结。

香港报纸经历了两场价格战后，市场格局重新洗牌。《苹果日报》、《东方日报》两雄对垒，其他报纸各自为政。市场在动荡之后，再次进入了一个新的均衡点。

三、南京报业价格战——内地报纸市场觉醒的标志之一

1999年5月9日，《江苏商报》以当时南京报业的最低价——每份0.20元，打进南京早报市场，点燃南京报业价格战之导火索。同年9月，对开8版的《江南时报》，以每份0.20元的价格正式拉开了价格大战的序幕。10月，4开16版的《现代快报》仅以0.10元面世，价格战进一步升级。12月8日，《每日侨报》以彩印大报的形式出现，不仅以每份0.10元的价格酬宾，而且买《每日侨报》还能获赠一份《服务导报》，南京报业价格战开始白热化。1999年年底，《南京日报》再也坐不住了，推出买《南京日报》送《金陵晚报》的政策。如果单订2000年的《金陵晚报》则等于免费，144元订报费可

全额返还或者返还等值的牛奶、矿泉水等实物。至此,除了《扬子晚报》外,南京综合性报纸全部下水,价格战呈胶着态势。2000年2月,在江苏省新闻工作者协会的主持之下,南京地区部分报纸就调整报纸零售价格达成协议:自2000年3月1日起,4开16版或对开8版报纸的最低零售价调整至0.30元,同时在报纸发行或零售中不得采取"买一送一"等其他变相降价方式。

2000年3月,《现代快报》、《江苏商报》的市场零售价仍然保持在每份0.20元。"君子协议"被撕毁。2001年2月21日,江苏省委宣传部、省新闻出版局和江苏省廉政办公室联合下发了《关于进一步规范南京地区报纸价格的紧急通知》:自2001年2月26日起,南京地区报纸(4开16版或对开8版)每份最低零售价为0.30元;自2月26日起,各报纸不再实行相互搭售、"酬宾"、"优惠"等变相降价销售方式;违者将视情况给予警告、停刊整顿等处罚,并追究报社领导责任。由于行政力量的介入,南京报业价格战暂告终结。

"硝烟"散尽,南京报业市场的秩序被重新确定。从发行量上看,《现代快报》从最高2万多份的发行量上升到50多万份,《江苏商报》也由原来的几千份上升到20万份,《江南时报》的发行量也稳定在3万多份,《服务导报》和《金陵晚报》则有一定程度的损失,连在南京报纸市场一直处于"大哥大"地位的《扬子晚报》也受到了冲击,总发行量下降了3万余份。

四、武汉报业价格战——价格战从个案涌向全国

2001年10月,《武汉晚报》和《今日快报》合并,对抗在武汉报业市场上执牛耳的《楚天都市报》。2001年11月,《楚天金报》以每份0.30元的定价进入市场。2002年1月5日,属于长江日报集团的《武汉晨报》以"贺岁价"的名义,以每份0.10元的价格正式挑起武汉报业价格战的序幕。

1月8日,《武汉晨报》称,降价以来已连续两日位居武汉地区销售量第一,降价第一天省内总销量就飙升至62.6万份,刷新了发行纪录。同日,《武汉晚报》也宣布降价。1月10日,湖北省新闻出版局出面干预,宣布"武汉地区所有晚报类、都市类报纸今日(1月10日)起实行统一零售价"。随后,各家报纸调整售价到每份0.50元。

武汉报业价格战从打响到结束,历时5天,可谓中国报业价格战中时间跨度最短的一次,也称得上是一次夭折的价格战。

武汉报业价格战停息之后,中国报业价格战的喊声更加此起彼伏,但是每次价格战都以政府出面调停结束。报业价格战已经成为中国报业竞争的一面镜子。

(赵泽润改编自孙春芳编著:《现代企业定价方法》,中国市场出版社2007年版)

计划经济时代,文化产品的生产依靠国家的指令计划,企业没有竞争压力，也不需要进行成本核算，不考虑经济效益。但在市场经济时代，越来越多的文化企业需要进行市场运作、遵守市场经济法则，产品的价格制定已经成为企业决策的前提。同时，在文化产品的运作体系中，定价策略也是唯一能创造收入的因素，并且是具灵活性的因素，文化产品价格的制定是最重要、最敏感，也是最棘手的。事实证明，产品定价直接关系到企业的赢利水平、市场定位、品牌形象等。因此，如何把握市场规律和文化产品的双重性，制定科学合理的定价策略，并且灵活地采用各种定价方法适应市场的变化，就是本章要研究的内容。

第一节　文化产品价格

在文化产品营销组合的各因素中，定价策略是唯一能创造收入的因素，也是最灵活的因素之一，文化企业经营者认为价格制定是最敏感和最危险的环节。

一、产品价格的构成

对于产品价格，不同的学科给出了不同的理解。有代表性的观点包括经济学所陈述的价格和市场营销学所说的价格。

（一）经济学价格

从经济学的角度看，产品的价格是产品价值的货币表现形式，受供求关系的影响呈现出周期性波动。这个概念从三个方面对产品价格进行了分析：

1. 商品价格的大小是由价值量大小决定的。价值是价格的基础，价格是价值的货币表现形式。价格以价值为中心上下波动，不是对价值规律的否定，而是价值规律存在和发挥作用的表现形式。

2. 产品的价格是受供求关系影响的。尽管产品价格是由产品价值量决定的，但一定时期市场上的商品供求状况对价格也起到了影响作用。当市场上的商品供大于求时，商品的价格就会低于价值；反之，当市场上的商品供小于求时，商品的价格就会高于价值。因此，从长远看，商品价格始终围绕价值上下波动，呈现出曲线波动。

3. 产品的价格受纸币发行量及货币币值的影响。纸币的发行量是由流通中所需要的货币量决定的。当纸币的发行量超过流通中所需的货币量时，就会引发通货膨胀、纸币贬值，进而导致商品价格上涨；反之，则会引起通货紧缩、纸币升值，进而导致商品的价格下降。

货币本身也是商品，其价值也会随社会劳动生产率的变化而发生变化，进而引起其他商品价格的变化。当货币币值增加时，其表现出来的其他商品的价格就会下降；反之，其他商品的价格就会上涨。因此，商品的价格与货币币值成反比。

（二）市场营销学价格

从市场营销学的角度看，产品价格是文化企业根据文化市场上影响产品和劳务价格的构成要素和产品自身特点、竞争目标和策略确定的，文化企业与客户都能接受的价格水平，是在市场营销条件下产生的一种充分反映文化产品市场供求状况的价格。

与经济学上的价格不同的是，市场营销学上的价格更看重的是价格的实际意义。从经济学理论上说，产品价格应该以产品的价值为核心，突出产品的价值。但从市场营销学角度看，产品的价格更应该以产品的市场营销活动及营销目标的实现为核心。当产品价格对促进产品销售、实现企业经营目标起到积极作用时，这个价格就是一个合理的、科学的价格；相反，如果文化企业所制定的价格限制或者制约了产品的销售和经营目标的实现，这个价格就是不合理的价格。

二、影响文化产品价格的因素

文化产品的定价与其他一般产品有共同之处，价格会受到市场供求关系和市场竞争的影响。同时，文化产品本身也有其特殊性，如文化产品的受众市场比较固定，文化产品的销售方式、流通渠道与一般产品有较大差异等。这就决定了文化产品的定价既要考虑市场因素，也要综合文化产品自身特征进行全面分析。

一般来说，影响文化产品价格的因素主要有成本因素、国家法律政策因素、市场因素和文化产品因素等。文化企业在制定价格策略时，应通盘考虑这些因素的影响。

（一）成本因素

成本是产品价格构成中最基本、最重要的因素，也是产品价格的最低经济界限。在一般情况下，产品的成本高，其价格也高，反之亦然。产品的成本构成总体上包括生产成本、销售成本、储运成本、机会成本和智力成本。

1. 生产成本。生产成本是文化企业生产过程中所支出的全部生产费用，是从已经消耗的生产资料的价值和生产者所耗费的劳动的价值转化而来的。当文化企业具有适当的规模时，文化产品因能够获得规模效益，其单位平均成本最低。但不同的文化产品的生产经营规模不一样。同时，在不同的条件下，文化企业的生产经营规模也不一样，文化企业必须发挥自己的资源条件，保持适度的生产规模，以降低单位产品的生产成本，尽可能获得规模效益。

2. 销售成本。销售成本是文化产品流通领域中的人员工资、各种促销费用等。在计划经济体制下，销售成本在产品成本中所占比重很小，因而对产品价格的影响也微乎其微。但在市场经济体制下，广告、推销等促销手段是文化产品实现其价值的重要手段，用于广告、推销等促销手段上的费用在产品成本中所占的比重也日益增加。因此，在确定产品的营销价格时必须考虑销售成本这一因素。

3. 储运成本。储运成本一般可以分成储存成本和运输成本两大部分。储存成本是文化产品在生产者完成生产加工后没有销售并交付给顾客前储存时所支付的各种费用，一般包括储存设施的折旧、储存管理及工作人员的人工费用、文化产品的各项保管费用等。运输成本是指文化产品从文化企业向顾客转移过程中所支付的各项费用，包括运输设备折旧、运输人员的人工费用、为保证运输和周转而支付的场地费用等。文化产品畅销时，储存成本较少，运输成本高；文化产品滞销时，储存成本增加，而运输成本较少。对于一些销售范围广、销售路程远的文化产品，运输成本较高。当文化产品在国际市场上销售时，其储藏和运输成本将比国内成本高出许多。一些贵重的文化产品，如油画和文物等，其保护的代价更为昂贵。近些年来，一些欧洲艺术大师如梵高和毕加索的名画在拍卖之前，其储运成本都是高得惊人的。

4. 机会成本。机会成本是文化企业从事某一项经营活动而放弃另一项经营活动的机会时，另一项经营活动所应取得的收益。文化产品的成本不是个别企业的产品成本，而是所有生产同一产品的生产部门的平均生产成本。在通常情况下，机会成本对个别企业的产品成本影响比较大，对平均生产成本的影响比较小，因而对产品价格的影响也很小。

5. 智力成本。智力成本是文化产品的一个特殊方面。艺术品或文学作品往往是智力投资的结果，灵感和经验的积累是优秀产品形成的关键，这类优等文艺产品有时被视为无价之宝。但无价之宝既然是宝，一旦它走进市场，"无价"是假，高价是真。这种情况下，智力，确切地说，灵感因素将成为文化产品定价的一个决定性因素。

（二）国家法律政策因素

当代市场经济条件下，大多数国家尤其是西方发达国家对文化企业定价都有不同程度的约束。我国市场经济的发展时间和经验都比不上西方国家，文化市场的宏观管理相对落后，文化市场的自发性约束较少。因此，国家采取一些宏观政策对文化企业的生产经营行为进行管理是必要的，一些重要的文化产品受到这些政策的约束也是必然的。

在文化市场环境下，文化产品的定价受到的这种约束可以归结为两类：第一类是对我国文化市场的荣衰起关键作用的重要文艺作品，国家对这方面的产品要加以控制和调节；第二类是普通的文化产品，如一般性艺术欣赏品、纪念品以及各种小的文化产品，这类产品国家不一定制定严格的政策规章去限制，但也在总的生产和营销方面作出宏观的管理约束。

伴随着我国市场经济政策自由度的不断扩大，文化企业定价的自主性也会越来越强。但某些文化企业可能对一些产品随意定价，造成有损消费者利益、有损国家利益、影响整个文化市场的局面，在这种情况下，国家与当地文化管理部门更应该及时制定限制性措施，使文化市场经济得以健康发展。

（三）市场因素

文化产品价格除了成本和价值因素外，在很大程度上，还受市场供求状况、市场竞争状况以及其他因素的影响。

1. 文化产品市场供求状况。与其他产品一样，文化产品的价格也受到市场供求关系的影响。文化产品的供给等于产品需求时，文化产品的价格就会保持稳定。否则，供过于求，价格就有下降的压力；供不应求，文化产品价格就有上升的趋势。

2. 文化产品市场竞争状况。一般说来，市场竞争越激烈，文化产品价格受到的影响也越大。按照竞争的程度，文化市场竞争可以分为完全竞争、完全垄断和不完全竞争三种状况。

（1）完全竞争对价格的影响。在完全竞争状态下，文化企业几乎没有定价的主动权。各个卖主都是价格的接受者而不是决定者。在实际生活中，完全竞争在多数情况下只是一种理论现象，因为任何一种产品都存在一定的差异，加之国家政策的干预以及文化企业的不同营销措施，完全竞争的现象几乎不可能出现，但是，如果出现了完全竞争，文化企业可以采取随行就市的营销价格策略。

（2）完全垄断对价格的影响。完全垄断是指一种产品完全由一家或几家企业所控制的市场状态。在完全垄断状态下，垄断企业没有竞争对手，可以独家或几家协商制定并控制市场价格。在现实生活中，完全垄断只有在特定的条件下才能形成，然而，由于政府的干预（如许多国家的反垄断立法）、消费者的抵制以及文化产品间的替代关系，一个或几个文化企业完全垄断价格的局面一般不易出现。但是，如果出现了完全垄断，非垄断企业在制订营销价格时一定要十分谨慎，以防垄断者的价格报复。

（3）不完全竞争对价格的影响。不完全竞争是在市场经济体制下普遍存在的典型竞争状态。在这种状态下，大多数文化企业都能够积极主动地影响市场价格，而不是完全被动地适应市场价格。同时，文化企业在制订营销价格时，也会认真分析竞争者的有关情况，并把竞争者的价格策略及变化作为自己制订价格的重要依据。

3. 文化产品市场定位。文化产品的价格与其市场定位也是相互关联的。不同性质、市场、种类的文化产品，决定了其价格策略的不同。例如，大众化、市场化运作的都市报、晚报类报纸的价格一般比较低，报社往往通过低价位来增大发行量，并通过大量刊登广告来赢利。而由于受众覆盖面小，专业化杂志的发行则相对集中，不容易扩大受众范围，一般定价比较高。如定位于高级白领的时尚类杂志《瑞丽》，20元一本的价格虽然比较高，但它充分考虑了其目标受众的支付能力，仍旧获得了不错的市场占有率。有时，即使是同一种文化产品，由于市场定位不同，也会呈现不同的价格差异。例如，精装书籍和平装书籍，虽然传播的内容一样，但定位不同，价格也不同；又如，同一场电影的票价也会因为所在城市的不同而有差别，大中城市观众支付能力比较强，因此大中城市的票价会比小城市的票价高。

4. 文化产品赢利模式。文化产品的定价策略还与文化企业预先制定的赢利模式紧密相关。以报纸为例，其赢利模式体现的是报纸的发行和广告收入的比例，即报纸是以广告收入为主还是以发行收入为主。当以发行量的迅速提升为目标时，报纸价格就要适当下调；当以发行收入的提升为目标时，报纸的价格可以适当提升，但提升的限度要以对预期的收入结构不会产生过度影响为底线。

最近几年流行起来的网络游戏产业，开创了互联网时代的新型赢利模式。以《征途》游戏为例，为了吸引更多的用户参与，采取了免费推广的模式，用户只需免费下载、安装一个游戏客户端，就可以在一台联网的电脑上体验虚拟世界的乐趣。但是，如果用户想要在虚拟世界中获得更大的满足，如获得各类武器、谋得更高的虚拟身份，就必须花费现实的货币去购买游戏点卡。由此可以看出，该类游戏正是通过免费模式，在短时期内实现了用户规模的迅速膨胀，又通过游戏情节的设置，诱导消费者进行消费，从而产生巨额收益。

（四）文化产品因素

文化产品体现了文化企业生产经营活动的全部过程和特征，因而对产品价格的影响也是直接的。文化企业生产的产品不同，其价格表现也不一样。具体来说，文化产品对价格的影响主要表现在以下几个方面：

1. 文化产品的异质性。在一个逐渐崇尚个性需求和多元化消费的时代，只有具有异质性的文化产品或文化服务才是最具竞争优势的。如果一个文化产品具有一定的差异性，使该产品能明显区别于其他同类竞争对手，那么其定价就可能达到一个较高的水平。因为一旦文化产品属性独特，就很容易在受众中建立品牌。品牌的确立又会使文化产品目标受众群的需求缺乏价格弹性，即价格的变动不会影响受众需求量的变化。这样，文化企业就能以高于同类产品的价格，获取更多的销售收入。而如果文化产品的替代品比较多，即在一个同质化竞争的产品市场上，由于受众的需求价格弹性比较大，对价格敏感度高，文化产品就只能采取低价竞争策略。

2. 文化产品的品牌与知名度。文化产品制造商、创作者的声誉与名气有时会成为影响价格策略的决定因素。一篇诺贝尔文学奖获奖者的平庸作品可以卖到每千字上万元，而一位普通作者的一篇极有价值的作品每千字也许仅值十几元钱。

3. 文化产品的生命周期。文化产品和其他产品一样，也会经历导入期、成长期、成熟期和衰退期。在不同的产品生命周期阶段，文化产品适应市场需求的特征不同，所以价格也是不同的。处于导入期时，文化产品往往是企业新开发出来的产品，如 DVD、书籍。在这一阶段，由于市场上同类产品极少，没有竞争或者竞争较少，文化企业就可以制定一个比较高的价格，以尽快收回产品的投资。在获取一定收益后，随着市场上同类产品的出现，市场供求矛盾趋于缓和，产品的竞争开始加剧，文化企业就会采取打折等手段逐渐降低价格。报刊等文化产品一般都会以比较低的价格或是免费推广的手段来赢得受众的注意力。在产品成熟期，由于各种产品的市场较稳定，竞争最为激烈，文化企业可制定更加灵活和更具竞争力的价格。这时的产品价格变动往往比前两个阶段都要快。当文化产品处于衰退期时，产品的市场变得越来越小，文化企业面临着越来越大的营销压力，同时，文化消费者也对产品失去兴趣。这时，除了及时退出该市场，文化企业还需要尽可能地把产品的剩余生产能力发挥出来，同时对产品实行低价政策，尽快把产品卖出去，收回投资。

第二节　文化产品定价方法

文化产品价格的高低主要由产品成本、市场需求和市场竞争状况等因素决定，文化企业在制定产品价格时，主要以这三个因素为依据。因此，文化企业制定产品价格的方法主要有以产品成本、市场需求和市场竞争为导向的三大类基本定价方法。

一、成本导向定价法

成本导向定价法又叫成本加成定价法，是指文化企业以现有产品的成本为基础，再加上一定的利润和税金而形成价格的一种定价方法。成本导向定价法简便易行，是我国现阶段文化企业最基本、最普遍的定价方法。在实际工作中，作为定价基础的成本种类繁多。因此，以成本为基础的定价方法也多种多样，主要包括三种。

1. 完全成本导向定价法。完全成本导向定价法是文化企业以全部成本作为定价基础的定价方法。文化企业采用这种方法，首先要计算出单位产品的变动成本，再计算固定费用，并按照预期产量把固定费用分摊到单位产品上去，加上单位变动成本，求出全部成本，最后在全部成本上加上按目标利润率计算的利润额，即得出价格。其计算公式为：

$$P = c \times (1 + r)$$

其中，P 表示产品的单价；c 为产品的单位总成本；r 为产品的加成率。

完全成本导向定价法计算简单，可以预先了解利润的数量，有利于核算、补偿劳动消耗，确定在正常的情况下能够获得的预期收益。但这种定价方法以文化企业个别产品成本为基础，忽视了文化产品市场的供求状况，缺乏灵活性，通常不大适应复杂多变的市场供求。当利润不变时，如果文化企业个别成本高于社会平均成本，产品价格就会高于市场平均价格，势必影响销售；如果文化企业个别成本低于社会平均成本，则产品价格低于市场平均价格，又无形中抛弃了部分可以实现的利润。

2. 边际成本导向定价法。边际成本导向定价法，又叫边际贡献导向定价法，是抛开固定成本，仅计算变动成本，并以预期的边际贡献补偿固定成本以获得收益的定价方式。边际贡献是指文化企业增加一个产品的销售，所获得的收入减去边际成本后的数值。如果边际贡献不足以补偿固定成本，则文化企业会出现亏损。基本公式是：

价格 = 变动成本 + 边际贡献
边际贡献 = 价格 - 变动成本
利润 = 边际贡献 - 固定成本

边际成本导向定价法适用于竞争十分激烈、市场形势严重恶化等情况，运用这种方法的目的是减少文化企业的损失。在市场产品供过于求时，文化企业若坚持以完全成本价格出售产品，其产品就难以为消费者所接受，会出现滞销、积压，甚至导致停产、减产。这样，不仅固定成本无法补偿，就连变动成本也难以收回；若舍去固定成本，尽力维持生产，以高于变动成本的价格出售产品，则可用边际贡献来补偿固定成本。

3. 目标成本导向定价法。目标成本是指文化企业依据自身条件，在考察市场营销环境、分析并测算有关因素对成本影响程度的基础上，为实现目标利润而规划的未来某一时期的成本。目标成本加上目标利润和税金，然后除以产品产量便是产品单价。其计算公式为：

单位产品价格 = （目标成本 + 目标利润 + 税金）/ 预计销量

目标成本是企业在一定时期内需经过努力才能实现的成本。因此，以此为导向的定价方法有助于文化企业以积极的综合措施控制并降低成本，比较符合文化企业的长远利益。但目标成本是预测的，在具体实施过程中，若对影响成本的目标因素预测不准，极易导致定价工作失败。

二、需求导向定价法

需求导向定价法又称顾客导向定价法，是指文化企业根据市场需求状况和消费者的不同反应，分别确定产品价格的一种定价方式。其特点是，平均成本相同的同一产品价格随需求变化而变化。

需求导向定价法一般是以该产品的历史价格为基础，根据市场需求变化情况，在一定的幅度内变动价格，以致同一产品可以按两种或两种以上的价格销售。这种差价可以因顾客的购买能力、对产品的需求情况、产品的型号和式样以及时间、地点等因素而采用不同的形式。例如，以产品式样为基础的差别定价，同一产品因花色款式不同而售价不同，但售价与改变式样所花费的成本并不成比例；以场所为基础的差别定价，即虽然成本相同，但具体地点不同，价格也有差别。

需求导向定价法具体可分为观念价值定价法、差别定价法和习惯定价法。

1. 观念价值定价法。这种方法主要是从文化产品消费者的角度去考虑的，也称为理解价值定价。它是根据顾客对产品价值的理解，即产品在顾客心目中的价值观念决定价格的定价法。价格计算公式为：

文化产品出厂价格 = 市场零售价格 × (1 − 批零差率) × (1 − 进销差率)

这种定价方法不是以文化企业的产品成本为基础，而是以文化消费者对产品的需求和价值的认识为出发点。文化企业运用销售推广策略，特别是用其中的非价格因素影响顾客，使顾客在头脑里形成一种价值观念，然后根据这种价值观念制定价格。一个文化企业准备在某个目标市场上推广一种新产品，一般要从质量、服务、价格以及广告宣传等方面，事先为产品在市场上树立形象，然后再去估计以这个价格出售时的市场销售量，并据此估算生产量、投资额和单位成本，最后再根据这些数据核算能否获利，决定是否从事营销。理解价值定价法的关键之一，是要求文化企业对顾客理解的相对价值有正确的估计和决断。如果企业对顾客理解的价值估计过高，定价必然过高，影响销售量；反之，定价太低，则不能实现营销目的。

2. 差别定价法。这种方法是文化企业因消费者购买能力以及对产品需求状况的不同而制定价格的方法。具体来说，文化企业可以根据不同的消费者、不同的时间和场所，实行差别定价。这种差别并不反映文化产品成本的变化。主要方法有：

（1）消费者细分定价。即文化企业将同一种产品或服务，以不同价格销售给不同的消费群。

（2）产品形式定价。即文化企业所生产和经营产品的花色、式样不同，所确定的价格不同。

（3）产品形象定价。即文化企业对不同包装的产品，确定不同的价格。

（4）地点定价。即文化企业在不同的销售地点，确定不同的价格。如同一部电影，在豪华电影院放映时的价格要明显高于普通型电影院。

因此，差别定价法又被称为价格歧视。价格歧视是一种重要的垄断定价行为，是垄断企业通过差别价格来获取超额利润的一种定价方法。价格歧视之所以得以实行，一般要具备三个条件：①市场存在不完善性。当市场不存在竞争，信息不畅通时，文化企业就可以实现价格垄断。②各个市场对同种产品的需求弹性不同。这时，垄断者可以对需求弹性小的市场实行高价格，以获得垄断利润。③有效地把不同市场之间或市场的各部分之间分开。地区封锁和限制贸易自由的各种障碍往往有利于垄断者实行价格歧视，因此，反垄断限制价格歧视应该尽力消除其实现的环境条件。

3. 习惯定价法。在市场经济中，某些产品的价格可能早已为消费者所接受和认同，并且已经形成了根深蒂固的习惯。文化企业对这类产品定价时，必须参照这种习惯价，否则会引起消费者的不满甚至恐慌，同时也会令同行不满，招致围攻。这种依据消费者习惯的定价方法被称为习惯定价法。习惯定价法也是依据市场供应情况而制定的，这些产品采用这种定价标准，一是因为消费者早已习惯了此类产品的属性及价格水平，二是因为质量好、价格低的新产品还没有开发出来。

就文化产品而言，某些一般性的文化产品也常常采用这种定价手段。如一些学生文化用品、常用的普通文化用品等，都可以采用此类定价方式；而一些特殊的、大型的文化产品则不太适用于这种定价法。

三、竞争导向定价法

竞争导向定价法是文化企业根据市场竞争状况确定文化产品价格的一种定价方式。其特点是价格与成本和需求不发生直接关系。

竞争导向定价法的具体做法是：文化企业在制定价格时，主要以竞争对手的价格为基础，与竞争品价格保持一定的比例。即竞争品价格未变，即使本企业的产品成本或市场需求变动了，也应维持原价；竞争品价格变动，即使本企业产品成本和市场需求未变，也要相应调整价格。

运用竞争导向定价法定价，实质上主要是依据竞争者的价格来定价。文化企业通过研究竞争对手的情况后，确定或与竞争者价格相同，或高于、低于竞争者的价格，这主要视产品和需求情况而定。这种定价方法主要有以下方式：

1. 随行就市定价法。所谓随行就市定价法，是指文化企业按照行业的现行价格水平来定价的方法。在以下情况下，文化企业往往采取这种定价方法：①难以估算成本；②企业打算与同行和平共处；③如果另行定价，很难了解购买者和竞争者对本企业产品价格的反应。不论市场结构是完全竞争的市场，还是寡头竞争的市场，随行就市定价都是同质产品的惯用定价方法，如不同出版社出版的《红楼梦》、《三国演义》等，一般就采用这种定价方法。

2. 主动竞争定价法。与随行就市定价法相反，主动竞争定价法不是追随竞争者的价格，而是以市场为主体，以竞争对手为参照物的一种常用的营销绩效定价方法。文化企业采用这种方法定价时，首先将市场上竞争产品的价格与本企业产品的估算价格进行比较，分为高、一致及低三个价格层次。其次，将本企业产品的性能、质量、成本、式样、产量等与竞争企业进行比较，分析造成价格差异的原因。再次，根据以上综合指标确定本企业产品的特色、优势及市场定位。在此基础上，按定价所要达到的目标，确定本企业产品的价格。最后，跟踪竞争产品的价格变化，及时分析原因，相应调整本企业产品的价格。

3. 竞争模仿定价法。这也是一般文化企业所采取的一种稳妥的定价方法。这种定价方法的条件是文化企业生产或经营的同类文化产品，不管成本和市场状况如何变化，其产品价格始终与竞争对手的价格保持同一水平。尤其是文化企业在竞争中处于势均力敌的情况时更应如此。随着竞争者同类产品价格的变动而作出同样的变动，才不至于使竞争过于激烈，导致两败俱伤。中小型文化企业更应考虑使用这种方法。

4. 拍卖定价法。拍卖定价法指卖方预先展示所要出售的商品，在一定的时间和地点，按照一定的规则，由买主公开叫价竞购的定价方法。一般卖方规定一个较低的起价，买主不断抬高价格，一直到没有人再竞争的最后一个价格，即最高价格时，卖主把现货出售给出价最高的买主。在美术作品、古董等文化商品的交易中，卖方常采用此定价方法。

第三节　文化产品定价策略

文化企业要想拓展市场、获取利润，就必须向市场提供适销对路的文化产品，同时，要根据其产品的生产成本、市场竞争状况和需求特点等，制定有利于实现竞争目标的价格。在制定价格时，文化企业还要根据影响价格因素的发展变化情况，确定合适的产品定价策略。文化产品的定价策略有四种。

一、新产品定价策略

新产品上市前，文化企业非常重要的一项工作就是为其制定一个具有竞争力的市场价格，为其打入市场、赢得开门红创造条件。新产品定价常采用的方法有四种。

1. 撇脂定价策略。文化企业在新产品上市之初，将价格定得很高，尽可能在短期内赚取高额利润。这种策略如同从鲜奶中撇取奶油一样，所以叫撇脂定价策略。这是一种短期内追求最大利润的高价策略。运用这种策略时,文化企业的新产品必须具备以下条件:①产品的质量、形象必须与高价相符,且有足够的消费者能接受这种高价并愿意购买;②产品必须有特色,竞争者在短期内不易打入市场。

文化企业采用这种定价策略的优点是高价格高利润,能迅速补偿研究与开发费用,便于企业筹集资金,并掌握调价主动权。其缺点是定价较高会限制消费需求,销路不易扩大;高价原则会诱发竞争,文化企业压力大;文化企业新产品的高价高利时期较短。撇脂定价策略一般适用于创作和技术含量高、具有独特个性、仿制可能性较小、具备时尚性的文化产品,如电影、软件制品、娱乐制品、艺术和竞技表演等,此类市场拥有大量潜在的猎奇者、追求时尚者和高收入的文化消费群体。

2. 市场渗透定价策略。这是一种低价策略,文化企业的新产品上市之初,将价格定得较低,利用价廉物美迅速占领市场,取得较高的市场占有率,以获得较大利润。这种定价策略的适用条件是:①潜在市场较大,需求弹性较大,低价可增加销售;②文化企业新产品的生产和销售成本随销量的增加而减少。

这种定价策略的优点是:①低价能迅速打开新产品的销路,便于文化企业提高市场占有率;②低价获利可阻止竞争者进入,便于文化企业长期占领市场。缺点是投资的回收期长,价格变动余地小,难以应付在短期内突发的竞争或需求的较大变化。

3. 温和定价策略。这是一种中价策略,文化企业在新产品上市之初,将价格定在市场的高价和低价之间,力求使买卖双方均感满意。由于撇脂定价策略定价较高,易引起消费者的不满及市场竞争,有一定风险;而市场渗透定价策略又定价过低,虽对消费者有利,但文化企业在新产品上市之初收入甚微,投资回收期长。文化企业选择温和定价策略,既可避免撇脂定价策略因高价而具有的高风险,又可避免市场渗透定价策略因低价带来的企业生产经营困难。温和定价策略的优点是既能使文化企业获取适当的平均利润,又能兼顾消费者的利益;缺点是比较保守,不适于需求复杂多变或竞争激烈的市场环境。

4. 仿制品定价策略。有时,文化企业生产的新产品中有一类是仿制品,是企业合法模仿国内外市场某种畅销产品而制造的新产品。这类产品定价的关键在于如何进行市场定位,特别是仿制品的定位应尽量与市场上原有创新者的定位保持一定的价格差。

二、产品组合定价策略

产品组合是指一个文化企业生产经营的全部产品大类和产品项目的组合。为了充分发挥企业的生产经营能力,提高生产经营实力,或者为了降低单一品种经营的风险,文化企业往往会同时生产和经营多种类型的产品。文化企业会把这些产品组织起来，统一开展生产经营和市场营销活动。在定价上，文化企业也要把这些产品组合起来，制定统一的定价策略。产品组合定价策略的主要形式有：

1. 产品线定价策略。对于产品线内的不同产品，文化企业可以根据不同的质量和档次，结合消费者的不同需求和竞争者的产品情况，来确定不同的价格，即对同一产品线中不同产品之间的价格步幅作出决策。

采用这种方法定价，需要注意的是产品线中不同产品的价格差要适应消费者的心理需求。如果价格差过大，会诱导消费者趋向于某一种低价产品；反之，价格差过小，会使消费者无法确定选购目标。

2. 选购品定价策略。有时，文化企业在向市场提供主要产品的同时，还附带提供选购产品或附件与之搭配。在定价时，选购品的定价应与主要产品的定价相匹配。选购品有时成为招徕消费者的廉价品，有时又成为企业高额的获利项目。

3. 连带产品定价策略。连带产品一般是指有连带互补关系，必须配套使用的产品。同时生产两种相关产品的文化企业，一般将主体产品定低价以吸引消费者购买，而将附属产品定高价，以获取长期利益。

4. 产品群定价策略。为了促销，文化企业常将几种产品组合在一起，进行捆绑降价销售，从而使企业价格水平保持科学规范的状态，取得整体上的效益。如图书经销商将整套书籍一起销售，价格就要比单独购买低得多。采用这种策略，价格的优惠程度必须有足够的吸引力，且要注意防止易引起消费者反感的硬性搭配。

迪士尼非常善于利用组合定价的定价策略，很多公园等娱乐场所是这样定价的：游客先买门票，入园后，只能玩一些比较简单的娱乐设施，要玩别的娱乐设施还需要重新买票。而迪士尼乐园却不同，它采取的是低价全票制。迪士尼乐园的这种做法可以使游客入园后尽情地游玩，体现了迪士尼人性化的服务理念。东京迪士尼乐园在2001年东京迪士尼海洋乐园建成开放后，采取的定价方式更有创意。虽然两座乐园在地理位置和经营上是完全独立的，但为了吸引游客，公司采取了组合定价方式：每张"两天通票"的大人门票为9800日元，"两天通票"规定一个人不能在同一天游玩两个乐园。当然人们也可以在一天游玩两座乐园，不过那就要买两张票，每张5500日元，一共11000日元，比购买通票贵1200日元。迪士尼乐园还建设了很多宾馆，为满足较远的游客的需求，东京迪士尼实行迪士尼乐园、迪士尼海洋乐园以及旅游宾馆的一体化经营，真可谓别出心裁、周到细致。迪士尼组合定价提高了顾客的满意程度，延长了顾客在园内的逗留时间，增加了其他消费的可能，使宾馆饭店、食品饮料、纪念品等获得了更多的销售机会，实现了整体效益。①

三、折扣定价策略

折扣定价策略是文化企业为了鼓励顾客及早付清货款、大量购买、淡季购买，酌情降低基本价格的定价方法。下面以图书市场为例来分析折扣定价策略。

1. 数量折扣。数量折扣体现的是量大从优原则。数量折扣可以分为累计数量折扣和非累计数量折扣两种。累计数量折扣有利于稳定客户，鼓励中间商与文化企业建立长期的图书分销、批发关系。不过稳定图书的发行折扣并不容易，要确定一个合理的数量目标、标准、等级和折扣比例，常常需要结合出版企业图书的类型、特点、销售目标、成本水平、资金利润率、市场容量、竞争状况等多种因素。

2. 品种折扣。即根据不同种类的图书在销售中的难易程度来确定折扣的高低。有的图书如教材、专业书、科技书、工具书等目标市场明确，市场需求稳定，发行成本稳定、风险小，所以折扣较低；而大众图书由于目标市场定位较宽，市场需求弹性较大，因此成本较高、风险较大，折扣也较高。

3. 现金折扣。用现金或支票支付的订单，因为减少了坏账风险，所以图书经营者会在原来的折扣基础上再给予一定的折扣。通常来讲，现金折扣应高于同期银行贷款利率，这样中间商才宁愿贷款购买图书，发挥现金折扣的激励作用。

4. 季节折扣。季节折扣是图书经营者对淡季购买图书的顾客给予的一种减价优惠。美国的很多书店在每年的6—9月间都要推出夏日畅销书大行动。实施季节折扣有利于减少企业库存，加速图书流转，迅速收回资金，避免因季节需求变化因素带来的市场风险。

5. 功能折扣。功能折扣又称贸易折扣，是根据中间商在图书分销过程中所承担的功能、责任和风险，对不同的中间商给予不同的折扣。功能折扣的实行，主要有两个目的：一是对中间商经营有关图书的成本和费用进行补偿，并让中间商有合理的赢利；二是鼓励中间商大批量订货、扩大销售、多争取顾客，并与本企业建立长期、稳定、良好的合作关系。

6. 业绩折扣。对长期发生业务往来的批发商和零售商的经营业绩进行综合评价，然后根据其经营业绩的不同，确定对其给予一定的折扣。在业绩评估中，营业表现突出的，如开拓市场能力强、退货率低、按期结算贷款的中间商，就可以获得比较优惠的折扣。

---

① 参见李康化《文化市场营销》，书海出版社2008年版，第382页。

四、心理定价策略

心理定价策略是指文化企业根据消费者的心理特点,以迎合消费者的某些心理需求而采取的一种定价策略。具体有以下几种形式:

1. 尾数定价策略。指在文化产品定价时,取尾数不取整数的定价策略。一般来说,价格较低的产品采取零头结尾,常用的尾数为9和8,给消费者以便宜感。同时,因标价精确给人以信赖感而易于扩大销售。此策略适用于日常文化消费品等价格低廉的产品。

2. 整数定价策略。与尾数定价策略相反,文化企业有意将产品价格定为整数,以显示产品具有一定质量。这种方法易使消费者产生"一分钱一分货"、"高价是好货"的感觉,从而提升文化产品的形象。它一般多用于价格较贵的耐用品或礼品,以及消费者不太了解的产品。高档次、高质量、高价位的图书适宜采用整数定价策略。

3. 声望定价策略。指文化企业利用消费者仰慕名牌商品或企业的声望所产生的某种心理来制定文化产品的价格。采用这种定价策略一般把价格定成高价,因为消费者往往以价格判断质量,认为价高质必优。一些质量不易鉴别的商品如艺术品、名家书画等宜采用此法。

4. 招徕定价策略。文化企业利用部分顾客求廉的心理,特意将某几种产品的价格定得较低,以吸引顾客、扩大销售。虽然几种低价品不赚钱,但由于低价品带动了其他产品的销售,使得文化企业的整体效益得以提升。如影院推出的特惠观影场。

5. 分档定价策略。文化企业在定价时,把同类文化产品比较简单地分为几档,每档定一个价格,以简化交易手续,节省消费者的时间。采用这种定价法,档次划分要适度,级差不可太大也不可太小,否则起不到应有的分档效果。

6. 习惯定价策略。这是文化企业按照消费者的需求习惯和价格习惯定价的技巧。一些消费者经常购买、使用的文化产品,已在消费者心中形成一种习惯性的价格标准。这类产品价格不能轻易变动,以免引起消费者不满。在必须变价时,宁可调整产品的内容、包装,也尽可能不要采用直接调高价格的办法。

第四节 文化产品定价程序

由于影响价格的因素很多,文化产品和服务的价格制定过程相对来说比较复杂。以扑朔迷离的古玩价格为例,伴随着文物拍卖槌声的此起彼伏,其价格可能会让人目瞪口呆。一幅字画、一件玉器、一件龙袍,都能拍卖到几万元、几十万元,甚至几千万元的交易价格。那么文化产品或服务究竟应该如何定价?

当文化产品生产企业研发出一款新产品时,当文化服务企业拓展一项新业务时,都面临着如何给产品和服务定价的问题。文化企业要按照科学的定价程序,认真分析和研究影响定价的各种要素,并以企业的经营战略和目标为指导,才能制定出合理的价格。文化企业制定产品和服务的价格一般包括选择定价目标、确定文化市场的需求、估计文化产品成本、分析竞争者的产品成本和价格、选择定价方法和确定最终价格等程序(图8-1)。

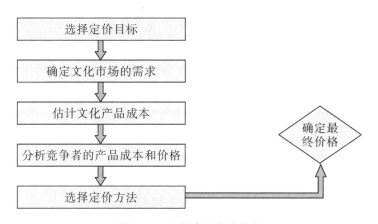

图8-1 文化产品定价程序

(一)选择定价目标

文化企业制定价格,首先要确定给某种特定产品定价所要实现的目标。选择定价目标时一般会与利润、销售、均衡竞争以及企业形象相关联。文化企业通过制定文化产品或者服务价格,从而实现的最终目标主要有三个。

1. 以利润为目标。获取利润是文化企业从事生产经营活动的最终目标之一,文化企业可以通过产品定价来实现利润目标。获取利润目标一般分为三种,即以获取投资收益为定价目标、以获取合理利润为定价目标、以获取最大利润为定价目标。

(1)以获取投资收益为定价目标。这是文化企业实现在一定时期内收回投资并能获取预期投资报酬的一种定价目标。文化企业根据投资额规定的收益率,计算出单位文化产品的利润额,再加上产品成本,就可以制定出文化产品的销售价格。但是,确定这个目标需要注意:①要确定适度的投资收益率;②文化企业生产经营的必须是畅销产品。

（2）以获取合理利润为定价目标。在这种目标指导下，为避免不必要的价格竞争，文化企业往往会以适中、稳定的价格获得长期利润。大多数情况下，为了减少风险、保护自己，或限于力量不足，文化企业只能在补偿正常平均成本的基础上，加上适度利润作为产品价格。但是，实施这种定价目标的前提条件是文化企业必须拥有充分的后备资源，并打算长期经营。

（3）以获取最大利润为定价目标。这是文化企业追求在一定时期内获得最高利润额的一种定价目标。最大利润的获取包括三种情况：①文化企业以"合理价格"在较长时期内获取长期利润最大化；②文化企业以"高价"获取短期利润最大化；③文化企业以"组合定价"获取整体利润最大化。

2. 以市场占有率为目标。文化企业为了获取较高市场占有率，保证产品销路，巩固企业的市场地位，可采用"由低到高"的定价，在保证产品质量和降低成本的前提下，以低价争取消费者，打开销路，挤占市场；待占领市场后，再通过增加产品功能或提高质量等措施来逐步提价，旨在维持一定市场占有率的同时获取更多的利润。企业也可以采用"由高到低"的定价，对于一些竞争尚不激烈的产品，其定价可高于竞争者价格，利用消费者的求新心理，在短期内获取较高利润；等到竞争激烈时，再调低价格，赢得主动，扩大销量，提高市场占有率。

3. 以树立文化企业形象为目标。文化企业有时会根据所设计的文化企业形象来制定价格，以便树立高品质的市场领先地位。一般情况下，价格偏高意味着企业期望上等品质的形象也偏高，定价偏低则说明产品更易于接近大多数老百姓。然而，并非所有的产品形象都是按照价格来定制的。

（二）确定文化市场的需求

文化市场营销理论认为，文化产品的需求是定价的高限，最低价格则取决于文化产品的成本。在最高价格和最低价格之间，文化企业能够把价格定于何种水平，取决于竞争者同种产品的价格水平。可见，文化市场需求、成本费用、竞争产品价格结构对文化产品定价有着重要影响。而需求又受价格和需求变动的影响，需求价格弹性反映需求量对价格的敏感程度，以需求变动的百分比与价格变动的百分比之比值来计算，亦即价格变动百分之一会使需求变动百分之几。

文化市场需求的价格弹性指价格会影响文化市场需求。在正常情况下，市场需求会按照价格相反的方向变动。价格提高，市场需求就会减少；价格降低，市场需求就会增加。这是价值规律在供求关系中发挥作用的表现。但是也有例外，例如，当文化产品的品牌足以显示消费者品味时，提高价格反而会使市场需求增加。

(三) 估计文化产品成本

文化产品的成本包括固定成本和变动成本。固定成本是不随生产或销售量的变化而变化的成本总量；变动成本则是随着文化产品产销量变化而直接变化的成本。为了明智地定价，文化企业必须了解不同生产条件下文化产品的成本构成，计算出产品的成本总量和单位平均成本，并能够准确地推算出产品成本的发展变化趋势。只有这样，文化产品的定价才有科学的基础。

(四) 分析竞争者的产品成本和价格

文化消费者在选购文化产品时，往往会采取对比选择的方法，从产品属性、质量、价格等方面进行比较选择。因此，文化企业竞争对手的产品价格直接影响着消费者的选择。文化企业要想制定出富有竞争力的产品价格，就必须在市场需求和成本所决定的可能范围内，充分考虑竞争者的产品成本和价格，把竞争者的产品成本和价格作为企业定价的重要依据。同时，还要考虑到文化企业定价后，竞争对手可能产生的反应。如果文化企业能够充分了解竞争对手的产品成本和价格，就可以制定出富有竞争力的价格。否则，文化企业制定的价格就可能没有任何吸引力和优势。

要想较准确地分析竞争者的产品成本和价格，文化企业需要组织专门的人员经常性地开展市场价格调研工作，对同类产品、替代产品和互补产品等的价格状况及发展变化趋势展开调研，以掌握第一手的竞争性数据资料，为分析竞争者的产品成本和价格提供依据。

(五) 选择定价方法和策略

在完成上述基础性工作后，文化企业就可以选择适合企业产品的定价方法给产品定价。文化企业可以从成本导向定价法、需求导向定价法和竞争导向定价法中选择适合自己的定价方法，也可以把这三种基本的定价法结合起来，综合考虑影响定价的因素，制定出产品的基本价格。

文化企业还需要根据市场竞争状况、企业经营目标等因素，选择合理的产品定价策略，并与定价方法结合起来，为确定最终价格提供保证。

(六) 确定最终价格

文化企业在制定最终价格时，除了考虑经营目标、市场需求情况、企业产品成本、竞争者动向以外，还会受到下列因素的影响：

1. 心理因素。有的顾客将价格等同于产品价值本身或是把价格当成产品质量的保证，而有的顾客却要参考其他同类产品的价格，甚至价格尾数也能产生效果。

2. 其他营销因素对价格的影响，如品牌知名度、产品的质量差异、准备采用的促销方式、大致经历的渠道环境等。

3. 所拟定的价格与企业一贯的定价策略是否保持一致。

4. 价格对其他各方面的影响，如经销商、供应商、推销人员、竞争者、顾客、公众以及政府对定价的反应。

文化产品的正式定价工作应该是企业生产部门、财务部门和营销部门共同完成的一项工作。各相关部门既要从本部门所确定的工作职责出发，又要从文化企业的整体要求出发，共同制定出既适合企业要求又具有一定竞争力的产品价格。

本章小结

产品和服务的价格既是文化产品和服务的生产成本的直接反映，也是文化企业实现经营目标的基础，更是开展市场竞争的手段。制定一个合理的价格和多品种价格体系，是文化企业市场营销工作的重要任务之一。

本章第一节介绍了产品价格的构成，重点介绍了影响文化产品价格的各种因素。第二节详细介绍了文化企业可以采用的定价方法，即成本导向定价法、需求导向定价法和竞争导向定价法。第三节介绍了文化产品常见的定价策略，重点介绍了新产品定价策略、产品组合定价策略、折扣定价策略和心理定价策略。第四节详细介绍了文化产品定价程序，为读者提供最基本的思路。

资料链接 >>>

图书定价的主要依据

如今的图书市场，已是"逢假必折"。各种假日未到，电商之间、电商与实体书店之间的图书价格大战就已经打响。当当网、京东商城等网上书店上满是打折广告，实体书店中，形形色色的折扣价更是层出不穷。

图书是如何定价的？不同的折扣又是如何出炉的？为何会存在诸多差异？这些问题让不少读者感到困惑。

一、图书种类和销售渠道不同，导致图书折扣的差异很大

不仅是网络书店的折扣令人眼花缭乱，实体书店里的图书折扣也存在很大差异。在图书批发市场上，学术类、专业类图书的批发折扣约为七折，原创类畅销图书为五五折到六五折，字数页数较多的儿童图书能打到五折，而某些页数字数较少的书甚至能给出二五折的低价。如在一家书店，某出版社出版的系列小学初中教辅，购买单本十册以上就能拿到二五折的优惠。据店老板解释，这套书就是他们公司自己做的，在自己的店里销售，不需要交其他费用，所以折扣能给这么高。而且据老板透露，这样的书很有市场，销量还不低。

种类不同、渠道不同，图书折扣的差异很大，这让不少读者"抓瞎"。网店、书店和出

版社一再表示，图书是微利行业。但很多人觉得，"折扣这么大，里面肯定有猫腻"，"像新华书店这样很少打折的书店，利润一定很高"。书价的持续上涨，更为这场争论火上浇油。

二、图书版税和制作成本不同，是影响定价的最主要因素

那么，图书定价的依据到底有哪些？据出版界的业内人士透露，出版的直接成本约占图书定价的35%，其中平均稿酬约10%，平均纸张材料制作成本约25%；间接成本约占10%，其中包括人力管理成本、税收、营销成本等；发行和物流成本约占10%。出版社以六折左右的折扣卖给实体书店，自己获利5%。此外，书店的运营成本约占图书定价的25%，书店利润约占8%，书店销售折扣及其他约占7%。

"目前，不同的图书版税和制作成本差异很大，这是影响图书定价的最主要因素。"长江文艺出版社副总编金丽红介绍，如果图书特别畅销，作者甚至可能拿到20%的版税收入。对于有些图书打出二五折的高折扣，金丽红表示，像四大名著一类的公版图书，由于没有版税成本，所以价格可以很低；某些库存的旧书折扣也会很高，两折也比较常见。

按国内惯例，图书销售的风险完全由出版社承担，销售商可以将卖不完的书按进价退还给出版社，磨损了的图书也可以退还给出版社。因此，"出版社的收益多少，很多时候依赖销售商"。一本书在北京实体书店里一天最多能卖出四五十本，在网店上则可能卖出四五百本。只有出版社多给折扣，网站才会把图书放在网页的显眼位置。而出版社为了促销，在首次发行时会对电商提高折扣，尤其是一些销量预期很好的图书，甚至能到四五折。

"电商的销量很大，所以出版社能给出更多优惠。"网站一般会把折扣高、销量大的图书放在首页，以赢得更多访问量。而得益于面向全国的销售模式和统一的仓储送货方式，网上书店的成本比实体书店低很多，所以能在高折扣情况下保持一定的赢利。

三、消费者更加理性，出版社可对图书实行"分类定价"

据了解，目前图书市场上有一种现象：图书定价越来越高，折扣也一路走高。为什么会出现这种现象？据有关专家解释，一方面，在激烈的市场竞争中，销售商一般会向出版社要求较高的折扣，出版社为了保住利润空间，就不得不把价格定高一些；另一方面，"跟风书"、"剪贴书"充斥市场，甚至存在"贩卖书号"、"一书多号"的情况，纸张和印制费用就是这类书的主要成本，水分很多，所以能打较高的折扣。

只是，一味依靠高折扣的手段，并非长久之计。随着教育文化水平的提升，消费者在选择图书时会越来越理性，对于图书原创性和独特性的要求也会越来越高，对内容平平但价格虚高的图书会越来越不满。

只是，书价走高还是或多或少地影响了读者的购书意愿。特别是边远贫困地区，受到的影响更大。对此，上海世纪出版集团总裁陈昕建议，出版社可以采取更加充分的"价格分类"，在保证内容质量的前提下，出版精装版、平装版、单册本图书，以满足不同收入水平读者的需要。同时，加强公共图书馆服务，保障人们平等获取知识的权利，减少图书定价偏高给低收入群体带来的不利影响。

而面对恶性价格竞争等市场秩序问题，专家建议，对于一些带有欺骗性质的高定价、高折扣的不正当竞争行为，管理部门应制定法规进行监管。此外，还应加强对不良"毒"物、盗版书籍的打击力度，净化图书市场。

（温芳改编自《人民日报》2013年9月30日12版，http://culture.people.com.cn/n/2013/0930/c87423-23082153.html）

思考与练习

1. 当前影响文化产品定价的因素有哪些?
2. 文化产品定价策略有哪些?
3. 文化企业利用价格进行竞争时,要注意哪些问题?
4. 文化产品定价的流程如何?

第九章 文化产品分销策略

● **知识要点**

了解文化市场分销渠道的含义和类型。
了解分销渠道的基本功能。
了解文化市场分销渠道成员的含义。
掌握代理商的类型和职能。
掌握经销商的类型和职能。
掌握服务者的类型和职能。
掌握影响文化市场分销渠道策划的因素。
掌握分销渠道的选择策略。
掌握分销渠道策略的新发展。

艺术品网上销售渐趋火热

2013年4月中旬,英国希斯可保险公司(Hiscox)与英国的艺术市场研究机构 Arttactic 共同发布了《2013艺术品网上交易报告》。2014年5月底,又发布了《2014艺术品网上交易》报告。

《2014艺术品网上交易》报告估计,2013年全球艺术品在线交易的市场交易额有15.7亿美元,同时,根据同比去年艺术品网上交易19%的增长率来计算,预估到2018年,全球艺术品网上交易规模将会达到37.6亿美元。报告所发布的全球网上交易数据得益于越来越多的在线艺术品交易网站和机构公开公布了他们的交易数据。

这两份报告向国际上有影响的国际艺术品买家、国际知名艺术品收藏家、当代艺术画廊进行了调研。调研结果显示,越来越多的艺术品买家会通过网络购买艺术品,艺术品网上交易呈现出明显的活跃势头。

通过分析这二份报告的调研结果可以看出,无论是买家还是画廊,通过网上交易艺术品已经成为新趋势。

一、买家

调查显示,近40%的调研对象仅通过在线点击就购买了艺术品和收藏品,更有64%的藏家在网上购买艺术品。对于绝大多数新买家来说，艺术品领域尤其是艺术品市场往往被认为是排外和难以接近的，但有39%的受访者认为，与从画廊和拍卖行购买艺术品相比，从在线艺术品销售平台购买作品的过程没有那么令人担忧。

与19%首次在网上购买艺术品的买家相比，有45%重复在线购买艺术品的买家愿意花费5000英镑甚至更高价格来购买艺术品。这一数据表明，随着对在线购买艺术品的流程和方式熟悉度的增加，买家对在线购买高价艺术品的信心正在提升，艺术品网购正流行开来。

另一些数据也支持了艺术品网购流行正在成为一种现实的观点。75%的在线艺术品买家表示，在线购买首要吸引他们的是发现那些在实体画廊中较难找到的艺术品和收藏品；有63%的人表示，网上购买艺术品最重要的是出价和购买的便利。

更重要的是，这份报告的数据显示，有65%的买家表示，他们"相当或非常满意"在线购买艺术品的体验，有27%的人表示他们"较为满意"，只有8%的人表示"不满意"。如此高的满意度显示出，随着互联网科技与物流障碍的消除，买家们对在线购买艺术品的信心会持续增加。因此，线上艺术品市场在未来几年很可能会出现快速发展。

年轻一代的买家有在网上购买艺术品的潜力。有43%的25～29岁年龄段的买家通过网络购买艺术品，更令人惊喜的是，其中有67%的买家表示在未来的一年仍然会选择通过网络购买艺术品。年轻一代藏家购买艺术品的方式在发生变化。

老藏家也会成为网上购买艺术品的群体。年龄在65岁以上的买家中有55%的人表示会通过网络购买艺术品，其中有20%迄今为止花了5万英镑在网上买艺术品，另有18%的人表示愿意花费5万英镑以上的价格购买一件艺术品。

二、画廊

对于画廊而言，通过线上渠道会吸引更多的新藏家。72%的画廊通过网上直接或者间接销售出去的艺术品的买家是新买家。对于画廊而言，这是一个在网上参与和建构新的买家群体的重要机会。很多画廊已经认识到在线艺术品市场的价值，在线市场不仅可以给他们的收入提供新的多样化的渠道，还可以扩展他们收藏的基础。因此，许多画廊都在积极使用新的在线交易平台，如Artspace、Artsy、Artfinder和Paddle这些网站。当前，网上艺术品的销售额只占到画廊销售额的一小部分，其中，49%的画廊表示目前通过网络销售艺术品的收入不到销售额的10%，但38%的画廊期待未来的三年内，网上艺术品销售额会占到总销售额的10%～30%，25%的画廊主期待网上艺术品的销售额能够占到销售额的30%～50%，更有13%的画廊主期待未来线上销售艺术品的交易额能够占到销售额的50%以上。

即使传统画廊具有较强的信誉和专业性优势,但也有59%的传统画廊意识到网上销售艺术品的时代正在来临,在未来的一年中准备开展网上销售业务。

三、未来线上艺术品的发展趋势

最近几年,投资者以向艺术品线上交易网站投资来帮助画廊和收藏家买卖作品,Artsy公司网站就通过互联网获得了560万美元的资金,Artspace公司从投资者手中获得了850万美元的资金。

目前,艺术家已经在没有中介商的情况下通过网上销售作品。2011年重启的萨奇在线(saatchi on line)网站就向艺术家提供了直接将作品卖给买家的机会。萨奇在线会用网站来管理付款,并向买家提供作品的运输以及7天返还的保证金。萨奇在线目前已经吸引了10万名艺术家参与其中。

传统拍卖公司开始流行或者重新做在线拍卖业务。1999年苏富比就与亚马逊合作进行网上拍卖的尝试,但后来没有持续发展下去。佳士得从2006年开始引入在线拍卖,在移动终端Iphone和Ipad上进行在线拍卖。佳士得还引入了在线"时时竞拍",2007—2012年,佳士得在线竞拍的业务额从15%增长到了25%。佳士得2012年还成功举行影星伊丽莎白·泰勒珠宝收藏的网上拍卖,该场拍卖的成交额为950万美元。

此外,除了传统的艺术品拍卖公司在网上举行在线拍卖,很多艺术品网站如Artnet和Artprice网站都开始进行网上拍卖,但这些网站的重要目标客户群体是购买、收藏或者投资低端艺术品的藏家。与传统艺术品拍卖公司相比,这些网站的交易成本要低一些。

(赵泽润改编自雅昌艺术网,http://comment.artron.net/20130801/n486942_1.html,2013年8月1日,作者:马学东)

随着社会分工的日益精细,专业化生产水平越来越高,文化市场的规模也随之扩大,大部分文化产品已经不可能实现从生产者到消费者的直接交易,而是必须依靠一定的销售路线,经过流通领域才最终转移到消费者手中。因此,建立完善、便捷的文化产品分销渠道,尽快地把产品送到消费者手中,成为文化企业的重要任务。

第一节 文化市场分销渠道

尽快把产品送到消费者手中,以促进消费者的消费,是文化企业营销工作的重要组成部分,也是完成营销任务的保障。要完成好这个任务,文化企业必须建立起完善和便捷的文化市场分销渠道。

一、文化市场分销渠道的含义

所谓文化市场分销渠道，是指文化产品从生产者向消费者转移过程中所经过的通道，以及在这个过程中所需的市场营销机构，等等。正确理解这一定义应注意以下几点：

（1）分销渠道主要由参与商品流通过程的各类机构或人员（如生产者、代理商、批发商、零售商及消费者）组成，他们构成渠道的成员。

（2）分销渠道的起点是生产者，终点是消费者，一条完整的分销渠道必须包括这两者。

（3）在分销渠道中，生产者向消费者转移产品，是以商品所有权的转移为前提的。产品从生产领域向消费领域转移时，至少要转移所有权一次。各种代理商虽然不直接购买所有权，但他们间接起到了转移所有权的作用。

（4）在分销渠道中，除了商品所有权转移形式的"价值流"外，还有伴随着价值流发生的商品实体转移，即"物流"。价值流和物流相辅相成，但在时间和空间上并不完全一致。

复杂的商品交换活动中，成本和赢利都会受到某种特定分销渠道的影响。如果由文化企业独自承担市场推广职能，虽然能获得全部利润，但也必须为此付出代价。对于一些力求流通范围更广的文化产品和服务，其市场推广会受到一定的局限。如果能够对分销渠道和环节进行周密的调查和策划，邀请有经验的中间商介入，不仅可以减少产品的周转时间和运输费用，而且在增加企业利润的同时，也为消费者带来购买上的方便和经济上的实惠。以图书市场为例，图书中间商包括了总发行商、二级批发商、三级批发商和零售商。各级中间商的存在不仅降低了图书销售费用，而且使销售触角下伸至边远地区，最大限度地满足了各类读者多样化的文化消费需求。在市场经济条件下，多数文化企业通过与稳定的批发商、零售商建立长期连续的合作伙伴关系，策划出合理的文化产品和服务的分销渠道，建构和谐融洽的分销网络，制定与中间商双赢的市场策略，从而保证文化产业的良性运作。①

二、文化市场分销渠道的类型

在文化市场中，文化产品分销渠道的形式不是固定不变的，选择不同的分销渠道取决于地域、时间、消费形态的变化，也取决于文化企业市场战略的实施。现实的情况是，绝大多数文化企业都同时采用多种流通渠道，很少企业采用单一流通渠道。在文化产品的一般流通过程中，有代理商、批发商、零售商、经纪商等参与商品交换活动，在其中起着中介人的作用。正是由于这些中

---

① 参见严三九《文化产业创意与策划》，复旦大学出版社 2008 年版，第 111 页。

介人的作用和影响,才形成了产品流通渠道的多种模式。

（一）直接渠道和间接渠道

1. 直接渠道。直接渠道是指文化企业不利用中间商,直接把文化产品从生产者转移到消费者手中的渠道形式。文化商品通过直接渠道进行销售,大体上有三种形式:一是通过庙会、展销会等活动直销产品。如民间传统艺人在庙会上摆摊,现场制售工艺产品;出版社在书市上设展台,向广大读者直销图书;等等。上海市和部分省市的出版社联合举办多届"文汇书展",就是采用书籍展销的方式,不通过书店而直接将图书流通到文化消费者手中。二是通过自设门市部直销其产品。如前店后厂、设立民间工艺品门市部等。三是通过邮购、电话、网络订购等方式,派出专门人员将产品直接售给消费者。直接分销比较适合于个体生产、单件小批量生产、生产与消费合一、单位价值较高、市场需求量较小的文化产品经营。

直接分销流通环节少、商品流通费用较低,以图书市场为例,最短的营销渠道是"出版社—读者",称之为直接渠道或零渠道（图9-1）。

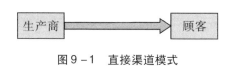

图9-1 直接渠道模式

直接渠道的实现形式有:

（1）出版社自设书店。绝大部分出版社都有自己的书店或者读者服务部,直接向读者销售图书。这是中国图书直接渠道的最常见形式。现在许多出版社也自建网站,利用网上书店直销图书。

（2）推销员直销图书。不少出版社都拥有大批的推销队伍,他们除了向中间商推销图书外,还直接向读者推销图书。在美国等图书业发达的国家,这种方式尤为普遍。

（3）邮寄书目直销。这种方式主要用于推销专业图书。美国的一些出版商也用这种方式向学校和图书馆推销图书。

（4）用户直接订购。有些用户由于大批量地需要某种图书,主动向出版社订货。

2. 间接渠道。间接渠道是文化企业的文化产品和文化服务从生产者转移到中介商,再到终端消费者的过程。在这种模式中,中间环节的多少决定着分销渠道的长短。渠道越多,越需要以某种方式规划和分派不同层次分销商的责任。一般会采用契约形式明确规定各自的分销任务、价格和其他因素等条款,并以书面形式表达出来。文化产品生产商和批发商所签订的合同上记录着促销支持、送货和付款日期、产品处理、标价和陈列等方面的具体事项。例如，书籍、杂志、音像制品等文化产品绝大多数情况下是通过间接渠道到达消费者手中的。

我国影视市场常用的分销渠道主要有：①直接分销渠道。指影视制片商为了防止盗版，确保第一时间的收视率，直接把生产出来的影视片销售给电影院与观众见面，不经过任何中间组织和个人。②间接分销渠道。指制片厂不把生产出来的影片直接销售给影院，而是经过一系列中间环节或个人协调配合，最后到达影院与观众见面。影视市场间接分销渠道有中间只经过一级发行放映公司的一层渠道，也有经过各级发行放映公司和各代理中间商代理的多层流通渠道。在影视市场分销渠道的构建上，迅速崛起的民营企业有着成功的尝试。当先后取得制片、发行、院线等各条产业链的"准入证"后，民营影业会迅速搅起中国电影市场的波澜。

（二）长分销渠道与短分销渠道

渠道长度指分销渠道中独立成员的层次，即中间商数目。如果产品从制造商到达客户所经过的中间商较少，一般称其为短渠道；如果产品要经过代理商、批发商、零售商等多重环节才能到达客户手中，一般称其为长渠道。文化企业有时通过兼并处于另一渠道层次的公司来缩短其渠道的长度。

1. 长分销渠道。文化企业利用了几个层次或环节的中间商来分销文化产品，这样的渠道就是长渠道。以图书市场为例，长渠道的形式有：

（1）出版社—批发商—零售商—读者。从营销角度看，这是一种最规范的图书流通渠道，它既发挥了批发商的存储和推广功能、减轻出版社的分销压力，又可以通过各种零售商进行广泛分销。德国和日本是采取这种分销渠道最具代表性的两个国家。在德国和日本，图书业内分工明确，出版、批发、零售企业各司其职，正是这种良好的秩序才保证了这种形式的分销渠道体制得以健康发展。

（2）出版社—代理商—零售商—读者。代理商是受出版社委托，按契约代理销售出版社图书的一种中间商。其与批发商的职能相近，只是不拥有所经营图书的所有权，不承担存货风险。

（3）出版社—代理商—批发商—零售商—读者。这是一种充分发挥了各类发行中间商作用的分销渠道。它便于图书的集中、储存、调剂和扩散，能广泛分销，方便读者就近选购图书，具有很强的辐射性和纵深性。当然，这种形式也有不足，对出版社来说，延长了销售的时间；对读者来说，可能会承担较高的价格。

2. 短分销渠道。即文化企业分销文化产品时只利用少许中间商的分销渠道，如图9-2所示。

图9-2 短渠道模式

以图书市场为例，短渠道的具体形式有以下几种：

（1）出版社—传统图书零售商—读者。零售书店直接向出版社进货，再向读者销售。一般来讲，适合这种渠道的情况主要有：①某些时效性特别强的图书；②某些零售书商的规模大、销售能力强、知名度高、影响大，出版社希望与他们建立良好的合作关系，以扩大图书的销售，因此绕过批发商直接面向这类零售书店；③出版社希望直接地接触最终读者，避免经过更多的中间层次，从而直接面向零售点；④出版社为降低图书流通费用，以求减少流通环节。

（2）出版社—特约经销商—读者。这种形式的短渠道在图书业发达的国家比较常见，主要适用于一些内容具有明显行业商品特色的图书，如计算机公司成为对计算机类图书的特约经销商、医疗保健机构销售保健类图书等。

（3）出版社—图书俱乐部—读者。图书俱乐部可以说是一个"纸上书店"，通过定期向会员寄送书目、提供最新的购书信息实现销售。会员能以优惠的价格买到图书，还能享受送书上门或邮寄等服务。这种短渠道能把图书推至书店无法涉及的边远地区。近年来，由于互联网和电子图书的快速发展，图书俱乐部这一形式受到了较大的冲击。图书俱乐部只有主动适应时代，调整产品结构和经营方式，才有可能实现顺利转型，保持持续发展的势头。

（4）出版社—图书馆批发商—读者。这也是图书业发达国家图书分销短渠道的一种重要形式，它是某些出版社专门为供应图书馆所需图书而建立的一种专门性图书发行渠道。

短渠道除了这四种主要形式之外，有些国家和地区还有一些比较特别的形式，如"出版社—学校承包商—学校"、"出版社—图书经纪人—读者"等。短渠道可以使图书迅速流转到读者手中，但出版社承担的促销费用相对较大，同时还必须有足量的库存。

（三）宽分销渠道和窄分销渠道

宽渠道和窄渠道是按照渠道中每个层次的同类中间商数目多少进行的划分。渠道宽窄的选择与生产者的产品特点和经营条件、目标市场的供需状况及竞争态势有着极为密切的关系。

1. 宽分销渠道。文化企业在分销产品的过程中，利用的中间商数目较多，就称为宽分销渠道。这种较为密集的分销路线对于单位价值低、市场需求量大，且目标顾客分布广泛的文化产品效果是较好的。如将图书、花卉、工艺制品、娱乐用品等文化商品批发给批发商，再由后者批发给所在地区市场上的所有零售商。使用较宽的流通渠道，文化企业可以覆盖较大的市场，使消费者接触市场的机会增大，有利于扩大文化产品销售，达到吸引顾客、占领市场、增强竞争实力的目的。此外，宽分销渠道的采用对于了解消费者对文化产品的意见，广泛收集竞争对手资料，也有很好的作用。宽分销渠道还能分担文化企业分销失败的风险，不至于造成一处分销失败就全军覆没的窘境。

2. 窄分销渠道。文化企业在分销产品的过程中，利用的中间商数量较少，就称为窄分销渠道。文化企业利用窄分销渠道，在目标市场中精选少量中间商，可以大幅度地减少推销费用，提高效率。文化企业在流通较昂贵、较特殊、日常需求不是太广泛的文化产品时，可以利用文化消费者追求独特的心理，仅选用一个中间商来分销自己的文化产品。如画家将其书法、绘画作品授权某家画廊独家经营，采用一一对应的流通方式，这时采用窄分销渠道的效果就比较好。

（四）传统渠道与新型渠道

根据渠道内部成员之间相互联系的紧密程度划分，文化企业的分销渠道可分为传统渠道和新型渠道。

1. 传统渠道。传统渠道是一种相互独立、高度分离的分销形式。在传统渠道网络系统中，生产者、批发商、零售商、代理商的身份划分得很清楚，生产者只管组织产品生产，批发商纯粹做转手买卖，零售商直接面对消费者，代理商负责包销。他们彼此之间缺乏融合、各行其是，往往为获得更多的自身利益而讨价还价，合作关系比较紧张。

2. 新型渠道。新型渠道则是一种相互协作、紧密配合的分销形式。在新型渠道网络系统内部，虽然有生产者、批发商、零售商、代理商的分工，但基本上实行不同程度的一体化经营或联合经营，专业化管理分销组织网络，使其有可能实现规模经济并展开有效的竞争。新型渠道大体采取公司系统、管理系统和合同系统三种形式。

（1）公司系统。是指一家公司拥有和统一管理若干工厂、批发机构、零售机构等，控制市场营销渠道的若干层次，甚至控制整个市场营销渠道，综合经营生产、批发、零售业务。这种渠道系统又分为两种：①大工业公司拥有和统一管理若干生产单位和商业机构，采取工商一体化经营方式；②大零售公司拥有和统一管理若干批发机构、工厂等，采取商工一体化经营方式，综合经营零售、批发、加工生产等业务。

（2）管理系统。是指素有盛誉的大制造商，为了实现其战略计划，往往在促进销售、库存管理、定价、商品陈列、购销业务等问题上与零售商协调一致，或予以帮助和指导，与零售商建立协作关系。

（3）合同系统。是指不同层次的独立制造商和经销商为了实现单独经营所不能及的经济性而以合约为基础实行的联合体。这种渠道系统一般又可分为三种：①特许经营组织，指由生产与市场营销系统中的各个机构与其中某一机构组成的联合体。②批发商倡办的自愿连锁。③零售商合作社。这是一群独立的中小零售商为了和大零售商竞争而联合经营的批发机构，参加联营的独立中小零售商要缴纳一定的股金，各个成员通过这种联营组织，以共同名义统一采购一部分货物（向国内外制造商采购），统一进行宣传广告活动以及共同培训职工等，有时还要进行某些生产活动。

（五）文化产品流通与文化服务流通

根据文化产品的种类，文化企业可以把文化市场流通渠道划分为文化产品流通渠道与文化服务流通渠道。两者的共性在于都会借助于一定的流通渠道完成市场推进。

1. 文化产品流通渠道。文化产品生产企业除少数采用零售渠道以外，大多是雇佣多层批发商，包括折扣店、百货商店以及专卖店来进行销售。

一层渠道，即只包含一层销售中间机构，如零售商。该流通中介机构如果通过买卖方式取得文化产品的所有权，那么它属于零售商；如果采取寄售、代销或委托拍卖方式而负有文化产品的推销责任，那么它就属于代理商。随着艺术品市场的发展，寄售、代销、拍卖等交易方式已经流行起来。

二层渠道，包含两层中间环节，如消费者市场一般是批发商和零售商。其中，生产者与批发商和零售商之间的两个中间环节构成批发市场，零售商与消费者之间构成零售市场。我国的工艺制品、花卉市场基本属于这种模式。

三层渠道，是在生产者与消费者之间加入三个分销中介机构，通常为总发行商、二级批发商和零售商。其中，生产者与总发行商、总发行商与二级批发商、批发商与零售商之间的三个中间环节构成批发市场，零售商与消费者之间的最后一个环节构成零售市场。我国的音像、软件、娱乐用品市场基本属于这种模式。

随着文化产业市场化进程的加速，我国文化产品的流通渠道呈现出多层次、立体化、互补化的特征。以我国现行的图书发行为例，渠道主要有三种：一是出版社直销，即出版社自办的门市部、邮购部销售图书，或在大型书市设点摆摊直销图书；二是批零兼营，如连锁店总店、集体书店、个体书店或网上书店，直接从出版社批量进书，然后通过连锁书店分点、零售书店门市或摊点、网络在线等渠道销售图书；三是多层渠道，新华书店总店、省区新华书店或区域性书刊发行公司作为总发行商或总经销商，通过各省、地、县新华书店及其所属的门市部、连锁书店、市场书市等批发和零售图书。

此外，随着市场竞争的日趋激烈，各种连锁店、图书展销会、主发寄销、采购团订货、网上书店和网上征订等流通形式层出不穷。连锁书店统一进货，既可以争取出版商的更多让利，又可以解决图书零售网络覆盖面不足的难题。图书展销会是目前我国规模最大、影响最广的图书展销活动，图书展销早已成为出版物展销、出版形象展示、出版信息交流的重要平台，成为影响广泛的文化盛会，也发展为我国会展经济的重要品牌。采购团订货是由发行商组成采购团，分赴各地，根据各基层新华书店上报的品种、订数汇总，形成统一订单，同各大出版社谈判订货。在获得出版社出让折扣的同时，采购团承诺确保使其图书销售达到一定的目标销售量。网上书店是近年来伴随互联网商务发展流行起来的一种新的图书流通渠道，它以更多的品种、更快的速度、更低的价格和零库存来满足读者需求。

2. 文化服务分销渠道。文化服务分销市场也有多种不同形式的分销结构。绝大多数文化服务项目往往采用在同一地点和同一时间进行的直销渠道，如各种现场演出、娱乐参与、咨询服务、网络服务、新闻报道、现场直播节目等。此外，也有一些文化服务项目采取多层分销渠道。

一层渠道。即在文化服务商与消费者之间加入一个中介服务或代理机构，该服务机构通过许可、合作、代理等方式，从文化服务商那里取得文化服务项目的经营权，然后再提供给文化消费者。包括剧场文艺演出中的"文化团体—演出商"方式，设计招标服务市场的"文化团体—代理商"方式，旅游业中的"服务商—服务商"方式，娱乐场所票务代理、旅游散客预定代理等"服务商—代理商"方式。

二层渠道。即在文化服务商或服务商与消费者之间加入两个中介服务或代理机构，该终端服务或代理机构通过许可、合作、代理等方式取得文化服务项目的经营权，然后再提供给文化消费者。包括传媒服务市场中的"影视制片公司—中央电视台（省级卫视台）—地方有线电视网"经营模式；演出市场中的"表演团体—演出场所—票务代理"经营模式；电子商务服务市场的"服务者—服务者—服务者"方式，如电子商务服务的"ICP—ISP—社区宽带网络"经营模式；等等。

三层渠道。即在生产者与消费者之间加入三个中介服务或代理机构，该终端服务或代理机构通过许可、合作、代理等方式，依次从初、中级服务者或代理商那里取得无形文化产品或文化服务项目的专营权，然后再提供给文化消费者。包括电影市场中的"影视制作公司—影视发行公司—中央电视台（省级卫视台）—地方有线电视网"经营模式。①

---

① 参见严三九《文化产业创意与策划》，复旦大学出版社2008年版，第119页。

第二节　文化市场分销渠道成员

文化产品只有赢得广泛的市场占有率，才有可能形成一定的品牌知名度。在各种销售渠道中，除了直接销售渠道外，还有从批发市场到超市、专营店和各种终端销售点等渠道，文化企业要为以上具体销售工作提供必要的支持和管理上的保障。因此，文化市场分销的渠道设计涉及多方面，尤其是对中间商的选择十分关键。中间商的类型多种多样，一般可以分为代理商、经销商和服务者三大类。

一、代理商

代理商是从代办业务中抽取一定数量佣金的经营者。文化企业的代理商可以分为文化企业代销商、文化经纪人、拍卖人三种。

（一）文化企业代销商

文化企业代销商是指代表一家或几家生产者从事文化产品推销业务，但不拥有文化产品所有权的经营者。由于文化产品生产者委托授权的性质及其范围不同，文化企业代销商可分为独家代销商和一般代销商两种。

独家代销商是根据代销协议约定在一定的市场范围和期限内对某种文化产品销售享有独家代理权的经营者。例如，票务公司对某表演团体或某演出场所节目门票的独家代理，广告公司对报刊分类广告版面和电视栏目广告时段的独家代理，版权代理公司对作品版权的独家代理，等等。

一般代销商是由文化产品生产者委托或特约授权代销其产品的经营者。一般代销商可细分为特约代理商和寄售商两种。特约代理商接受文化产品生产商委托，并代表文化生产商签订销货协议、负责代销业务。寄售商亦称代销商，即接受文化产品生产商委托进行现货交易代理业务。文化产品生产商根据代销协议向寄售商提供产品，销售所得款扣除佣金和销售费用后，再支付给生产者。寄售商需自设铺面和仓库，以便陈列和储存产品。

（二）文化经纪人

文化经纪人是为文化产品买卖双方提供产品、价格、供求动态等市场信息，为交易双方洽商业务穿针引线的经营者。文化经纪人也是一种文化产品代理商，他们既没有文化产品所有权，也没有文化产品现货，不负责管理仓储、运输工作，只是负责联系买卖双方，为双方提供产品、价格等市场信息，协作双方进行谈判，完成交易后根据比例从销售额中抽取佣金。文化经纪人是文化市场上十分活跃、很常见的代理商类型。由于文化产品与普通商品有很大不同，有些文化产品的使用消费过程与文化产品消耗的过程很难完全分离，如各种文化演出、各种文化娱乐服务等，文化消费者欣赏与消费的过程就是产品的生产与消耗过程，文化消费者无法像购买普通商品一样先看样品再作出是否购买的决定，只能在接受文化经纪人的解释说明后，再进行购买和消费。

按服务对象的不同，文化经纪人可以分为商品经纪人、商务经纪人和职员经纪人。

1. 商品经纪人。商品经纪人指的是为书画作品、工艺制片、文物藏品等文化产品的买卖牵线搭桥的人。如果最终促成了交易，经纪人根据一定的比例从交易额中抽取佣金，该笔佣金可由委托人一方负担，也可由买卖双方平均分担。如果没能促成交易，商品经纪人则不收取佣金，但会要求委托人支付从事中间活动的一些必要开支。在高风险投资行业中，大多有这种特殊职业的经纪人，他们负责统筹安排并使托管者的财产增值。

2. 商务经纪人。即为各类文化商务活动的主办单位与作者、演员、广告赞助商、企业资助商、文化投资商、演出展览场所经营者以及观众牵线搭桥的经纪人。从演出市场看，我国的演出市场大体可以分为两类：一类是高雅艺术表演，由国家法律规定的免税政策支持发展；另一类是高度商业化的娱乐演出，策划这类演出需要利用企业的广告费，与媒体做紧密互动，进行市场运作，一般追求高额的票房收入。商务经纪人主要为后者策划市场运作行为，充当各类文化产品和服务交易活动主体之间的媒介，促成文化娱乐产业与文体明星、赞助商和投资商之间的交易；依靠其社交能力和资本实力，组织各种演出、比赛、展览、出版和制作活动；为承办商务活动投入启动资金或周转资金，并承担一定的经营风险。

3. 职员经纪人。专门从事演员、模特、节目主持人等职业人员的市场宣传推广和劳务交易谈判等代理业务的经纪人。职员经纪人一般与职员个人建立固定和全面的委托代理关系，并从每位客户输出劳务所获报酬中抽取一定比例的佣金。职员经纪人通常负责提供职业技能培训、市场宣传推广、寻找劳务工作机会和代理劳务交易谈判等，可以分为职员经纪公司和个体经纪人两种，职员经纪公司通常招募大批具有职业发展潜力的新人进行专业技能培训和市场形象包装，以提升新人的市场潜在价值。由于经纪公司在新人身上投入高额的培训成本和推广费用，往往会在合同中对其佣金的提取作出有利于自己的约定。如有的经纪公司规定在 3~5 年内将从其输出劳务所获报酬中提取高达 30%~50% 的佣金。而新人一旦"一夜成名"，公司就可以从中获得丰厚的回报。个体经纪人的业务范围相当广泛，除了全权负责客户的基本业务代理外，还包括为客户聘请私人教练、保镖、律师和投资专家为其服务，协调客户与传媒和公众的关系，管理客户资产如收取进账、支付出账、代理纳税、购买保险，等等。

（三）拍卖人

拍卖人是指为文化产品买卖双方提供交易场所和服务，以公开竞购的方式将艺术品和收藏品卖给出价最高的买主的经纪人。传统拍卖大多采用英式增价拍卖，拍卖成交后，拍卖人可按成交价的一定比例分别向买卖双方收取佣金。若拍卖未成交，拍卖人可以向卖方收取为拍卖活动所支出的合理费用。近年来，在艺术品拍卖行中，网络渠道优势日益凸显。网上拍卖形式突破了时空的界限，使拍卖标的在更大范围内实现价值，真正体现公正、公开、公平的拍卖原则。在线拍卖可以一年365天、一天24小时不间断地进行，不受时间的限制。网站是一个综合交易平台，可以提供多元的交易方式，采取多种拍卖方式。在线拍卖采用时间段方式，竞价时拥有充分的判断和决策过程，价格形成更加理性、更加合理。因此，在线拍卖以其特有的优势，因弥补了传统拍卖模式的不足而逐渐被人们所接受，为客户提供更加周到而全面的服务。

二、经销商

经销商是指从事文化商品流通业务并拥有商品所有权的经营者。其经营特征为：①拥有文化商品所有权和经营权，能独立自主地开展文化商品购销活动；②有一定的经营场所和经营设施；③有独立的购买文化商品的流动资金；④能承担文化商品经营风险。经销商按商品销售对象的不同，可分为批发商和零售商两类。

（一）批发商

批发商是指向文化生产者或其他批发商购进文化商品，再转售给其他批发商和零售商的经销商。它并不直接服务于最终文化消费者。批发商按其文化商品经营类别的多少划分，可以分为专业批发商和综合批发商；按商品批销业务范围划分，可以分为一级批发商、二级批发商、三级批发商等。

一级批发商是处于文化商品流通第一道环节的经销商，即总经销商、总发行商以及进出口商。如中国图书进出口总公司、中国邮票总公司等。

二级批发商和三级批发商分别处于文化商品流通第二和第三道环节，所以统称为地区批发商或地区发行商。如省区电影发行公司、市区新华书店、县区邮政报刊发行公司等。

（二）零售商

零售商是将文化商品直接出售给最终文化消费者的分销商。文化商品零售商主要包括专业商店、百货商场、专业超市、折扣商店、连锁店、特许经营店、简易货亭、简易摊位、流动商贩和邮递服务公司等。

文化企业专业商店是针对文化消费目标市场的需求特点而配置的产品线深而长的零售商店，如各类书店、音像制品商店、软件零售商店、工艺品商店、画廊、文物商店、乐器店、花店、宠物店、文体用品商店等。

百货商场里通常设有图书、音像、乐器、玩具、花卉、首饰、工艺品、健身器材等文化商品专柜。

专业超市大多采用自我服务方式，若干商家同时经营，使顾客能够"货比三家"，如集邮超市、图书音像超市、花卉宠物超市等。

折扣商店是专门经营打折商品的文化用品商店，如过期的图书、期刊和音像制品，出版年限较早的工艺制品和娱乐用品，等等。

连锁店是统一店名、统一经营的商业组织，可以通过集中供货节省交易、库存、运输、广告宣传等流通费用，获得规模经济效益，如图书连锁店、音像连锁店、花卉连锁店等。

特许经营店是通过契约形式固定经销关系的文化产品零售商店，如法律图书专卖店、文物经销店。

简易货亭是仅有简易经营建筑、实行窗口售货方式的文化产品零售商，如设在车站码头、街区干道、集市庙会、旅游景区等流动人口集中地区的报刊亭、工艺品亭等。

简易摊位是在特定地段集中设置简易摊位的个体或集体文化产品零售商，如书摊、报刊摊、音像摊、古玩摊、集邮摊、花卉摊、宠物摊、民间传统工艺摊等，包括手持、肩担、车载等方式走街串巷的报贩、花贩、手工艺品贩等。

邮递服务公司是通过信函、电话、报纸、杂志、电视和网络等媒介推销商品信息，然后根据顾客的订货要求上门直销或邮寄销售的专业服务机构。

三、服务者

广义的服务者，是指从事非物质产品生产活动以及所有物质和非物质产品流通活动的组织和个人。从狭义的文化产品生产与流通的角度来说，除了文化产品生产者和文化商品流通者之外，文化服务者可以分为生产服务者和一般服务者两类。

（一）生产服务者

生产服务者是指兼营文化知识生产以及借助实物、设备或提供辅助性劳务等传播文化产品信息的组织和个人。例如，导游既向游客介绍旅游观光知识又代办交通食宿业务，电视台既制作新闻节目又传播各类电视节目信号。类似于这一类的服务者，还包括展览馆、照相馆、培训学校、咨询机构、广告公司等等。

(二) 一般服务者

一般服务者是指单纯通过辅助性劳务或借助实物、设备、设施等传播文化产品信息的组织和个人。如影院、剧场、网吧、娱乐场所、有线电视广播系统、互联网传播系统等,它们将文化产品信息送达文化消费领域。

文化企业在推销文化产品时,既要考虑影响分销渠道的各种因素,又要考虑使用多少层次的分销商以及每一层次使用多少渠道成员最为适宜。

第三节 文化市场分销渠道策略选择

有效的渠道设计,应以确定文化企业所要达到的市场为起点。从原则上讲,目标市场的选择并不是渠道设计的问题。事实上,市场选择与渠道选择是相互依存的。有利的市场加上有利的渠道,才可能使文化企业获得利润。因此,文化企业必须设计好市场分销渠道策略,推进营销目标的实现。

一、影响文化市场分销渠道设计的因素

渠道设计问题的中心环节,是确定到达目标市场的最佳途径。而影响渠道设计的主要因素有六种。

(一) 顾客特性

渠道设计深受顾客人数、地理分布、购买频率、平均购买数量以及对不同促销方式的敏感性等因素的影响。当顾客人数多时,生产者倾向于利用每一层次都有许多中间商的宽渠道。但购买者人数的重要性又受到地理分布的修正。例如,生产者直接销售给集中于同一地区的 500 个顾客所花的费用,远比销售给分散在 500 个地区的 500 个顾客的少。而购买者的购买方式又修正了购买者人数及其地理分布的因素。如果顾客经常小批量购买,则需采用较长的分销渠道为其供货。因此,少量而频繁的订货,常使得五金器具、烟草、药品等产品的制造商依赖批发商为其销货。同时,这些相同的制造商也可能越过批发商而直接向那些订货量大且订货次数少的大顾客供货。此外,购买者对不同促销方式的敏感性也会影响渠道选择。例如,越来越多的家具零售商喜欢在产品展销会上选购,从而使得这种渠道迅速发展。

(二) 产品特性

一般来说,价值较低且时效性要求较高的文化产品为了避免拖延时间及重复处理增加时间的风险,通常需要直接营销。那些与其价值相比体积较大的产

品（如建筑材料、软性材料等），需要通过生产者到最终用户搬运距离最短、搬运次数最少的渠道来分销。非标准化产品（如顾客定制的机器和专业化商业表格）通常由企业推销员直接销售，这主要是由于不易找到具有该类知识的中间商。需要安装、维修的产品经常由企业自己或授权独家专售特许商来负责销售和保养。单位价值高的产品则应由企业推销人员而不通过中间商销售。

（三）中间商特性

设计渠道时，还必须考虑执行不同任务的市场营销中间机构的优缺点。例如，由制造商代表与顾客接触，花在每位顾客身上的成本比较低，因为总成本由若干个顾客共同分摊，但制造商代表对顾客所付出的努力则不如中间商的推销员。一般来讲，中间商在执行运输、广告、储存及接纳顾客等职能方面，以及在信用条件、退货特权、人员训练和送货频率方面，都有不同的特点和要求。

（四）竞争特性

生产者的渠道设计，还受到竞争者所使用的渠道的影响，因为某些行业的生产者希望在与竞争者相同或相近的经销处与竞争者的产品抗衡。例如，都市报就希望其品牌和竞争品牌摆在一起销售。有时，竞争者所使用的分销渠道反倒成为生产者所避免使用的渠道。

（五）企业特性

企业特性在渠道选择中扮演着十分重要的角色，主要体现在以下几方面：

1. 总体规模。企业的总体规模决定了其市场范围、较大客户的规模以及强制中间商合作的能力。

2. 财务能力。企业的财务能力决定了哪些市场营销职能可由自己执行，哪些应交给中间商执行。财务薄弱的企业，一般都采用"佣金制"的分销方法，尽力利用愿意并且能够吸收部分储存、运输以及融资等成本费用的中间商。

3. 产品组合。企业的产品组合也会影响其渠道类型。企业产品组合的宽度越大，与顾客直接交易的能力越大；产品组合的深度越大，使用独家专售或选择性代理商就越有利；产品组合的关联性越强，越应使用性质相同或相似的市场营销渠道。

4. 渠道经验。企业过去的渠道经验也会影响渠道的设计。曾通过某种特定类型的中间商销售产品的企业，会逐渐形成渠道偏好。例如，许多直接销售给零售食品店的老式厨房用具制造商，就曾拒绝将控制权交给批发商。

5. 营销政策。现行的市场营销政策也会影响渠道的设计。例如，对最后购买者提供快速交货服务的政策，会影响到生产者对中间商所执行的职能、最终经销商的数目与存货水平以及所采用的运输系统的要求。

（六）环境特性

例如，当经济萧条时，生产者都希望采用能使顾客以廉价购买的方式将其产品送到市场，这也意味着使用较短的渠道，并免除那些会提高产品最终售价但并不必要的服务。

二、文化企业分销渠道的选择策略

文化企业的策划者应当在对分销渠道影响因素分析的基础上，结合企业自身的市场策略和营销目标，制定合理的渠道策略。常见的分销策略有密集式分销策略、选择式分销策略和专营式分销策略三种形式。

（一）密集式分销策略

密集式分销是通过尽可能多的销售点和最宽的分销渠道实现最大限度的文化产品销售。这种策略通常适用于大量生产、经常消费的文化产品，如图书、报刊、音像制品、娱乐用品等，这类产品需求量极大，目标市场范围广泛而分散，消费者关心的是如何能够便捷地买到产品。这种情况下，采用密集分销的优点在于市场覆盖面广、营销机会大，不仅可以极大地方便消费者购买，同时也可使产品迅速进入分销领域，广泛地占领市场，从而更快地实现文化产品价值。但采取这种策略也存在一些不足之处，如流通费用高、同类竞争激烈等。

密集式分销策略的基本形式如图9-3所示。

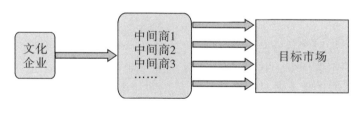

图9-3 密集式分销策略

（二）选择式分销策略

选择式分销是指文化企业在一定区域内筛选部分经销商或代理商来经营自己的产品。这种分销策略是文化企业应用最多的方式。采用密集式分销策略的文化企业，由于战线拉得过长，企业为了提高效率，会逐步减少中间商的数目，最后过渡到采用选择式分销策略。此时文化企业只需集中有限的力量去认真管理少量选择的分销渠道，加强对渠道的管理能力，便可以更好地完成分销业务。

选择式分销策略的基本形式如图9-4所示。

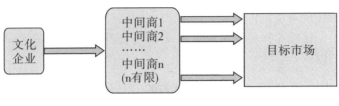

图9-4　选择式分销策略

（三）专营式分销策略

专营分销是指文化生产企业在一定地区内选定一家中间商专营自己的产品，亦称独家分销渠道。专营分销适用于个体生产、单件小批量生产、市场需求量较小、单位价位较高、知名品牌的文化产品经销。专营分销的优点是，有利于独家经销商或代理商强化责任感和积极性，并且能控制经销商的售价、宣传推广等活动，从而拥有产品和企业形象；缺点是产品市场覆盖面窄，经营风险较大。

专营式分销策略的基本形式如图9-5所示。

图9-5　专营式分销策略

文化企业进行产品分销渠道策划，就是要选择最佳的分销渠道，即采用分销效率高、分销费用少，并能取得较好的经济效益的合理渠道。企业必须在详细考察企业自身因素、产品因素和环境因素后，结合自己的营销战略目标，经过全面衡量和综合评估，才能作出决策。

三、分销渠道的新发展

随着科学技术的不断发展，互联网快速发展起来，并对消费者的消费习惯产生了越来越大的影响；同时，物流业的快速发展，使得产品的运输空间不断扩大，交货速度越来越快；而多样化的金融结算方式也便利了消费者的多样化消费。这一切使得文化市场环境呈现竞争加剧的趋势，市场营销竞争也变得越来越激烈。文化企业为了提高竞争力，不断创新营销手段和方式，在产品和服务的分销渠道建设上也推陈出新、不断发展，呈现出许多新的形式和特点。

（一）分销渠道扁平化发展

随着文化消费者对产品和服务的需求越来越复杂和细致，文化企业通过传统的多环节分销渠道已经不能快捷地了解和满足其需求。在这种情况下，文化消费者极可能转而消费其他产品和服务。因此，文化企业必须尽可能地简化销售过程，使自己的分销渠道变得越来越短，以满足消费者的需求。

文化企业分销渠道扁平化，主要是指文化企业通过压缩或者减少销售环节，尽可能实现与消费者的直接联系，以提高分销渠道运作的效率，包括售前产品和服务的宣传，接受消费者的咨询，售中的交易谈判、快速结算和交货，售后的服务，等等。这一方面可以提高销售速度和成功率，另一方面可以降低销售成本，提高文化企业利润。

文化企业分销渠道扁平化的发展是建立在现代科技水平之上的。互联网的发展和普及，特别是移动互联网的普及，让企业具备了与消费者直接联系、谈判和交易的重利双向沟通条件。现代物流业的发展为文化企业与消费者之间的直接交易提供了便捷、快速和低成本的交易条件。越来越完善的金融交易方式为文化企业与消费者之间的交易提供了多样化的途径，有利于促进交易的实现。越来越完善的社会信用和政府监管制度等又为两者的交易提供了担保。建立在这些基础上的文化企业分销渠道，必然越来越趋向扁平化，最终在文化企业与消费者之间建立起一个直接、完整、高效的分销网络体系，使消费者能够通过这个网络体系实现同企业进行直接的信息交流和交易。

（二）分销渠道虚拟化发展

随着互联网的发展，特别是移动互联网的发展，越来越多的消费者远离拥挤的实体店，开始通过互联网购物和消费。这种趋势迫使文化企业开始关注网络销售。同时，由于互联网的信息传播和沟通速度快，交易成本相对较低，越来越受到文化企业的重视。因此，借助互联网建立分销渠道，已经成为越来越多文化企业的渠道发展战略。越来越多的文化企业根据自身的条件和产品特点，建立自己的电子平台，包括网站、微博、微信等，开展在线销售、网上零售、网上拍卖、网上配送等，从而形成了相对于传统实体店的新的虚拟分销渠道。

未来，越来越多的文化企业，特别是中小文化企业将会通过建立自己的电子平台来开展营销活动，特别是在线销售和在线配送，以提高营销水平。大型文化企业也必然要通过建立这种虚拟的电子平台来弥补原有实体渠道的不足，实现实体渠道与电子虚拟渠道的有机结合，从而提高文化企业的整体营销实力。

（三）分销渠道精细化发展

随着文化产品和服务市场的竞争越来越激烈，过去只重视大量或者足量消费者的传统规模效益营销观念必然受到影响和冲击。文化企业必须寻找每个消费市场，并为之提供有针对性的产品和服务，才能够扩大自己的营销，提高经营水平。目前，消费者的需求有趋向个性化的趋势，这一方面增加了文化企业规模营销的难度，但也提供了更加精细的市场。文化企业可以借助互联网等现代化手段，与消费者直接沟通，直接了解消费者的消费需求，通过更加精细的市场细分，把相对模糊的大规模需求划分为更加明确的小规模市场需求，甚至是个别市场需求，通过提供定制化产品和服务，开展一对一的市场营销，来满足特定消费者的特定需求。

分销渠道细分化的发展，一方面可以为文化企业选择更多的消费者，提供更多的市场机会。但是，过于细分的消费市场会让文化企业的产品生产和服务成本增加，同时也会增加营销成本。因此，实施分销渠道细分化战略需要文化企业有降低成本的办法，特别是降低生产经营成本的整体思路和办法。文化企业生产成本、营销成本的控制可以借助互联网等现代科技手段。同时，越来越完善的第三方物流也为文化企业的分销渠道细分化发展提供了营销服务基础。

（四）分销渠道多元化发展

随着文化企业数量不断增加，文化产品和服务的数量不断扩大，文化产品和服务已经逐步走进寻常百姓家，成为老百姓的主要消费对象。由于消费者消费需求、消费区域和消费习惯等的不同，文化产品和服务的消费已经开始呈现出多元化趋势。不同的消费者具有自己喜好的消费方式，同一消费者也会随着消费环境的变化改变自己的消费模式。因此，文化企业必须根据消费者的消费方式确定分销渠道，以满足不同类型消费者的消费需求。

目前，我国一些文化产品的分销渠道已经开始走向多元化，如商业演出的营销渠道就呈现出多元化的特点。针对喜爱网上购物的观众，演出公司自己建立营销网站，或者借助专门的票务网站向这些观众售票；针对人口相对集中的城市演出场所，演出公司委托演出场馆现场售票；而对于有购买意愿的单位和组织，则实行更加直接和有效的上门推销方式，向单位和组织售票；等等。多样化的售票方式可以保证一场演出能覆盖到尽可能多的观众，从而提高上座率，实现营销目标。

总之，随着文化企业营销环境的不断变化，企业的分销渠道也必然要随之主动变化，以便更好地适应市场环境，提高营销效果。同时，文化企业还要对各种分销渠道进行科学的研究，综合各渠道的特点，组成适合企业自身特点的分销渠道组合，以提升企业的竞争能力，获取市场份额和效益。

本章小结

随着市场规律的不断扩大和消费者消费及时性要求的提高,尽快地把文化产品送到消费者手中,让其实现及时消费,已经成为文化企业最终完成销售任务的前提。建立覆盖面广、效率高的产品和服务传送渠道,是每一个文化企业都必须完成的任务。

本章在简要介绍文化市场分销渠道含义、类型和基本功能的基础上,重点分析了文化市场分销渠道成员的内涵、作用,特别是代理商、经销商和服务者的类型和职能。同时,重点介绍影响文化市场分销渠道策划的各个因素,介绍文化企业分销渠道的选择策略,并在最后一部分介绍了分销渠道策略的新发展,为读者提供参考。

资料链接 >>>

中国特色的城市院线

1993年之前,中国电影发行放映体制是特色鲜明的计划经济形式,全国16家电影制片厂生产的影片都由中影公司独家垄断发行,统购包销。制片厂拍摄的电影无论制作成本是多少,中影收购价都保持一致(在20世纪八九十年代,收购价逐渐由七八十万元上涨到最高峰的120万元)。中影将购入的影片按照一定的"收入留成"比例交由各地省一级电影公司安排放映,无论影片票房好坏,是赚是赔,都遵循"多退少不补"的原则,跟制片厂没有关系——尽管在那个票价只是三五毛钱的年代也产生过《少林寺》、《神秘的大佛》等多部票房过亿的电影。如1991年的《周恩来》在当时电影票价仅为2元的情况下获得了2.7亿元的票房收入。1989—1993年的中国电影票房均在二三十亿元上下。

然而随着市场经济的发展、国门的打开,"计划模式"越来越不适应市场。1993年的电影体制改革,虽然中影公司的独家经营权被中央中止,制片厂可以直接和代表了全国影院的各省级电影公司接触,但各省级电影公司的国营经营思路在地方上依然独家垄断着播映权,其利益分配体制依然畸形。当时国营影院普遍偷、漏、瞒报票房收入的"行业行为"更促成了恶性循环。

到了2000年前后,中国电影市场彻底跌入谷底,甚至几乎萎缩到了崩溃的边缘。票房总额从80年代末的约30亿元下跌到了2001年的不足9亿元。

2001年12月18日,广电总局与文化部联合颁发了《关于改革电影发行放映机制的实施细则》(广发办字〔2001〕1591号文)。这一文件的颁发,为实行院线制提供了理论导向和政策支持。

这一改革举措,促进了电影发行放映的规模化、规范化,促进了原有的发行放映体系的紧密化、一体化,使我国电影发行放映体制从原有的条块分割转向院线网络的相互联通,对于进一步繁荣电影市场、扩大市场占有率都起着十分重要的作用。因此,这次电影发行放映机制改革的重点就在于推行院线制。

到2002年5月31日,全国第一批组建电影院线的工作已顺利完成。经过多年的发展,2013年,我国可统计票房影院总数达到3849家,全国银幕数达到18195块。2014年,全国新增影院1202家,累计银幕数为5785家;新增银幕4297块,平均每日新增11.7块,全国累计银幕24304块。截至2014年年末,全国院线数量达到45条,其中10条院线年度票房超过 10 亿元，万达院线以 42.1 亿元票房位于全国院线首位。这些院线又可以分为四类。

第一类：地产系院线——万达、保利万和等。这类院线以雄厚的地产资金为依托，旗下影院基本都为自有资金投资建设，能够真正做到统一品牌、统一排片、统一经营、统一管理，对影院具有绝对的控制力。万达收购 AMC 院线后已成为世界上最大的电影院线运营商。2014 年，万达电影院线覆盖全国 97 个城市，拥有已开业影院 182 家，银幕总数 1616 块，其中 IMAX 银幕 116 块；海外拥有 380 家影院。万达院线在国内的发展模式是以其开发的万达商业广场为依托，通过自建影院来带动商业广场的客流，从而形成城市新的商业中心，人气的提升又带动了万达广场写字楼和住宅的销售，进而又为其影院和商业带来了更多的客源，整个地产项目形成了一个非常良性的生态系统。

第二类：国企系院线——上海联和、北京新影联、浙江时代等。这类院线都是 1992 年院线制改革之后由各地省市级电影公司改制而来的，有些引进了民营资本组成了股份制公司。这类院线成立时吸收了省内所有已有影院，一成立就垄断了当地的电影市场，具有明显的先发优势。这类院线属于加盟型资产弱链接院线，对于院线内影院控制力弱，品牌意识淡薄，最初加盟的影院存在着逐渐老化、设备需要更新换代等现实问题。随着民营院线的迅速发展并抢占市场，有些国企类院线受制于体制机制僵化等老问题，逐渐丧失了原有阵地。但近几年来，一些优质的国企类院线也顺应市场，逐渐调整自己的经营思路，引进社会资本，在保住原有优质加盟影院的同时大力发展自建影院，加强了自身品牌建设，再加上当地政府的政策扶持，国企类院线未来前景依然看好。

第三类："乡村"系院线——广东大地、时代今典等。这里所说的"乡村"并没有贬义的意思，只是为了能够形象地描述这类院线的发展方向。大地院线早些年在小县城里建全数字影院时被所谓行业专家嘲笑过，但现在瞧瞧中国电影市场的发展，小镇青年已然成为带动票房增长的主力军，不得不佩服大地院线对于行业趋势的准确把握。现在，大地院线在全国共有超过 490 家影院，80% 以上都在三、四线城市，2014 年的票房收入更是飙升至院线排名第三位，仅次于万达和中影星美，在院线发展差异化上走出了非常成功的道路。

特殊的一类：中影系院线——中影星美、中影南方新干线、中影数字等。在主流院线中有一类比较特殊的院线，他们的背后都有中影集团的身影。在电影行业产业链的终端环节，中影通过与民营资本合作、与省市电影公司合作、自建院线等各种方式参与了大江南北的院线建设，这些院线依托中影强大的资源优势也顺理成章地跻身院线前列。不过这些院线在发展过程中也有各自的特点，例如，中影星美院线近年来在努力"去中影化"，其新建影院统一叫作星美国际影城，并力推"星美汇"业务，企图在影院经营差异化方面有所作为。

随着我国电影市场竞争的加剧，我国电影院线也将呈现出兼并、扩张和与网络结合等趋势，由此进一步推动我国电影产业的发展。

（赵泽润改编）

思考与练习

1. 文化市场分销渠道的类型有哪些？
2. 影响文化市场分销渠道策划的因素有哪些？
3. 分销渠道的含义及基本功能是什么？

第十章 文化产品促销策略

◉ **知识要点**

了解促销的含义。
了解促销组合的内容及形式。
了解广告的概念与种类。
理解促销策略及其主要形式。
理解影响促销组合的因素。
理解人员推销的特点。
理解推销人员的素质。
掌握推销人员的主要功能。
掌握推销人员的管理。
掌握广告促销的管理过程。
掌握营业推广的特点和方式。
掌握公共关系的基本特征。
掌握公共关系的主要职能。

央视广告招标唱大戏

1994年，伴随中国经济的发展，中央电视台首次举办黄金广告招标活动。20年来，央视广告招标大戏越唱影响力越大，越唱势头越火，已经被称为"中国经济信心指数"和"中国经济晴雨表"。20年来，中央电视台作为品牌传播的最高平台，助推了无数企业、行业和地区的品牌崛起。

中央电视台是中国国家电视台，具有品牌传播的至高平台，是企业电视广告投放的首选，也是企业投放所有媒体广告的首选。在央视投放广告具有以下几方面的优势：

1. 政策优势强化了央视平台的主流垄断价值。近年来，国家不断加大对各种媒体的管理，以提高媒体的传播质量和影响力。作为唯一的国家电视台，以新闻立台的中央电视台在重大新闻方面的垄断地位得到了更大幅度的保护与提升。借助得天独厚的政策保护，央视作为重大事件与权威新闻信息源垄断平台的地位不断得到支持与加强，这无疑是央视广告价值的重大利好。

2. 最高的收视率和收视份额。央视在中国媒体市场占据了1/3的收视份额。其中，占有全国新闻节目市场70%的份额、体育节目94%的份额、财经节目81%的份额，综艺、青少、专题等占据的份额也都在50%以上。

在全国电视市场上，收视率超过2%的节目能引发传播裂变效应，成为现象级节目。央视多档栏目节目的收视率远远高于这一标准，如《新闻联播》的平均收视率为11%、《天气预报》为6%、《焦点访谈》为4%。另外，央视春节联欢晚会的平均收视率高达31%，《出彩中国人》、《中国好歌曲》等栏目的收视率也在2%以上。

3. 最高的权威性。高权威性源自最严格的节目审核机制，源自最严格的广告审核机制。中央电视台始终坚守"国家责任、全球视野、人文情怀"，加快构建现代传播体系，不断提高节目质量，使节目的整体水平达到国家一流。

4. 广告具有最广的覆盖性。央视16个频道，覆盖市场范围最大，覆盖市场层级最高，覆盖高端人群最多。每天有7亿本土观众收看中央电视台的节目，全台节目收视份额稳占1/3强。在中国的三、四级市场，央视具有最强的渗透力。

5. 最优的广告环境。央视是大品牌的首选平台，投放央视意味着与顶级品牌为伍。中央电视台是中国重要的新闻舆论机构，是党、政府和人民的重要喉舌，是中国重要的思想文化阵地，是当今中国最具竞争力的主流媒体之一，具有传播新闻、社会教育、文化娱乐、信息服务等多种功能，是全国公众获取信息的主要渠道，也是中国了解世界、世界了解中国的重要窗口，在国际上的影响正日益增强。

6. 传播效应最大程度的稳定性。央视拥有42个电视频道，包括30个公共频道，是世界上规模最大、覆盖最广的频道群。同时，作为每天用6种联合国工作语言不间断对外传播的电视媒体，目前央视已在171个国家和地区落地，拥有3.14亿海外用户。投放央视不是投一个节目、一个电视剧，而是一个超级稳定的传播平台。

7. 与新媒体融合，提升了广告内容的全媒体覆盖率，放大了传播效应。中央电视台建立了中国网络电视台，并使之成为网络电视、IP电视、手机电视、移动电视、互联网电视五大集成播控平台，通过部署全球镜像站点，已覆盖全球190多个国家及地区的互联网用户，建立了拥有全媒体、全覆盖传播体系的网络视听公共服务平台。与新媒体的互动与融合，出现新媒体反哺电视收视率的良好局面。

可以说，央视广告招标大戏会持续地唱下去，并越唱越好，越唱越红火。

(赵泽润改编自《2015年中央电视台节目资源传播价值解析》)

作为整个市场营销活动的有机组成部分，促销是将产品推向市场、争取顾客的推进器和润滑剂。文化产品既然是商品，尽管特殊，但也同样需要促销。从某种意义上说，促销对于文化产品是否能够顺利走入市场、获取预期效益，有着至关重要的作用。

第一节　促销与促销组合

随着文化市场的兴旺，文化企业的竞争也越来越激烈，同类产品间的竞争更是趋于白热化。文化企业只有加强促销和宣传，突出本企业产品的特点，强调其优势，帮助消费者识别自己喜好的产品，才能使他们在众多的产品中对本企业的产品情有独钟，从而强化本企业的竞争能力。

一、促销的含义

促销是指文化企业通过一定的传播媒介向消费者传递信息，并与消费者进行信息沟通，以达到促进文化企业产品销售目的的营销活动。

在营销实践中，文化企业的促销方式是多种多样的。文化企业在不同的媒体上投放广告，宣传产品、服务的独特性能，通过开展公共关系树立自己良好的企业形象，利用营业推广来刺激消费者的即兴购买，派出人员进行访问调查、推销产品，其根本目的就是为了把产品各个方面的信息，如质量、价格、购买地点等尽可能详尽快捷地提供给消费者。所以菲利普·科特勒干脆将促销称为营销沟通，着重从信息传递角度来讨论促销策略。可以说，促销工作的核心和实质就是沟通信息。

二、促销的方式

依据营销人员在促销工作中的促销作用的大小，促销方式可以分为人员促销和非人员促销两大类。

1. 人员促销。也称人员推销，是指文化企业推销人员与消费者进行面对面的交谈，或者通过电话、电视和信函来沟通信息，以推销产品和服务的促销方式。这是一种比较古老的推销方法。采用这种促销方式来拓展产品的出路早已司空见惯，直到今天，这种推销方式也未过时，仍在促销活动中占有一席之地。

2. 非人员促销。是指文化企业选择除人员接触外的一些媒介手段来传递文化产品和服务的信息，促成消费者产生购买动机和行为的活动。非人员促销方式的工具有营业推广、公共关系和广告。

（1）营业推广。也称为销售促进，是文化企业为了鼓励购买和销售某一文化产品与服务而采取的短期刺激的促销方法。这种方法在文化市场上屡见不鲜。例如，为了吸引广大读者，不少大型图书城纷纷开展各种促销活动，扩大销售额和经营知名度。有的出版公司通过有奖竞猜活动吸引众多的读者积极参与到图书销售过程中来，获胜者可获得数量可观的奖金和奖品；有的出版公司通过赞助或联谊活动，加深与固定读者消费群的情感偏好；有的出版公司则采用对读者实行赠送样品、赠寄代价券、价格折扣、特价包装、附加赠品等促销活动。

（2）公共关系。指文化企业为了树立良好形象，加强同与其有关的社会各界和内部各个群体的联系，使双方加深了解而运用的一种促销方式。公共关系对文化产品的营销起的作用不是直接的，但其影响却是深远的。好的企业形象蕴含的价值远非金钱能够衡量。可能每一个歌星都希望由宝丽金或百代这样的唱片公司为自己出一张专辑。同样是买一本西方的学术著作，在书籍价格相差不大的情况下，一般读者宁愿买商务印书馆或三联书店的而不愿问津其他版本，这里面就蕴藏着商务印书馆或三联书店多年来建立的品牌形象，这是别的出版社不易取代的。

（3）广告。广告是文化企业以付费的方式，将有关产品和服务信息，通过一定的媒体向顾客进行宣传的一种促销方式。广告已成为现代文化企业传播信息的最得力的工具。文化产品的促销更是离不开它的帮助，在大型的文艺演出、新拍的影片上映之前，人人都可以体会到广告的威力。

三、促销组合及促销策略

文化企业针对不同阶段的营销目标和经营环境状况，可以采用不同的促销形式开展产品销售。不管是人员推销、广告还是营业推广、公共关系，每种方法都有其不可替代的特点，在促销活动中也各有千秋。因此，要想发挥每种促销方式的作用，特别是综合运用多种促销手段开展促销活动，文化企业就必须把所有的促销方式组合起来，使其产生综合效果。促销组合就是文化企业根据促销的需要，对广告、人员推销、营业推广等各种促销方式进行适当的选择和综合编配。促销组合建立在不同的促销方式之上，对各种促销方式的清晰认识和精确把握，是进行促销组合的先决条件。

促销策略是文化企业市场营销组合的基本策略之一。促销策略是指文化企业通过人员推销、广告、公共关系和营业推广等各种促销方式，向消费者或用户传递产品信息，引起他们的注意和兴趣，激发他们的购买欲望和购买行为，以达到扩大销售的目的。文化企业一般通过两种方式将自己生产和经营的产品信息传递到目标市场：一种是人员推销，即推销员向顾客面对面地进行推销；另一种是非人员推销，即通过大众传播媒介在同一时间向大量顾客传递信息，主要包括广告、公共关系和营业推广等多种方式。这两种推销方式各有利弊，起着相互补充的作用。此外，目录、通告、赠品、店标、陈列、示范、展销等也都属于促销策略范围。一种好的促销策略，往往能起到多方面的作用，如提供信息情况，及时引导采购；激发购买欲望，扩大产品需求；突出产品特点，建立产品形象；维持市场份额，巩固市场地位；等等。

促销策略从总的指导思想上可以分为推式策略和拉式策略两类。

推式策略是指利用推销人员与中间商促销，将产品推入渠道的策略，故也称为人员推销策略。这一策略需利用大量的推销人员推销产品，适用于生产者和中间商对产品前景看法一致的产品。推式策略风险小、推销周期短、资金回收快，但其前提条件是有中间商的共识和配合（图 10 - 1）。

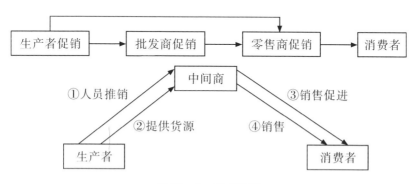

图 10 - 1　推式策略

推式策略常用的方式有派出推销人员上门推销产品，提供各种售前、售中、售后服务促销等。

拉式策略是文化企业针对最终消费者展开广告攻势，把产品信息介绍给目标市场的消费者，使人产生强烈的购买欲望，形成急切的市场需求，然后"拉引"中间商纷纷要求经销这种产品（图 10 - 2）。

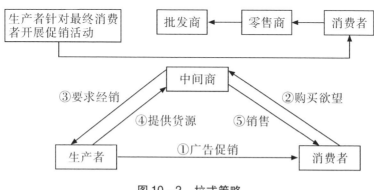

图 10 - 2　拉式策略

在文化市场营销过程中，由于中间商与生产者对某些新文化产品的市场前景常有不同的看法，因此，很多新产品上市时，中间商往往因过高估计市场风险而不愿经销。在这种情况下，生产者只能先向消费者直接推销，然后拉引中间商经销。拉式策略常用的方式有价格促销、广告、展览促销、代销、试销等。

四、影响促销组合的因素

由于影响文化企业产品和服务销售的要素较多，要素之间的关系复杂多变，在根据市场经营目标制订促销策略、调配促销组合时，文化企业必须充分考虑这些影响因素。影响文化企业促销组合和策略的因素主要有六个。

1. 促销目标。它是文化企业从事促销活动所要达到的目的。文化企业在不同时期或不同地区的经营目标不同，因而促销目标也不尽相同。无目标的促销活动收不到理想的效果。因此，促销组合和促销策略的制订要符合文化企业的促销目标，并根据不同的促销目标，采用不同的促销组合与促销策略。

2. 产品的性质。产品性质的甄别是必要的。不同的产品有不同的价值和使用价值，它所诉求的消费者的需求层次、需求时间、需求量也都不同，故而不能一视同仁地采用同样的促销方式。在组织商业演出时，流行歌星演唱会和交响乐演奏会有显著的差别，作为主办者，就不得不对两者进行掂量，作出合适的促销计划。一本书和一场演出虽然都可借助媒体做广告，但相比较而言，用影视手段来形象地演绎精彩片段诉求顾客，远比将一本书的封面和章节显示在电视屏幕上的效果要好得多。同样都是广告促销，产品性质不同，媒体的选择也不能相同，更不用说促销组合的方式了。

3. 产品的生命周期。文化产品的生命周期不同，促销的目标和方法自然也不同。任何产品在市场中都有生长发展的过程，文化产品也是如此。在产品的导入期、成长期、成熟期和衰退期，促销的重点和促销方式的组合必须相应地作出调整与变化。在导入期，文化企业主要通过各种广告使消费者了解认识产品，建立感性认识。在成长期，文化企业则要努力促使顾客对企业的产品和服务产生偏好，形成一定的品牌信赖度，这时要适时地改变广告形式。在成熟期，文化企业的产品在市场上面临着巨大的竞争，企业更需要有针对性地作出促销选择，以保持产品在市场上的吸引力。在衰退期，文化企业务必加强营业推广和公共关系，促成消费者购买，重新唤起消费者的消费欲望。文化产品有的是一次性的消费品，有的是长期的历久弥珍的产品，它们的生命周期很难估量。由于其独特的品性，文化产品的促销一般比物质产品的难度大。

4. 市场状况。市场状况也是文化企业制订促销策略、实施促销组合时要想到的一个重要因素。如果文化市场很大，使用人员促销的办法只会得不偿失，远不如发动广告促销有效；而当市场小而消费量大时，文化企业最好选择人员促销。针对瞬息万变的市场，文化企业在起草促销计划时，无论如何都要做好市场调研工作，并根据调研的结果和文化产品的市场特点来组合促销方式。例如，20世纪八九十年代的上海流行歌坛主要是港台歌星的天下，任何一个稍有名气的港台歌星在上海都拥有大量的歌迷，如果搞一场港台明星的演唱会，必定观者如潮。

5. 竞争对手的状况。竞争对手的存在是任何一个文化企业都得面对的现实。文化市场虽然范围较广，但在有限的领域内也避免不了竞争。比如国内电影市场上各影视公司开展的贺岁片竞争就是较明显的例子。我国电影市场上的贺岁片一般是指在元旦、春节期间上映的电影，具有轻松、幽默、强烈的观赏性和娱乐性等特点，以喜剧片和动作片为主。观众逢年过节走进影院，通过观看贺岁片寻求欢乐和放松。贺岁片的这些特点决定了其市场规模会随着观众人数的增加而不断扩大，经济利益不断增加，各影视机构参与贺岁片的制作和发行的积极性越来越高，市场竞争不可避免，且呈现越来越激烈的发展趋势。大陆市场上的贺岁片已经从20世纪90年代初的香港一家独大，发展到如今的大陆和香港两家齐鸣的局面。2013年年末，香港演员成龙导演的香港贺岁片《十二生肖》与大陆导演徐峥导演的《人再囧途之泰囧》等贺岁电影，在大陆电影市场上开展竞争。2014年的大陆贺岁片市场竞争依旧，以冯小刚导演的《私人定制》和郑保瑞导演的《西游记之大闹天宫》等为代表的大陆贺岁片，与以袁锦麟导演的《风暴》和陈嘉上导演的《四大名捕2》等为代表的香港贺岁片开展竞争。2015年，由于中国的春节与西方的情人节相近，大陆贺岁片市场竞争更加激烈。由湖南卫视谢涤葵等导演、大陆演员陆毅父女等主演的《爸爸去哪儿2》与由香港导演李仁港执导、成龙等主演的《天将雄师》，以及香港导演王晶执导、周润发等主演的《澳门风云2》等展开了激烈的票房市场竞争。可以预见，未来的大陆贺岁片市场竞争将更加激烈。俗话说，商场如战场，文化市场同样是一个战场。文化企业要想通过文化产品获得较好的利益，必须了解竞争对手的情况，做到了知己知彼，方能百战不殆。所以，要制订一个行之有效的促销组合方案，必须先研究竞争对手。

6. 促销预算。在影响促销组合的诸因素中，促销预算的多少更为关键。促销预算决定着促销方式的选择，如广告的投入、媒体的合理安排与划分、公共关系和宣传的规模、营业推广的刺激度强弱等，都需要促销预算的支持。促销组合和活动的实施，归根结底离不开财力的扶持。而在实际操作过程中，促销组合也得在促销预算允许的范围内谋划。有时促销预算过少，文化企业无法予以产品应有的包装，在市场竞争中就难免失败。

第二节　人员推销

随着市场竞争的加剧，文化企业面临着越来越大的经营压力。多样化的促销已经成为破解这一压力的重要手段。在这些促销手段中，人员推销所显示出来的价值更加受到文化企业的青睐。人员推销已经成为文化企业竭尽全力争取顾客、实现销售目标的重要手段。

一、人员推销的含义

人员推销是文化企业通过派出销售人员，与一个或一个以上可能成为购买者的人交谈，作口头陈述，以推销文化产品、促进和扩大销售的销售方式。它是一种极为古老的销售方式，也是一种行之有效的推销方法，至今仍在促销活动中发挥着作用。不论国内还是国外，企业用在人员推销上的费用都远远多于用在广告上的费用。

二、推销人员的素质

人员推销的作用决定了推销员在文化企业中的地位和作用，而推销人员的素质则决定了人员推销活动的成败。作为把文化企业的产品和服务推向市场的专职人员，推销员既要保证有效的信息沟通，又要向消费者提供商务、技术等方面的服务，因此，必须具备较全面的素质和技能。总体来说，一名称职的推销人员应该具备如下素质。

1. 工作态度热情，勇于进取。推销人员是文化企业的代表，有为企业推销产品的职责；同时又是顾客的顾问，有为顾客的购买活动当好参谋的义务。推销员的主要工作是与各式各样的消费者打交道，通过与消费者面对面的沟通来推销产品和服务。因此，推销人员要具有高度的责任心和使命感，热爱本职工作，任劳任怨，敢于探索，积极进取，耐心服务，同顾客建立友谊，这样才能使推销工作获得成功。

2. 复合的个人特性。文化产品推销员的个人特性是由他们的责任决定的。由于在产品和服务推销过程中要承担多样化的责任，推销员必须具备适应性强的综合个性特征，如表10-1所示。

表10-1 销售员的个人特征

销售员的责任	有关个人特性
挖掘潜在顾客的需要	主动、机智、多谋、富有想象力和分析能力
宣传产品	知识丰富、热诚、富有语言天分、有个性
说服顾客	具有说服力、具有持久力、机智多谋
答辩	有自信心、知识丰富、机智、有远见
成交	具有持久性、有冲劲、有自信心
日常访问报告、计划和访问编排	有条不紊、诚实、留意细节
以服务建立企业信誉	友善、有礼貌、乐于助人

3. 全面的知识结构。全面的知识是文化产品推销员做推销工作的前提。一般来说，推销员应该具备的知识包括六个方面：

（1）企业知识。推销员要熟悉文化企业的历史和现状，包括本企业的规模及在同行业中的地位，企业的经营特点、经营方针、服务项目、定价方法、交货方式和付款条件等。

（2）产品知识。推销员要知晓产品的性能、用途、价格、使用知识、保养方法、换代产品比原产品新增的功能以及竞争对手的产品情况等。

（3）市场知识。推销员要了解目标市场的供求状况及竞争对手的相关情况，熟悉目标市场的环境，包括国家的有关政策。

（4）心理学知识。推销员要了解并适时地运用心理学知识来研究顾客的心理变化和要求，以便采取相应的推销方法和技巧推销产品。

（5）财务知识。财务知识是推销员保证销售收入顺利回款的重要前提。推销员要掌握如何结账、如何办理货款等知识。

（6）法律知识。推销员在推销产品和服务时，必须掌握合同法、税法等法律知识，并会实际运用这些法律知识。如果做进出口业务的话，还要学习与掌握《世界贸易组织协定》、《跟单信用证统一惯例》等。

三、人员推销的基本形式、对象与策略

推销员推销产品的形式五花八门，作用也大小不一。文化企业推销员可以根据不同的推销对象，采用不同的推销形式和策略，推销自己的产品和服务。

1. 人员推销的基本形式。

（1）上门推销。这是最常见的人员推销形式。它由推销人员携带产品的样品、说明书和订单等走访顾客、推销产品。这种形式可以针对顾客的需要提供有效的服务，方便顾客，故为广大顾客所广泛认可和接受，是一种积极主动的、正宗的推销形式。

（2）柜台展销。又称门市展销，是指文化企业在适当地点设置固定的门市，或派出人员进驻经销商的网点，接待进入门市的顾客，介绍和推销产品。这是一种等客上门的推销方式，适合于零星小商品、贵重商品和容易损坏的商品推销，如玩具、碟片等。

（3）会议推销。利用各种会议向与会人员宣传和介绍文化产品，开展推销活动。例如，在订货会、交易会、展览会、物资交流会等会议上推销产品。这种形式接触面广，推销集中，可以同时向多个推销对象推销产品，成交额较大，推销效果较好。

2. 人员推销的对象。推销对象是人员推销活动中接受推销的主体，是推销人员说服的对象。推销对象有消费者、生产用户和中间商三类。

（1）向消费者推销。推销人员向消费者推销产品，必须对消费者有所了

解。为此，要掌握消费者的年龄、性别、民族、职业、宗教信仰等基本情况，进而了解消费者的购买欲望、购买能力、购买特点和习惯等，并且要注意消费者的心理反应。要对不同的消费者施以不同的推销技巧。

（2）向生产用户推销。将文化产品推向生产用户的必备条件是熟悉生产用户的有关情况，包括生产用户的生产规模、人员构成、经营管理水平、产品设计与制作过程以及资金情况等。在此前提下，推销人员还要善于准确而恰当地说明自己产品的优点；能对生产用户使用该产品后所得到的效益做简要分析，以满足其需要；同时，推销人员还应帮助生产用户解决疑难问题，以取得用户信任。

（3）向中间商推销。与生产用户一样，中间商也对所购商品具有丰富的专业知识，其购买行为属于理智型行为。这就需要推销人员具备相当的业务知识和较高的推销技巧。在向中间商推销产品时，首先，要了解中间商的类型、业务特点、经营规模、经济实力以及他们在整个分销渠道中的地位；其次，应向中间商提供有关信息，给中间商提供帮助，建立友谊，扩大销售。

3. 人员推销的基本策略。推销员在开展推销活动时，一般采用三种基本策略。

（1）试探性策略。是指推销人员在不了解顾客的情况下，运用刺激性手段引发顾客产生购买行为的策略。推销人员事先设计好能引起顾客兴趣、能刺激顾客购买欲望的推销语言，通过渗透性交谈进行刺激，在谈话中观察顾客的反应；然后根据其反应采取相应的对策，并选用得体的语言再对顾客进行刺激，进一步观察顾客的反应，以了解顾客的真实需要，诱发购买动机，引导产生购买行为。试探性策略又称为"刺激—反应"策略。

（2）针对性策略。推销人员在基本了解顾客某些情况的前提下，有针对性地对顾客进行宣传、介绍，引起顾客的兴趣和好感，从而达到成交的目的。因推销人员常常在事前已根据顾客的有关情况设计好了推销语言，这与医生对患者诊断后开处方类似，故针对性策略又称为"配方—成交"策略。

（3）诱导性策略。推销人员运用能激起顾客某种需求的说服方法，诱发引导顾客产生购买行为。这是一种创造性的策略，对推销人员的要求较高，要求推销人员能因势利导，诱发、唤起顾客的需求，并能不失时机地宣传介绍和推销产品，以满足顾客对产品的需求。因此，从这个意义上说，诱导性策略也可称为"诱发—满足"策略。

四、人员推销的功能

文化企业的推销员既是文化产品和服务的营销者，又是代表文化企业开展市场营销活动的主要人员，在市场营销活动中承担许多责任。其主要任务有：

1. 积极寻找现实顾客或潜在顾客。推销人员与市场打交道的时间最长，对市场上存在的各种机会最为了解。所以，推销员的首要任务是为文化企业发现和寻求市场机会，发现可能的顾客或潜在顾客，以便企业创造需求，开拓新的市场。

2. 向顾客传递本企业的产品和服务信息。及时和全面地向消费者传递企业信息是企业营销成功的必要前提条件。尽管文化企业可以通过多种方式完成这个任务，但通过推销员向消费者传递信息是最好的方法之一。推销员面对面地与消费者打交道，其向消费者传递信息的可信度高、效果好。因此，推销人员要及时向现有的及潜在的顾客传递本企业的产品和服务，传递企业的相关信息，为消费者购买决策提供必要的参考资料。

3. 运用各种推销技术和方法，千方百计地向顾客推销产品和服务。向文化消费者推销产品和服务，是推销员最基本的职责。只有把产品和服务推销出去，才能算完成了自己的本职工作。所以，推销员要掌握各种推销技术，并会根据推销对象的不同，采用不同的技术，把产品和服务推销出去。

4. 按照合同要求及时收回各种款项。由于市场竞争的激烈和信用销售的运用，文化企业会在很大程度上存在着先发货、后收款的销售情况。如果不能及时收回销售款，文化企业的资金就不能及时回笼，正常的生产经营活动就可能因为资金短缺而受到影响。如果长时间无法收回资金，文化企业的损失就会加大，同时，资金回收的难度也会变大，文化企业就会出现销售坏账损失。因此，文化企业推销员的一项重要任务就是按照销售合同的要求，及时收回各种销售款项，保证企业资金的回笼和财产的完好。

5. 为顾客提供各种服务。文化企业的产品销售过程很多时候是与向消费者提供服务的过程相统一的。文化企业可以设置专门的服务部门，向消费者提供服务，也可以通过推销员完成这项任务。推销员在开展推销活动过程中可以向顾客提供各种服务，如向顾客提供咨询服务、帮助顾客解决某些技术问题、安排融资、催促加快办理交货等。

6. 为文化企业搜集和提供各种信息。由于文化企业的推销员是企业与市场连接的纽带，他们对市场上各种影响企业生产经营活动的信息接触最多，从而具备了搜集和掌握各种信息的先决条件。因此，推销员在推销产品和服务的过程中要进行市场调查、收集市场情报、反馈信息，经常向企业报告访问推销活动情况，为文化企业的生产经营决策提供依据。

第三节　广告策略

广告是文化企业在营销时使用的最主要的促销工具之一，它比人员推销、营业推广和公共关系发挥的威力都要大得多。翻开报纸、打开电视、扭开广播，走在街上、坐在车上，甚至飞在天上，都能在不经意间收听、收看到无数的广告信息。这些广告五彩缤纷，无所不包。单是文化方面的消息就不计其数，文艺演出、字画拍卖、音像上市、电影首映、畅销书排行榜、艺术品汇展，林林总总，叫人眼花缭乱、目不暇接。

一、广告的概念

"广告"（Advertising）一词源于拉丁语"Advertere"，有"注意"、"诱导"、"大喊大叫"和"广而告之"之意。广告作为一种传递信息的活动，是企业在促销中应用最广的促销方式。市场营销学中探讨的广告，是一种经济广告。也就是说，市场营销学中的广告是广告主以促进销售为目的，付出一定的费用，通过特定的媒体传播商品或劳务等有关经济信息的大众传播活动。从广告的概念可以看出，广告是以广大消费者为广告对象的大众传播活动，以传播商品或劳务等有关经济信息为内容；广告是通过特定的媒体来实现的，并且广告主需要对使用的媒体支付一定的费用；广告的目的是为了促进商品销售，进而获得较好的经济效益。

二、广告目标

广告目标的确定是广告计划的开端，也是促销活动中第一个需要解决的问题。广告计划就是在提出问题的基础上解决问题，即实现广告目标的一个统筹的安排方案。明确广告目标是为了有的放矢，而广告目标的确立绝不能与文化企业制定的全局性的市场分析、定位及营销策略相冲突，广告活动必须服从整体性的营销计划，保持面与点的统一性，否则会干扰最终营销目标的执行和实现，招致不良的后果。文化企业的广告目标与其他企业的广告目标类似，大体上可分为通知、劝说和提醒三种。

1. 通知性广告目标。这类广告大多用于产品的导入期。广告尽可能向潜在的顾客说明新产品的情况，或者告知新用途、解释价格变化等，通报消费者，使其知晓进而产生需求欲望，趁机营造公司形象，和消费者进行沟通。例如，《中华读书报》创刊伊始便大做广告，介绍各个栏目及版面设置、报纸的不俗定位和品格、名人的关怀、读者的喜爱等，所要达到的目的就是通知读者，激发他们的需求和消费冲动；《读书》在提价前于"编后记"中感叹纸价疯长、印刷艰难，又声言永远与读者是朋友，最后表明刊物要提价是不得已；上海书城早在装修阶段就已通过传媒把上海书城炒得沸沸扬扬；沪上著名的天蟾舞台年久失修，在得到香港大亨邵逸夫捐款后改建为逸夫舞台一事，也闹得家喻户晓、妇孺皆知。其实质皆为通知文化消费者。

2. 劝说性广告目标。这种广告的用意在于使顾客建立品牌偏好，尽快购买本企业的产品。文化企业要突出产品特色，说服顾客，广告目标不可含糊。

因为此时顾客虽已对某种产品有需求欲望，但还处于游移状态，文化企业必须通过广告坚定其意愿，促使其定位，尽快购买本企业产品。文化企业的多数广告即属于这一类型。如中国科技图书公司以"天天新书"为名在底楼开出"图书超市"，广播电台以"把全世界的音乐带给你"网罗听众，等等，其目标就在于强化本企业在顾客心目中的独特形象和地位。

3. 提醒性广告目标。这类广告是为了告知消费者马上可能会需要这种产品，或者告诉他们购买地点，加深消费者对本企业品牌的记忆，使企业保持较高的知名度。这类广告在产品的成熟期应用较多，如上海电视台常在新的一期《上海电视》出版时播出广告"开门第八件事，去买《上海电视》"，把买《上海电视》视为和柴、米、油、盐、酱、醋、茶一样的生活必需品来提醒，催促读者购买；上海的双周免费音乐会举办之前，常在报纸上登出广告，预报节目内容，最后提醒你在何处可以领到票。这些都可划归为提醒性广告。

三、广告预算

广告目标确定后，就要看为了实现这一目标需要花费多少资金，即作出广告预算。制订广告预算时，文化企业要综合考虑一些特定的情况，实事求是，尽量以最合理的投入实现广告目标。在产品的不同生命周期，预算也应不同，导入期、成长期和成熟期的预算方法也要随之改变。对市场竞争的激烈程度、所占份额等因素都要具体分析，然后再依此选择预算方案，决定广告预算。广告预算一般很难准确给出，这也是营销策略中伤脑筋的问题。所以，文化企业在做实际广告预算时，要先有一定资金量的预算准备，再挑选预算方法，这样才可以防止产生无从下手、首鼠两端的两难处境。文化企业常用的广告预算方法有量入为出法、销售比例法、竞争对等法和目标任务法。

1. 量入为出法。文化企业依据自身的财力，在允许的范围内支出一部分钱作为广告费。这种预算方法不考虑促销与销售量之间的关系。在文化企业赢利多的时候投入就多，反之则少。资金投放不稳定，不利于企业制订长期的市场发展计划。

2. 销售比例法，是指文化企业以一个特选的销售额来确定促销费用在其中所占的比例。如一影音公司决定以 100 万元销售额的 10% 作为广告费用，第二年仍可以如此，或者以另一个比例来决定广告费用。这种方法的好处不言自明：广告的投入与销售额密切相关，还可使管理人员将销售活动的各个部分联结起来，通盘谋划促销费用、销售价格和利润的关系；同时，还可减弱竞争的强度，因为如果每个企业都以这种方法确定广告费用，竞争自然可以缓和。但这种方法也有缺陷，它把促销和销售额之间的因果关系颠倒了，事实上销售额并不是促销或广告的原因，而是结果。

3. 竞争对等法。这是一个模棱两可的广告预算确定方法。它是依照竞争对手的广告费用来确定自己的广告投入。这是因为竞争对手的预算是同行业经验的结晶，有其合理性。此举还可以阻止促销战，双方的广告投入相当，结果当然势均力敌，不至于引发新一轮广告大战。但这种方法也有一定的不足：竞争对手促销费用的多少难以说清，也不一定合理，而且各个企业的目标、商誉及机会不可能完全相同，所以对于用这种方法作出的预算，更要仔细推敲。

4. 目标任务法。目标任务法较科学合理，但先要定出合适的促销目标，如将要达到的市场份额、品牌知名度等，再看实现此目标所要完成的任务及完成任务所需的资金投入，给出广告预算。

四、广告媒体选择

文化企业在做广告前，非常重要的一项工作就是选择广告媒体。媒体类型众多，主要有报纸、杂志、电视、广播、网络以及直接邮寄广告和户外广告等。每种媒体都有优势和不足，不同类型的媒体的影响力、促销效果和成本等都不一样。文化企业在选择媒体时，要综合考虑文化产品的特点、目标市场的特定、媒体的成本和媒体的影响力。

1. 文化产品的特点。由于文化产品的性质、性能、用途不同，文化企业要根据产品的特点选择不同的广告媒体。例如，对于日常生活性文化产品，文化企业可用电视、广播或人员推销等进行宣传；而对于专业技术性强的文化产品，如各种专业性的展览会等，则宜利用专业性报纸、杂志，或邮寄广告形式，以便更直接地接触广告对象。

2. 目标市场的特点。文化企业发布广告的目的就是对目标市场的潜在顾客产生影响，从而促使其购买。因而，选择广告媒体要考虑消费者易于接触，并乐于接受的媒体。同时，要根据目标市场的范围，选择覆盖面与之相适应的媒体。例如，开拓区域市场可选择地方报纸、电台、电视台，如果要提高在全国的知名度，则宜选择全国性的媒体。

3. 媒体的成本。不同媒体收取的广告费用不同，同一媒体在不同时间、位置收取的广告费用也会不同。文化企业在选择媒体时，要根据自身财力和对广告效果的预期作出平衡，选择适宜的媒体。

4. 媒体的影响力。指广告接触面的大小，即一定时期内广告所触及的人或家庭数目。如广播、电视与报纸、杂志传达信息的效果肯定不同；就是同一媒体，因影响力有差异，效果也随之不同。像一则广告，欲诉求上海地区的消费者，选择东方电视台或上海电视台，就比中央电视台好得多，原因是前者比后者在上海的覆盖面更广，对上海的普通消费者的影响力也较大。

五、广告促销的管理过程

文化企业运用广告开展促销，需要对广告有一个较全面的认识。同时，还需要按照一定的程序，做好广告促销管理工作，确保文化企业开展的广告促销活动能够较好地实现广告促销目标。一个完整的广告促销过程主要包括五个环节：

1. 确定广告目标。文化企业必须根据自己的经营环境、经营条件和目标的变化，确定自己的广告目标，以实现其促进销售的目的。文化企业可以从通知性目标、劝说性目标和提醒性目标中选择一个目标，也可以把这三个目标依据一定的标准组合在一起，共同发挥作用。

2. 安排广告预算。文化企业在确定自己的广告目标后，要配套安排广告预算，从财力上保证广告目标的实现。文化企业可以单独采用量入为出法、销售比例法、竞争对等法和目标任务法等，也可以根据广告工作的开展情况，把几种预算方式组合在一起使用，以便制订出科学的预算。

3. 确定广告发布媒体。随着科学技术的不断发展、新媒体的不断出现，文化企业发布广告的载体越来越多，媒体选择越来越难。文化企业需要综合考虑每一种广告发布媒体的优势和不足，在充分满足文化企业广告目标的基础上，确定广告发布的媒体。一般来说，文化企业可以通过多样化的媒体发布广告，以充分发挥每种媒体的优势，同时弥补各自的不足。

4. 制作和发布广告。文化企业在制作和发布广告时，可以选择独立的广告公司来完成，也可自设广告部门与人员来做这件事情。具有较强的广告制作和发布能力的大型文化企业可以自己独立完成这项工作，但小型文化企业更倾向于让广告公司代理广告业务。因为广告活动是一项复杂的工作，涉及市场调研、产品定位、文案创意、平面设计、媒体组合以及效果评估等一系列辅助工作，小型文化企业一般无力承担这样繁重的任务。再加上广告公司本身拥有人才和专业知识的优势，与传媒联系广泛，在广告促销方面经验丰富，能使文化企业避开许多未知的麻烦。所以，文化企业在制作和发布广告时，应首先考虑广告公司的作用。

5. 广告效果测定。文化企业按照自己的设计和要求制作、发布广告后，要及时对广告效果进行跟踪评价，以准确掌握广告在文化产品促销、文化企业形象宣传等方面起到的实际作用和效果。

第四节　营业推广和公共关系

目前，营业推广在文化产品的销售中使用的范围还不大，它的作用和影响也未得到应有的重视，特别是在我国，文化产品进入文化市场不久，人们还拘泥于文化产品非商品属性的一面，不能运用更多的营业推广来扩展其销售数额，甚至其使用率还不如公共关系策略。从国内外的商业现实来看，营业推广的强大促销力量所创造的业绩骄人,而且成功率颇高。在文化产品的促销中,不失时机地引进营业推广的方法,必然会产生好的反响和效果。

一、营业推广

营业推广是指文化企业为了迅速刺激需求和鼓励交易尽快实现所采取的措施和活动的总称,是人员推销、广告、公共关系之外的又一种促销方法。营业推广在促销活动中常见的形式有赠奖、折价、推销金、展览、红利、竞赛等。

(一)营业推广的特征

营业推广是人员推销、广告和公共关系以外的能刺激需求、扩大销售的各种促销活动。概括说来,营业推广有如下特点:

1. 营业推广的即期效果显著。在开展营业推广活动时,可选用的方式多种多样。一般来说,只要能选择合理的营业推广方式,就会很快地收到明显的增销效果,而不像广告和公共关系那样需要一个较长的时期才能见效。因此,营业推广适合于在一定时期、一定任务的短期性促销活动中使用。

2. 营业推广是一种辅助性促销方式。人员推销、广告和公共关系都是常规性的促销方式,而多数营业推广方式则是非正规性和非经常性的,只能作为它们的补充方式。也就是说,使用营业推广方式开展促销活动,虽能在短期内取得明显的效果,但它一般不能单独使用,常常要配合其他促销方式使用。营业推广方式的运用能使与之配合的促销方式更好地发挥作用。

3. 营业推广有贬低产品和品牌之意。采用营业推广方式促销,迫使顾客产生"机会难得、时不再来"之感,进而能打破消费者需求动机的衰变和购买行为的惰性。不过,营业推广的一些做法也常使顾客认为卖者有急于抛售的意图,若频繁使用或使用不当,往往会引起顾客对产品质量、价格的怀疑。因此,文化企业在开展营业推广活动时,要注意选择恰当的方式和时机,并且注意到文化产品的种类与属性。

(二)营业推广的方式

文化企业开展营业推广活动,可以根据不同的对象采用不同的形式。一般来说,文化企业的营业推广活动的对象可以分为消费者、中间商和企业内部的营销员三类。

1. 以消费者为目标的营业推广活动。针对消费者的营业推广活动的主要目的是鼓励消费者大量购买和使用本企业的产品,吸引顾客和同类产品的消费者。英国的基特·威廉姆斯出版了一本名叫《化装舞会》的儿童读物,要小读者根据书中的文字和图画猜出一件"宝物"的埋藏地点。因为宝物为一金质野兔,价值不菲,且真实存在,顿时在英国掀起一股群众探宝热潮,不光小读者忙得不亦乐乎,许多成年人也加入了这个行列。而当那个埋藏得比较隐蔽的金质野兔被发现时,《化装舞会》这本书已销售了 200 多万册。威廉姆斯的促销策略的确高明,当他在 1984 年故伎重演时,仍然形成轰动,获利甚丰。这种类型的营业推广常用的方式有以下几种:

(1) 赠送样品。即免费向消费者提供文化产品,供其使用。这些样品可以挨户赠送、邮寄、在公共场合散发、夹在其他商品中附送或在广告中赠送。这是介绍新产品最有效的一种方式,但也是最昂贵的一种方式。如《文汇读书周报》为了增加订户,特地在多家报刊上登出广告,只要向其致函索取,便会免费赠阅一份最新的《文汇读书周报》。许多刊物在创刊时,免费向各大图书馆邮寄赠阅,以争取订阅。再如《金陵晚报》作为南京地区的第二家晚报,因公开发行时影响甚微,便在报刊零售点免费赠阅,创造知名度,不久即成为一份拥有广大读者的晚报。

(2) 折价券。即送给消费者的一种购物凭证,消费者可以据此按优惠价购买某种文化产品。折价券发放的途径很多,可以邮寄,也可以附在其他商品中或在广告中赠送。如文汇报社成立了文汇读者联谊部,向订阅报纸超过一季度的读者发放优惠卡,定期推出一些商品,像助动车、自行车等,读者凭优惠卡前去购买,就可省去一部分钱。报社利用这种方法可促使读者继续订阅《文汇报》,这是产品成熟期常用的办法。

(3) 赠送礼品。即在顾客购买产品时顺带赠送免费的小物品。如出售文具盒时可送一个卷笔刀,或者一块橡皮等。有些小物品上可印制文化企业的名字,如买一盘影音公司的磁带,可以送一张印有公司标志的年历片、歌星照片等,购买图书会附赠光碟或上网学习卡。

(4) 奖励。也称有奖销售,可以让消费者用产品的包装或以发票号码来兑奖。

(5) 交易印花。就是在营业过程中赠送给购买者的特别赠奖。当印花积累到一定数量时,可以向出售者兑换商品。这种方法可以吸引顾客长期购买某种产品。

(6) 卖点陈列与表演。这是一个现场促销的高招。在唱片销售现场挂上大幅的歌星图像,同时播放他的音乐,就是一种现场的示范。电影院常在售票处同步播出正在放映的影片的配音或预告片,用以招徕顾客,也为一例。

(7) 竞赛。竞赛的面较广,消费者、推销员、中间商均可参加。对于消费者,可以举行一些游戏、建议活动,向其中的优秀者发奖。如某些杂志会在年终时请读者填一张对刊物的意见表,读者建议被采纳的话,将会得到一些纪念品或一年的刊物。对于推销员和中间商,实质上就是销售竞赛,优胜者将得到奖励或是金钱,或是一次旅游机会。

2. 以中间商为目标的营业推广活动。向中间商推广,是为了促使中间商积极经销本企业产品;同时,也可有效地协助中间商,加强与中间商的关系,达到共存共营的目的。其推广方式主要有:

(1) 购买折扣。为刺激、鼓励中间商购买并大批量地购买本企业产品,对第一次购买和购买数量较多的中间商给予一定的折扣优待,购买数量越大,折扣越多。折扣可以直接支付,也可以从付款金额中扣出,还可以赠送商品作为折扣。

(2) 资助,是指生产者为中间商提供陈列商品、支付部分广告费用和部分运费等补贴或津贴。在这种方式下,中间商陈列本企业产品,企业可免费或低价提供陈列商品;中间商为本企业产品做广告,生产者可资助一定比例的广告费用;为刺激距离较远的中间商经销本企业产品,可给予一定比例的运费补贴。

(3) 经销奖励。对经销本企业产品有突出成绩的中间商给予奖励。这种方式能刺激经销业绩突出者加倍努力,更加积极主动地经销本企业产品;同时,也有利于诱使其他中间商为多经销本企业产品而努力,从而促进产品销售。此外,还有经销商销售竞赛、免费咨询服务、为经销商培训销售人员、展览会、联合促销,等等。

(4) 津贴。主要分为广告津贴和陈列津贴两种。广告津贴是文化企业给予中间商的广告赞助。当中间商陈列展出某种产品时,文化企业则要给出陈列津贴。陈列津贴是文化企业为感谢中间商陈列其产品及举办特别展示活动而给中间商的一种酬谢。现在许多拥金自重的作家为了更好地卖出自己的书,常自掏腰包举办作品研讨会,广造舆论,刺激图书经销商,这也是一种变相的广告津贴。

(5) 展销会。这种促销形式在文化营销中运用得越来越多。如以影视片促销为主的上海电视节、长春电影节,以及文汇书展、景德镇陶艺展等,都凝聚了大量中间商,销售成绩喜人。由文化部等在广东深圳主办的中国(深圳)国际文化产业博览交易会(图10-3),已经发展成为我国最大的文化产品交易会,总交易额已经由第一届(2004年)的31.36亿元快速提高到第十届(2014年)的2324.99亿元。展销会成为我国众多文化企业销售产品的主要方式。

图10-3 首届深圳国际文化产业博览会开幕式

3. 以文化企业销售人员为目标的营业推广活动。文化企业为了鼓励销售人员在某个特定的时间完成销售任务，往往会采用销售竞赛、销售红利、奖品等销售促进工具直接刺激销售人员，激励他们提前完成销售任务。同时，推销人员经常要将许多不同品牌的商品推荐给消费者使用，而不同品牌产品的销售状况并不一样。文化企业有时为了鼓励推销人员尽可能推销某种市场销售状况不好的产品，也会给销售此类产品的推销人员以额外的红利、奖金等。

（三）营业推广的控制

营业推广是一种促销效果比较显著的促销方式，但倘若使用不当，不仅达不到促销的目的，反而会影响产品销售，甚至损害文化企业的形象。因此，文化企业在运用营业推广促销时，必须予以控制。

1. 选择适当的方式。尽管营业推广的方式很多，但各种方式都有各自的适应性。选择恰当的营业推广方式是促销获得成功的关键。一般来说，一个特定的销售目标可以采用多种促销工具来实现，所以应该对多种营业推广工具进行比较选择和优化组合，以实现最优的促销效益。

2. 确定合理的期限。控制好营业推广的时间也是取得预期促销效果的重要一环。推广的期限既不能过长，也不宜过短。时间过长，消费者会对这种销售方式习以为常，甚至会产生疑问或不信任感，刺激需求的作用就不会显现；时间过短，会使部分顾客来不及接收营业推广的好处，收不到最佳的促销效果。营业推广的时间一般应与消费者的平均购买周期相一致。

3. 切忌弄虚作假。营业推广的主要对象是文化企业的潜在顾客。因此，文化企业在开展营业推广过程时，一定要坚决杜绝徇私舞弊等短视行为的发生。在市场竞争日益激烈的条件下，企业信誉是十分重要的竞争优势，文化企业没有理由自毁商誉。本来营业推广这种促销方式就有贬低商品之意，如果再不严格约束企业行为，将会产生失去企业长期利益的巨大风险。因此，弄虚作假是营业推广中的最大禁忌。

4. 注重推广中后期的宣传。开展营业推广活动的文化企业比较注重推广前期的宣传，这非常必要，但不应忽视推广中后期的宣传。在营业推广活动的中后期，文化企业面临的十分重要的宣传内容是营业推广中的企业兑现行为。这是消费者验证企业推广行为是否可信的重要信息源。令消费者感到可信的企业兑现行为，一方面有利于唤起消费者的购买欲望，另一个更重要的方面是可以换来社会公众对企业良好的口碑，树立和提高企业良好的形象。此外，文化企业还应注意确定合理的推广预算，科学测算营业推广活动的投入产出比。

二、公共关系

（一）公共关系的概念

"公共关系"又称公众关系，它译自英文"Public Relations"，简称公关或PR。由于每个人的认识角度不同，人们对公共关系内涵的理解也各不相同，于是形成了许多公共关系的定义。本书所讲的公共关系是指企业在从事市场营销活动中正确处理企业与社会公众的关系，以便树立品牌及企业的良好形象，从而促进产品销售的一种活动。

（二）公共关系的基本特征

公共关系是一种社会关系，但又不同于一般社会关系，也不同于人际关系。公共关系的基本特征表现为五个方面。

1. 公共关系是一定社会组织与其相关的社会公众之间的相互关系。这里包括三层含义：① 公关活动的主体是一定的组织，如企业、机关、团体等。② 公关活动的对象既包括企业外部的顾客、竞争者、新闻界、金融界、政府各有关部门及其他社会公众，又包括企业内部职工、股东。因此，公关有内部公关与外部公关之分。内部公关对象是企业内部职工、股东等，外部公关对象是顾客、社会公众、政府部门等，这些公关对象构成了企业公关活动的客体。企业与公关对象关系的好坏直接或间接地影响企业的发展。③ 公关活动的媒介是各种信息沟通工具和大众传播渠道。作为公关主体的企业，借此与客体进行联系、沟通、交往。

2. 公共关系的目标是为企业广结良缘，在社会公众中创造良好的企业形象和社会声誉。一个企业的形象和声誉是其无形的财富。良好的形象和声誉是企业富有生命力的表现，也是公关的真正目的之所在。企业以公共关系为促销手段，利用一切可能的方式和途径，让社会公众熟悉企业的经营宗旨，了解企业的产品种类、规格以及服务方式和内容等有关情况，使企业在社会上享有较高的声誉和较好的形象，以促进产品销售的顺利进行。

3. 公共关系的活动以真诚合作、平等互利、共同发展为基本原则。公共关系以一定的利益关系为基础，这就决定了主客双方必须有诚意、平等互利，并且要协调、兼顾企业利益和公众利益，这样才能满足双方需求，维护和发展良好的关系。否则，只顾企业利益而忽视公众利益，在交往中损人利己，不考虑企业信誉和形象，就不能构成良好的关系，也毫无公共关系可言。

4. 公共关系是一种信息沟通，是创造"人和"的艺术。公共关系是企业与其相关的社会公众之间的一种信息交流活动。企业从事公关活动，能沟通企业上下、内外的信息，建立相互间的理解、信任与支持，协调和改善企业的社会关系环境。公共关系追求的是企业内部和企业外部人际关系的和谐统一。

5. 公共关系是一种长期活动。公共关系着手于平时努力，着眼于长远打算。公共关系的效果不是急功近利的短期行为所能达到的，需要连续地、有计划地努力。企业要树立良好的社会形象和信誉，不能拘泥于一时一地的得失，而要追求长期稳定的战略性关系。

（三）公共关系的主要职能

公共关系在文化企业中承担了许多职能。具体来说，其职能包括以下几个方面：

1. 信息监测。文化企业和文化产品的相关信息是企业开展生产经营活动的前提条件，更是影响企业和产品形象的重要因素。文化企业要组织专门的部门和人员对企业和产品的信息进行跟踪，充分收集社会组织、消费者及企业内部员工对企业及产品的看法、评价等，以获取较全面的信息，跟踪监测其发展变化趋势，为企业决策提供必要的条件。

2. 舆论宣传。任何企业开展公共关系活动都离不开宣传，文化企业也不例外。文化企业可通过大众传播媒介同公众取得广泛的联系和沟通，可借助新闻媒介的力量树立自身良好形象，传递企业及产品信息，以取得各界公众的了解和好感。文化企业的公关宣传要有针对性地组织好宣传内容，借助多种媒体开展宣传，以达到宣传目的。

3. 沟通协调。文化企业可通过大众传播媒介同社会组织和公众取得广泛的联系和沟通，更需要借助媒介力量树立自己的企业和产品形象，传递企业信息，积极开展与社会组织、公众和内部员工的沟通，以取得各级组织、公众和员工的了解和好感。文化企业的公关沟通最常用的形式之一就是召开新闻发布会。新闻发布会又称记者招待会，是文化企业重要的宣传与沟通手段。同时，文化企业还可以通过正常的内部会议等方式与员工沟通，向股东传达文化企业发展策略与业绩、商标、品牌、商誉、形象管理等。

4. 危机处理。危机处理是公共关系的一项重要职能。文化企业在开展生产经营活动的过程中，难免会遇到一些突发事件或者各种事故。对处于动态环境之中的文化企业来说，危机是不可避免的。当遇到危机事件时，文化企业如果处理得当，就可以转危为安，甚至化害为利；若处理不当，危机就会给文化企业造成不同程度的损害。所以，危机处理是文化企业公共关系活动的重要内容。文化企业开展公关工作时，要时刻做好应对危机的准备。在危机发生之前，要积极做好预防和准备；当危机发生时，要积极对危机事件进行控制和处理；在危机事件后，文化企业要开展一系列公共关系活动来重塑和提升企业形象。

本章小结

随着文化市场竞争加剧，文化企业间的竞争也越来越激烈。文化企业只有不断加强促销，才能更好地向消费者宣传本企业的产品，推动消费者选择本企业的产品，从而完成销售任务，提高本企业的竞争能力。

本章第一节在介绍促销的基础上，详细介绍了促销组合的内容及主要形式，重点介绍了促销组合及促销策略，并分析了影响促销组合的主要因素。第二节全面介绍了人员推销的含义，指出一个合格推销人员应该具备的素质；同时，重点分析推销人员的主要功能，并就人员推销的基本形式、对象、策略做重点介绍。第三节全面分析了企业的广告目标、广告预算的制订、广告媒体选择，最后就广告促销的管理过程做了介绍。第四节分析了营业推广的特点和方式，介绍了公共关系的基本特征和主要职能。

资料链接 >>>

中国（深圳）国际文化产业博览交易会

中国（深圳）国际文化产业博览交易会（以下简称"文博会"）是由中华人民共和国文化部、中华人民共和国商务部、国家广播电影电视总局、中华人民共和国新闻出版总署、中国国际贸易促进委员会、广东省人民政府和深圳市人民政府联合主办，由深圳报业集团、深圳广播电影电视集团、深圳出版发行集团公司、深圳国际文化产业博览会有限公司承办的唯一的国家级文化产业博览交易盛会，每年5月在深圳举行。

从2004年11月18日首届文博会举办，到2014年5月19日第十届文博会闭幕，文博会已经成功举办十届。十届文博会发展实践证明，深圳文博会已成为中国文化企业快速发展越来越综合、越来越重要的平台。文博会在推动文化发展方面的作用主要表现为：

1. 推动我国文化产业发展的重要平台。深圳文博会从第一届开始，就以文化为核心，集中开展文化产品和服务的展示和交易，逐步吸引了国内的各级政府、文化企业和国外的相关文化机构和企业参会交易，会展规模不断扩大，交易额逐届增加。十届文博会累计总成交额达10475.37亿元（图10-4）。中国文化产业发展具有里程碑意义的数字在深圳写就，"中国文化产业第一展"实力充分凸显。

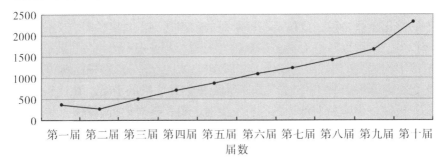

图10-4 十届文博会成交额

2. 为文化企业搭建营销平台，推动文化企业产品和服务迅速成长。文博会是我国最大的文化产品和服务的交易平台，也是文化企业产品和服务的展示平台。一大批国内文化企业借助深圳文博会这一平台，抢抓文化发展的机遇，实现了产品和服务的有效交易，提升了企业的经营效益和实力，实现了良好的经济效益和社会效益。文化产品和服务的交易额从第一届的356.9亿元，提升到第十届的2324.99亿元。文化企业也从参展中看到了实惠，参与积极性不断提高。参加文博会的文化企业从第一届的700家发展到第十届的2263家（图10-5）。

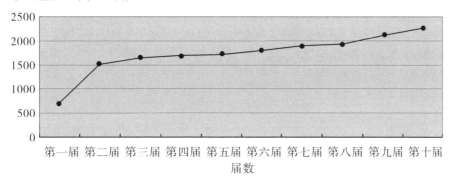

图10-5 十届文博会参展企业数

3. 我国文化产品和服务出口的重要阵地，推动中华文化"走出去"的重要国家级平台。十年文博会吸引了越来越多国家和地区的海外机构参展，更是吸引了多个国家和地区的采购商参会，并积极购买我国的文化产品和服务，由此拉动了我国文化产品和服务的出口。文博会的文化产品和服务出口交易额从第一届的0元发展到第十届的161.38亿元（图10-6）。十届文博会的文化产品和服务出口交易额累计超过1000亿元。文博会已经成为我国文化产品和服务走出去的最大"助推器"。据统计，通过文博会这一平台走向世界的文化企业数量也逐年递增。

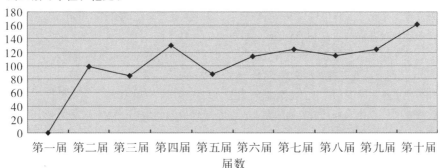

图10-6 十届文博会出口交易额

同时,创新型文化企业已经取代传统的文化产品生产企业,成为我国文化企业的出口主力。十届文博会吸引了大量极具创新精神的中国文化企业参展,这些企业通过文化与科技、文化与创意、文化与旅游、文化与金融的融合,实现了文化产品和服务的创新,成为文博会的主力,已经取代传统的工艺品企业,成为我国高端文化科技产品出口的主力。

4. 主会场与分会场共同办会,极大地推动和促进了文博会的专业性和影响力,提升了承办分会场的承办者的能力,推动了深圳文化创意园区的升级和文化产业的发展。从第一届的1家到第十届的54家(图10-7),文博会分会场展现出勃勃的生机。承办分会场的企业大多是深圳乃至全国在业内具有领先示范作用的龙头企业,包括10家国家级文化产业示范园区或示范基地,32家省、市级文化创意产业园区。创意设计类的分会场有19家,占分会场总量的35%,其次是高端工艺美术类,有16家,占分会场总量的30%。主、分会场加强互动效果明显,共促交易额大幅提升。展会期间采取了系列措施促进主、分会场的资源共享、互动双赢,分会场成交额1064.39亿元,占总成交额的45.78%。第十届文博会的分会场日益体现出资本吸引力、品牌影响力和整体竞争力增长的特点。

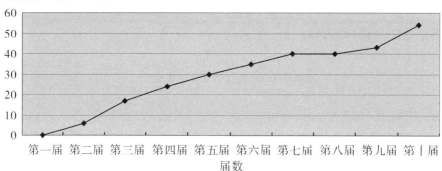

图10-7 十届文博会的分会场数

5. 为文化企业的融资提供平台,融资效果明显,推动了文化与资本的结合。作为中国文化产业投融资项目的重要平台,文博会的融资作用不断凸显。各主办单位和政府组团参展,各单位积极举办各项活动,召开系列项目推介会、洽谈会、招商会,向参会商家,特别是外商推荐文化产品和项目,争取合作机会,实现文化与金融的合作。第十届文博会上,文化产业项目投融资共达1019.35亿元,占总成交额43.84%。通过文博会,国内文化企业找到了一条文化产品和服务融资的有效途径,加快了资本助推文化发展的进程。

6. 文化产业新业态的展示交易平台,进一步推动了我国文化产业的创新。十年文博会积累和孵化了越来越多的文化产业发展新业态,文化金融、文化旅游、文化科技、文化创意等代表着文化产业未来发展方向的新业态项目展现出勃勃生机。第十届文博会上,新业态内容占了参展项目的70%,成为交易主力。文化和科技融合型产业的成交额达1182.88亿元,占总成交额的50.88%,同比增长83.91%;文化与旅游相结合产业成交额达230.48亿元,占总成交额的9.91%,同比增长69.91%。

经过十届的发展,深圳文博会越来越得到各级政府、企业、媒体和社会各界的关注,政府组团参会,企业主动报名参会,境内外媒体参与报道展会,社会各界积极参会,成了文博会的重要特征。

[赵泽润改编自中国(深圳)国际文化产业博览交易会官网资料]

思考与练习

1. 影响促销组合的因素有哪些?
2. 文化企业选择媒体发布广告时的要点有哪些?
3. 人员推销有哪些优缺点?
4. 什么是公共关系?它有哪些特征?

第十一章 文化市场营销管理

● 知识要点

了解市场营销战略及构成要素。
理解战略管理过程。
理解市场营销组织的演变过程。
理解市场营销组织的主要形式。
掌握市场营销管理的实质。
掌握市场营销管理过程。
掌握营销计划的撰写。
掌握营销控制的类型和主要方法。

英迈传媒借《梦想星搭档》，助力洋河塑造公益品牌形象

2012年10月，英迈文化传媒有限公司（以下简称"英迈"）又进入了一年一度的全国媒体营销的准备期。

作为多年的合作伙伴，江苏洋河酒股份有限公司（以下简称"洋河公司"）开始运作2013年的整体宣传工作。洋河酒的悠久历史和丰厚的文化内涵要求其宣传内容更加丰富、全面，并与时代保持一致。为洋河公司策划并制定一套完整的媒体传播方案，就成为英迈2013年的重要任务。

成立于2003年的英迈一直秉承"责任、创新、勇气"的精神，为企业提供全方位的策略支持与服务。经过10多年的发展，英迈已经成为拥有电视、网络、移动互联网、平面、广播等全媒体资源，业务范围包括电视广告、体育营销、娱乐营销、影视制作和网络互动五个领域的全媒体营运商。其较强的媒体宣传经验和能力得到了业界的一致认可，先后多次获得央视十佳代理公司和年度开拓奖、年度经典案例奖、年度公益投放奖、年度明星媒介奖；同时，获得湖南卫视、安徽卫视、浙江卫视、东方卫视等战略合作伙伴称号，并荣获"金鼠标—年度十佳网络代理公司—金奖"、搜狐视频年度十佳潜力代理等荣誉。

为了完成洋河公司的全方位媒体传播任务，实现媒体传播目标，英迈根据公司多年成功的整合传播经验，决定成立洋河2013媒体传播团队（以下简称"洋河团队"），开展洋河媒体传播策划和执行活动。

一、团队建设

英迈成立由25名不同专业和岗位人员组成的团队，由专人负责，专门从事洋河公司2013年媒体传播方案的策划和执行。

二、策划和确定洋河公司的媒体传播方案

洋河团队组建后，经过研究确定了本项目的整体运作方案。具体包括前期调研、市场分析、媒体传播策略、媒体传播方案、方案执行和方案执行效果评价几方面内容。

三、方案的策划和设计

媒体传播方案确定后，洋河团队开始策划工作：

1. 开展调研工作，了解白酒经营环境、洋河公司宣传诉求、各类媒体特点和效果，为洋河公司的媒体传播方案提供依据。

2010年至2012年上半年是我国高端白酒业的快速发展期。受国家"限制三公消费"等相关政策的影响，从2012年下半年开始，高端白酒销售进入了下降阶段，2013年的市场形势应该更加严峻。但同时，随着居民生活水平的不断提高，高端白酒的市场也存在着较好的机遇。2013年及以后的白酒市场可谓是风险与机遇同在。

作为稳居国内白酒行业前三位的洋河公司，从2003年开始，就以"蓝色风暴"席卷酒业市场和电视荧屏，并树立了良好的品牌形象。未来传播的目标主要是在提升品牌知名度和影响力的基础上，提升美誉度和联想度，强化蓝色、梦想和中国梦概念。

2. 进行媒体传播策划，确定媒体传播的具体内容。在分析和确定洋河公司及产品所面临市场环境和传播诉求的基础上，洋河团队经过研究，决定将洋河品牌美誉度的塑造及企业形象的提升作为2013年的重点目标，结合央视和主要地方媒体资源，开展媒体整合传播，以实现传媒目标。方案的具体内容包括：

第一，以公益为核心，选择不同媒体和不同播出时段，以影响力大的活动为重点投放对象，借助活动平台，全力打造洋河的公益形象。为此，确定以中央电视台的《梦想星搭档》、《最美乡村教师》、《最美乡村医生》、《青年歌手大奖赛》和浙江卫视的《中国梦想秀》等为投入点。其中以《梦想星搭档》为重点，争取获得独家冠名权，借助其最权威的公益表达和央视核心平台的收视保障，及品牌与节目基调的极高契合度。集央视、企业及社会之全力打造年度公益盛典，塑造一个"中国梦·梦之蓝"的公益品牌。

第二，继续选择性地向央视和地方媒体投放硬广告，实现品牌的持续和广泛传播。其中，在央视平台上，选择品质高、性价比高的黄金时间投放广告，锁定核心目标消费群体，以维系品牌的全年长线曝光；在地方媒体平台上，选择投放在洋河产品主要销售区域，以服务区域销售，推动品牌提升。

第三，主动与洋河公司多次交流、沟通，建议其转变自有媒体只宣传产品的思路，把《梦想星搭档》作为自媒体宣传的主要内容，整合所有媒体资源，做好《梦想星搭档》节目的线上和线下的整合传播，共同打造节目的影响力与关注度，实现有效的整合传播。

四、方案的执行

在确定了洋河2013年度整体媒体传播方案并得到洋河公司认可之后，英迈按照计划开展《梦想星搭档》的招标及相关工作：

1. 做好央视招标项目工作，并最终中标独家冠名项目。2012年11月18日，央视对2013黄金资源广告进行现场招标，洋河蓝色经典以1.6亿元强势中标2013 CCTV–1《梦想星搭档》独家冠名。

2. 英迈成立专人项目组执行本次项目，多次与洋河公司及《梦想星搭档》节目组沟通交流，对节目执行权益和创新点作专题分析报告，并将主流、热门的综艺节目及竞争格局向栏目组作沟通说明，建议栏目组提升节目制作水准及品质。

3. 参与节目制作和播出，提出可行性建议，保证公司权益。为了落实洋河公司的各项权益，保证企业权益最大化，英迈积极参与节目的制作，并做到周周总结、场场优化，从而使节目能够有效地实现洋河公司的传播目标。

4. 配合洋河公司开展公益活动。英迈与《梦想星搭档》节目组保持密切沟通，协调推进节目中的每项公益活动实现顺利落地，推动了洋河公司公益活动的开展。

5. 为洋河公司自媒体传播提供资源，推动了《梦想星搭档》的整合传播。《梦想星搭档》最终实现了从网络、纸媒、城市楼宇、户外广告牌等多媒介资源集中造势宣传，形成较大的影响力。

五、营销活动的效果评价

在洋河公司的大力支持下，《梦想星搭档》项目得以全面、精细地执行，产生了良好的效益：

1. 收视率创造新高。《梦想星搭档》先后在中央电视台三套、一套播出后，其优质的制作水平和良好的公益品牌受到了观众的好评。其中，一套播出后的平均收视率达到1.91，超过同时段大多数节目的收视率。

在互联网上，《梦想星搭档》的点击量更是数以万计。仅优酷网的单期播放量就平均达到153.7万次，网民的正面评价率达90.8%。

2. 社会效益良好。2013年11月，国家新闻出版广电总局召开"加强推广公益娱乐节目研讨会"，将《梦想星搭档》作为优秀电视公益娱乐节目的范本进行讨论研究，中宣部、国家新闻出版广电总局及业界专家代表高度评价节目的音乐水准和公益内涵，会后获批在央视一套播出。《人民日报》发表积极评论文章，《新闻联播》8次报道节目信息，节目中的公益故事也受到社会各层面的多方关注。

3. 为洋河品牌树立了公益形象。通过节目使洋河的形象被重新定位，打造了"梦之蓝"的公益品牌，使品牌传播与社会正能量的宣扬相互促进。

《梦想星搭档》的科学策划、精细实施所产生的综合效益，得到社会公众、洋河公司、市场的高度认可。由此，英迈、洋河和央视再次联手，成功运作了2014—2015季《梦想星搭档》（第二季），并取得了良好的成绩。

（赵泽润编写）

文化企业的市场营销工作是决定文化企业生产经营成败的重要环节，文化企业必须高度重视。但在营销活动之外，对文化企业的生存与发展起作用的还有其他诸如产品生产、原材料供应和人力资源管理等工作。同时，市场营销活动本身是一个完整的过程，由许多环节组成，参与市场营销活动的部门和人员较多。要想完成营销任务，就需要对涉及的部门和个人，以及所有环节进行综合的计划、控制和协调。只有从文化企业的整体高度出发，把市场营销工作作为企业生产经营的一个重要环节，而不是全部工作的重点，并处理好营销活动与其他生产经营活动、营销活动内部各项活动和环节之间的关系，才能真正发挥文化企业的全部力量，才能确保营销活动每个环节都能按照要求顺利展开。因此，做好营销管理工作，是文化企业的重要任务。

文化企业的营销管理工作包括两个方面：一是宏观管理，主要包括文化企业营销战略制订、文化企业营销组织建设；另一方面是微观管理，其实质是需要管理，具体表现为营销过程和环节的管理。

第一节 文化市场营销战略

文化企业在正确的市场营销管理哲学指导下开展市场营销管理的一个重要步骤，就是制订切实可行的市场营销计划与战略，而市场营销计划又受到文化企业战略计划的制约。因此，在研究市场营销计划与战略之前，必须先分析文化企业战略计划的制订过程。

一、战略与构成

"战略"一词原系军事用语，在市场经济高度发达的条件下，市场犹如战场，是生产者和经营者激烈竞争的场所。文化企业的战略是指文化企业为实现自己的总任务和目标而制定的全局性规划。

战略对一个文化企业的生存和发展具有决定性的指导作用。在市场环境变化无常的情况下，长期性、全局性、方向性的战略正确与否，对文化企业的前途和命运至关重要。市场竞争的过程，实质上就是一个不断筛选、不断淘汰的过程。如果战略决策失误，文化企业就没有正确的战略思想指导营销活动，具体营销工作做得再好也毫无意义。

文化企业的战略从层次结构上划分，可以分为总体战略——公司战略、经营战略——经营单位战略、竞争战略和职能战略——职能部门战略。

二、市场营销战略的构成要素

一个完整的经营战略要包括以下几个基本要素：

1. 战略思想，即指导经营战略制订和实施的基本思想，是文化企业领导者和职工对在生产经营中发生的各种重大关系和重大问题的认识和态度的总和，对文化企业经营者和职工在生产经营活动中起着统率作用、灵魂作用和导向作用。

2. 战略目标，是指文化企业以战略思想为指导，根据对主客观条件的分析确定的企业市场营销在战略期内要达到的总水平。它是经营战略的实质性内容，是构成战略的核心。正确的战略目标是评价和选择经营战略方案的基本依据。

3. 战略重点，是指那些对于实现战略目标具有关键性作用而又具有发展优势或自身需要加强的方面，是文化企业资金、劳动和技术投入的重点，是决策人员实行战略指导的重点。

4. 战略方针，是指文化企业为贯彻战略思想和战略目标、战略重点，所确定的生产经营活动应遵循的基本原则、指导规范和行动方略，起着指导作用和准则作用，包括综合性方针和单项性方针、目的性方针和手段性方针。

三、战略管理过程

战略管理过程是指文化企业的最高管理层通过制定文化企业的任务、目标、业务投资组合计划和新业务计划，在文化企业的目标和资源（或能力）与迅速变化的经营环境之间发展和保持一种切实可行的战略适应的管理过程。换言之，战略管理过程是文化企业及各业务单位为生存和发展而制定长期总战略所采取的一系列重大步骤。

（一）认识和确定文化企业的任务和使命

确定任务和使命是文化企业战略的基本内容之一。文化企业任务一般包括两个方面的内容，即文化企业观念与文化企业宗旨。文化企业观念提出了文化企业为其经营活动方式所确定的价值观、信念和行为准则；文化企业宗旨则指明了文化企业类型以及现在和将来文化企业的活动方向与范围，主要包括活动领域、主要政策、远景和发展方向。

（二）区分战略经营单位

战略经营单位是文化企业值得为其专门制定一种经营战略的最小经营单位。企业区分不同的战略经营单位，目的是为了将企业任务和使命具体化，并分解为各项业务或某一组业务的战略任务。战略经营单位的特征是：①有自己的业务；②有共同的性质和要求；③掌握一定的资源；④有竞争对手；⑤有相应的管理团队。区分战略经营单位的主要依据是各项业务之间是否存在共同的经营主线，注意贯彻市场导向，保证切实可行。

（三）分析并制定企业战略

1. 确定企业应采用的战略。在对企业战略经营单位的分析和评估的基础上，文化企业根据自己的经营范围和实力，对企业未来的战略进行分析，确定企业的投资方向，合理有效地分配资源。确定企业战略的常用方法有两种。

（1）波士顿咨询集团法。该方法以市场增长率和市场占有率为指标，对企业的市场进行分析，并将分析结果作为制定战略的依据。

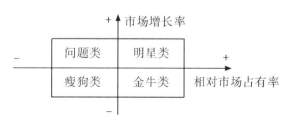

图 11-1 波士顿矩阵

如图 11-1 所示，波士顿咨询集团法把市场分为四个战略决策区：①问题类（高增长、低市场份额）。这一类"战略业务单位"是高市场增长率和低相对市场份额的"战略业务单位"，大多数"战略业务单位"最初都属于这一类。该类单位需要大量资金，因为文化企业拟提高这类业务单位的相对市场份额。因此文化企业的最高决策者要慎重考虑经营这种业务单位的获利性，以作出正确的决策。②明星类（高增长、高市场份额）。问题类的"战略业务单位"如果经营成功，就会转入明星类。这一类单位是高市场增长率和高相对市场份额的单位。这一类单位因为迅速增长，同时要击退竞争对手的攻击，需要投入大量现金，因而是使用现金较多的单位。由于任何产品都有生命周期，这一类单位的增长速度会逐渐降低，最后就转入金牛类。③金牛类（低增长、高市场份额)。明星类的"战略业务单位"的市场增长率下降到 10% 以下,就转入金牛类。金牛类的"战略业务单位"是低市场增长率和高相对市场份额的单位。这一类单位因为相对市场份额高,赢利多,现金收入多,可以提供大量现金。文化企业可以用这些现金来支援其他业务单位。④瘦狗类(低增长、低市场份额)。瘦狗类的"战略业务单位"是低市场增长率和低相对市场份额的单位,赢利少或亏损。

在确定每个战略业务单位的目标后,文化企业就应着手制订业务组合计划,并确定对各个业务单位的投资战略。文化企业通常采用以下四个战略:①发展策略。目的是提高产品的市场占有率,有时甚至不惜放弃短期收入来达到这一目的,因为提高市场占有率需要足够的投资和时间才能奏效。如当前我国省级报业集团中,一般都把所属晚报类、都市类报纸作为优先发展的产品,缩短成长期,在较短时间内实现规模经济效益。对新创办的报刊、新开发的产品,也可采用这种办法。成立于 2002 年的南京日报报业集团除了出版发行《南京日报》外,还经营《金陵晚报》等十报一刊三网站。②维持策略。目的在于保持业务的地位,维持现有的市场占有率。在产品生命周期中处于成熟期的业务大多采用这一策略。对于处于成熟期的报业集团或稳定环境中的报业集团来说,采取这一战略有利于练好"内功",同时避免过快发展带来的负面影响。③收缩策略。目的在于追求业务的近期收入,不考虑长期影响,这就是为了短期内增加投资收益率而牺牲长期收益的做法。④放弃策略。目的是出售产品,不再生产,把资源用于其他业务。这种策略适用于没有发展前途的瘦狗类、问题类业务。

(2) 通用电器公司法。这是美国通用电器公司引用波士顿咨询集团法原理,扩大其考核内容而形成的一种规划企业产品组合、评价企业发展方向的战略分析方法。这种方法把市场容量、利润率、市场销售增长率等看作刺激企业生产的引力,把企业的技术力量、生产能力、市场占有率、推销能力、产品质量等看作企业在市场竞争中的实力。根据以上要素对企业产品加以定量分析、评价,划分出九种类型,针对每一种类型列出相应的发展、维持及淘汰等对策,在此基础上调整产品结构,确定企业产品发展方向。

文化企业应根据评估的结果为每个业务单位确定经营目标,并据以分配文化企业资源。各业务单位的管理人员的任务,就是努力实现文化企业为自己确定的目标。

2. 制定企业增长战略。文化企业除对现有业务进行评估和规划外,还应对未来的业务发展方向作出战略规划,即制定文化企业的增长战略。文化企业的增长战略主要有三类,即密集性增长战略、一体化增长战略、多角化增长战略。

(1) 密集性增长战略。文化企业的现有产品和现有市场如果还有赢利潜力，可采用密集性增长战略。这一战略主要有三种形式：

1）市场渗透。通过各种营销措施，如增加广告投放、增加销售网点、加强人员推销以及降价等，吸引更多的顾客，增加现有产品在现有市场上的销售量。如南方报业集团除自建网络以外，还灵活采用其他发行形式，利用其他单位的发行网络与发行条件，作为自建网络的补充，形成一张由多渠道、多形式构成的广泛覆盖的大发行网。如在北京委托小红帽发行公司，在上海等地由集团驻当地记者站联系当地民间渠道，在广西委托《南宁晚报》的发行网络发行。

2）市场开发。努力使现有产品打入新的市场，如从地方市场扩展到全国市场、从国内市场扩展到国外市场等。市场扩大有时比产品开发更有利，如作为中国发行量最大的晚报，《扬子晚报》在立足开发江苏市场的同时，还在上海、安徽等地设有17个分印点，保证了绝大多数读者能看到当天的报纸，提高了市场吸引力。

3）产品开发。在现有市场上通过改进原有产品或增加新产品，来达到增加销售的目的。

（2）一体化增长战略。如果文化企业所属行业的吸引力和增长潜力大，或实行一体化后可提高效率，提高赢利能力和控制能力，则可采取一体化增长战略。具体形式有以下三种：

1）后向一体化。生产文化企业向后控制供应商，使供应和生产一体化，实现供产结合。例如，一般报业集团往往利用自己的各方面优势，实现报业生产资料的部分自给自足。如自建造纸厂、印刷厂等，实现生产资料的供应，确保了报纸出版的稳定性。

2）前向一体化。文化企业向前控制分销系统（如控制批发商、代理商或零售商），实现产销结合。例如，为了更好地开展竞争，南京日报报业集团先后成立或控股、参股18家公司，分别从事报刊出版、数字传媒、印刷发行，并涉足新闻纸生产、物流配送、地产开发、物业管理、金融担保、餐饮服务等领域。采用这种战略，可以获得高附加价值。

3）横向一体化。通过收购同行业组织或与同行业进行横向联合或进入新的地域市场，可以扩大规模、降低成本、提高市场占有率、提升现有竞争优势。主要表现为同质媒体兼并或联合、跨媒体、跨地区。例如，2006年11月28日，成都日报报业集团和成都广播电视台合并组建成立成都传媒集团，成为国内首家也是目前唯一一家在中心城市成立的，涵盖报刊、广播、电视、网络等多种媒体形态的综合传媒集团。

（3）多角化增长战略。多角化亦称多样化或多元化，即向本行业以外发展，扩大业务范围，向其他行业投资，实行跨行业经营。当文化企业所属行业缺乏有利的营销机会或其他行业的吸引力更大时，可实行多角化增长战略。但多角化并不意味着毫无选择地利用一切可获得的机会，而是要扬长避短，结合自身的资源优势来选择市场机会，以充分发挥资源潜力并使风险被分担。多角化主要有三种形式：

1）同心多元化。以现有产品为中心向外扩展业务范围，利用文化企业现有技术和营销力量，发展与现有产品近似的新产品，吸引新顾客。例如，温州广播电视总台以电视节目为核心，利用现有技术和力量，分别成立有线广播电视网络中心、广播电视报社、电视剧制作中心、广播电视发展公司和数字移动电视有限公司。

2）横向多元化。文化企业利用原有的市场，采用不同的技术，跨行业发展新产品，增加产品种类和生产新产品销售给原市场的顾客，以满足他们新的需求。横向多元化有助于增加市场势力，形成规模经济，发挥协同效应。南方报业传媒集团以品牌报纸为龙头，除主报《南方日报》外，经过努力，形成了服务于不同读者群体的三个子报系列：南方周末报系、南方都市报报系、21世纪报系。

3）综合多元化。文化企业发展与文化企业现有产品、技术和市场无关的新产品，吸引新顾客。例如，我国有的城市电视台通过社会融资，开始涉足影视剧业、新媒体业、演艺业、会展业、礼仪业、少儿培训业、宾馆业和品牌节目衍生产品业等行业。

（四）战略实施及控制

一个企业的战略方案确定后，必须通过具体化的实际行动，才能实现战略及战略目标。一般来说，企业可从三个方面来推进一个战略的实施。

1. 制定职能策略，如产品开发策略、市场营销策略、财务策略、生产策略、质量策略等。在这些职能策略中要能够体现出策略推进步骤、采取的措施、项目以及大体的时间安排等。

2. 对企业的组织机构进行重组，以使构造出的机构能够适应所采取的战略，为战略实施提供一个有利的环境。

3. 要使领导者的素质及能力与所执行的战略相匹配，即挑选合适的企业高层管理者来贯彻既定的战略方案。

在战略的具体化和实施过程中，为了使实施中的战略达到预期目的，实现既定的战略目标，必须对战略的实施进行控制。这就是说，将经过信息反馈回来的实际效果与预定的战略目标进行比较，如两者有显著的偏差，就应当采取有效的措施进行纠正。因原来分析不周、判断有误，或是环境发生了预想不到的变化而引起偏差时，甚至可能要重新审视环境，制订新的战略方案，进行新一轮的战略管理过程。

同时，企业还要对各业务单位作出统一安排。各业务单位为了实现文化企业的任务和目标，还要制订各项具体的职能计划，如市场营销计划、财务计划、生产计划、人事计划等。在制订这些职能计划时，应明确市场营销在文化企业战略规划中的地位，处理好各种职能之间、各个部门之间的关系，特别是营销部门同其他职能部门之间的关系，正确处理各个职能部门之间的矛盾。

第二节 文化市场营销组织

文化企业的市场营销部门是执行市场营销计划、服务市场购买者的职能部门。市场营销部门的组织形式，主要受宏观市场营销环境、文化企业市场营销管理哲学，以及文化企业自身所处的发展阶段、经营范围、业务特点等因素的影响。

企业的市场营销部门是随着市场营销观念的不断发展演变而来的。大致经历了单纯的销售部门、兼有附属职能的销售部门、独立的市场营销部门、现代市场营销部门、现代市场营销企业五个阶段。

1. 单纯的销售部门。20世纪30年代以前，由于生产能力较小，市场需求量大于生产量，西方企业普遍以生产观念作为经营指导思想，企业的中心部门是生产部门，销售部门的任务则较单纯。大多数销售部门的职能仅仅是推销生产部门生产出来的产品，其基本的观念是"生产什么，销售什么；生产多少，销售多少"，生产经营活动的主动权在生产部门。

2. 兼有附属职能的销售部门。20世纪30年代"大萧条"以后，市场竞争日趋激烈，部分企业的产品过剩。企业的营销部门在强力推销产品的同时，还需要做市场营销研究、广告宣传以及其他促销工作，并且这些工作逐渐变成为专门的职能，当工作量达到一定程度时，便会设立一名市场营销主任负责这方面的工作。

3. 独立的市场营销部门。随着企业规模和业务范围的进一步扩大，原来作为附属性工作的市场营销研究、新产品开发、广告促销和为顾客服务等市场营销职能的重要性日益增强。于是，市场营销部门成为一个相对独立的职能部门，作为市场营销部门负责人的市场营销副总经理同销售副总经理一样直接受总经理的领导，销售和市场营销成为平行的职能部门。但在具体工作上，这两个部门是需要密切配合的。这种安排出现在许多工业企业中，它向企业总经理提供了一个从各个角度分析企业面临的机遇与挑战的机会。

4. 现代市场营销部门。20世纪60年代开展的世界经济大发展，在带来经济繁荣的同时，也使得企业之间的竞争更加激烈。为了更好地开展营销活动、实现营销目标，企业的营销部门的分工更加细致，销售部门和市场营销部门的职责分工更加明确，由此形成了独立的两个部门，并由市场营销副总经理全面负责和管理，共同做好市场营销工作。同时，两者之间也有明确的分工。市场营销人员的任务是确定市场机会，准备市场营销策略并计划组织新产品进入，使销售活动达到预定目标，而销售人员则负责实施新产品进入和销售活动。

5. 现代市场营销企业。一个企业仅仅有了上述现代市场营销部门，还不等于是现代市场营销企业。现代市场营销企业的形成取决于企业内部各种管理人员对待市场营销职能的态度，只有当所有的管理人员都认识到企业一切部门的工作都是"为顾客服务"、"市场营销"不仅是一个部门的名称而且是一个企业的经营哲学时，这个企业才能算是一个"以顾客为中心"的现代市场营销企业。

第三节 文化市场营销管理

市场营销管理是指为创造与达到个人和机构目标的交换，而规划与实施理念、产品和服务的构思、定价、分销和促销的过程。市场营销管理是一个过程，包括分析、规划、执行和控制，其管理的对象包含理念、产品和服务。市场营销管理的基础是交换，目的是满足各方需要。

一、市场营销管理的实质

市场营销管理的主要任务是刺激消费者对产品的需求，但不局限于此。它还帮助公司在实现营销目标的过程中，影响需求水平、需求时间和需求构成。因此，市场营销管理的任务是刺激、创造、适应及影响消费者的需求。从此意义上说，市场营销管理的本质是需求管理。

任何市场均可能存在不同的需求状况，市场营销管理的任务是通过不同的市场营销策略来解决不同的需求状况。

1. 负需求。负需求是指市场上众多的顾客不喜欢某种产品或服务，甚至愿意花一定代价来回避这种产品的需求状况。如广告市场上由于存在着虚假广告、低俗广告、无用广告、不尊重受众隐私的商函等，人们对于此类广告大都持怀疑和抵制态度，一般不接收广告公司或者企业的纸质广告。市场营销管理的任务是分析人们为什么不喜欢这些广告，并针对目标顾客的需求重新设计产品、定价，作更积极的促销，或改变顾客对某些产品或服务的信念，把负需求变为正需求。

2. 无需求。无需求是指目标市场顾客对某种产品从来不感兴趣或漠不关心。如在我国，动画片的市场定位较窄，大多以少年儿童为主要对象，动画公司也大多以少年儿童的观赏习惯制作动画片。这种定位和产品放弃了成人市场，也造成了我国成人对国产动画片处于无需求的状况。市场营销者的任务是创造需求，通过有效的促销手段，把产品利益同人们的自然需求及兴趣结合起来。

3. 潜在需求。这是指因某种消费条件不具体，消费者只具备消费需求欲望，却无法实现的需求。例如，农村文化市场是一个较大的市场，但由于农村文化设施的短缺，农村文化市场的开发一直处于较落后的状态，农村居民对文化产品的需求一直处于潜在需求状态。文化企业市场营销的任务是准确地衡量潜在市场需求，开发有效的产品和服务，即开发市场营销。

4. 下降需求。指目标市场顾客对某些产品或服务的需求出现了下降趋势。如近年来，随着新技术的不断出现和推广运用，人们可以通过更多的形式，如网络、手机等获得新闻和信息。人们对报纸的依赖程度不断下降，报纸的需求量呈现出总体下降的趋势。市场营销者要了解顾客需求下降的原因，或通过改变产品的特色，采用更有效的沟通方法再刺激需求，即创造性的再营销，或通过寻求新的目标市场，以扭转需求下降的局面。

5. 不规则需求。许多文化企业常面临因季节、月份、周、日、时对产品或服务需求的变化，而造成生产能力和商品的闲置或过度使用。如在文艺演出市场领域，在节假日等高峰时，观众需求量较大，演出资源存在不足等问题；但在平时，消费者更多地正常工作或者上学，对演出的需求较小，演出资源大量闲置。市场营销的任务是通过灵活的定价、促销及其他激励因素来改变需求时间模式，又称为同步营销。

6. 充分需求。指某种产品或服务目前的需求水平和时间等于期望的需求，但消费者需求会不断变化，竞争日益加剧。在这种情况下，文化企业营销的任务是改进产品质量及不断估计消费者的满足程度，维持现时需求，故而又称为维持营销。

7. 过度需求。指市场上顾客对某些产品的需求超过了文化企业的供应能力，产品供不应求。例如，由于人口过多或文化资源短缺等，引起某种文化产品供不应求。文化企业营销管理的任务是减缓营销，可以通过提高价格、减少促销和服务等方式使需求减少。文化企业最好选择那些利润较少、要求提供服务不多的目标顾客作为减缓营销的对象。减缓营销的目的不是破坏需求，而是暂缓需求水平。

8. 有害需求。指对消费者身心健康有害的产品或服务，如黄色书刊等。文化企业营销管理的任务是采取相应的措施来消灭这些有害的需求，同时促使健康需求替代有害需求。

文化企业营销管理的目的在于使文化企业的营销活动与复杂多变的市场营销环境相适应，这是文化企业经营成败的关键。战略规划是文化企业的总体规划，规定文化企业的基本任务和目标，文化企业的各职能部门、各项工作都必须以战略规划的要求为转移。

二、市场营销管理过程

营销管理过程就是识别、分析、选择和发掘市场营销机会,选择目标市场和市场定位,建立营销组合策略,编制营销计划,实施、评价、控制市场营销活动,以实现文化企业的战略任务和目标的管理过程,亦即文化企业与最佳的市场机会相适应的过程。这个过程包括四个步骤。

(一)分析文化企业市场机会

文化市场机会一般是指文化市场上普遍存在的、没有得到满足的需求。简单地说,文化企业市场机会就是文化市场上的顾客没有被满足的需求。根据机会实现的程度划分,市场机会可以分为现实需求和潜在需求两种。

现实需求是文化消费者具有明显的消费欲望,并已经具备了消费条件的需求。这种需求可以转化成为现实的购买力,对文化企业具有现实的吸引力。文化企业能够发现并抓住这个机会,就可以销售自己的产品和服务,实现营销目的。

潜在需求是文化消费者具有一定的消费欲望,但某一个消费条件还不具备,因而无法形成现实需求的需求。这种需求因为某一消费条件如资金、技术、时间等条件还不完全具备,尚不能转化成为现实的购买力。

从表面上看,这一需求对文化企业不具备现实的吸引力。但实际上,这是文化企业非常重要的一个潜在市场。文化企业如果能够在抓住现实市场机会的同时,动用一部分力量,从企业入手,转变生产经营观念,以潜在需求为目标,积极开发符合潜在需求特点的产品和服务,并积极开发这一市场,就可以比其他企业更早抓住这个机会,实现对这一市场的占领。

通过市场机会分析,文化企业可以确定对本企业最适当的"企业机会",并结合自己的生产经营能力,确定企业的竞争战略,发挥优势因素,克服弱点因素,利用机会因素,化解威胁因素。同时,考虑过去,立足当前,着眼未来。运用系统分析的综合分析方法,将排列与考虑的各种环境因素相互匹配并加以组合,得出一系列公司未来发展的可选择对策。

(二)研究与选择目标市场

目标市场是文化企业决定投其所好、为之服务,且其需求具有相似性的顾客群。目标市场是文化企业最主要的赢利点,也是文化企业能够生存和发展的前提条件。文化企业只有找准自己的目标市场,并为之提供符合其需要的产品和服务,才能完成营销任务,实现营销目标。

成立于1996年的湖南三辰卡通集团把儿童作为目标市场,积极开发符合其需求的动漫产品,创作和生产出《蓝猫淘气3000问》动画片,引起国际动漫界的关注。从2005年6月开始,美国迪士尼频道在亚洲播出中文版的《蓝猫淘气3000问》系列节目。蓝猫系列品牌已先后向韩国、美国、印度尼西亚等15个国家和地区输出了版权。湖南三辰卡通集团以"蓝猫"为品牌,借此机会迅速发展壮大,开创了我国"文化产业延伸"之先河。

文化企业在对整体市场进行细分之后,要对各细分市场进行评估,然后根据细分市场的市场潜力、竞争状况、本企业资源条件等多种因素决定把哪一个或哪几个细分市场作为目标市场。一般而言,企业考虑进入的目标市场,应符合以下标准或条件:

1. 有一定的规模和发展潜力。文化企业进入某一市场是期望能够有利可图,如果市场规模狭小或者趋于萎缩,企业进入后难以获得发展,那么就应审慎考虑,不宜轻易进入。当然,文化企业也不应该将市场吸引力作为唯一的取舍标准。文化企业也可以另辟蹊径,以在一般企业看来较小而不愿意开发的小市场作为自己的目标市场,通过自己的产品和市场开发,提高小市场的需求水平,形成大市场。

2. 企业具备在目标市场的竞争优势。有时候,从表面上看,目标市场对文化企业可能具备较理想的规模和发展特征,文化企业可能会有进入该市场的想法。实际上,对于文化企业来说,决定进入或者不进入某一个市场的最主要因素不是市场规模的大小,而是该市场的竞争程度以及企业在市场上的竞争优势。如果该目标市场竞争较激烈,本企业又不具备明显的竞争优势,进入后不能很好地实现自己的经营目标,这一市场实际上不是企业合适的目标市场。

3. 符合企业目标和能力。某些目标市场虽然有较大吸引力,但不能推动企业实现发展目标,甚至分散了企业的精力,使之无法完成主要目标,这样的市场应考虑放弃。此外,还应考虑企业的资源条件是否适合在某一细分市场经营。只有选择那些企业有条件进入、能充分发挥其资源优势的市场作为目标市场,企业才会立于不败之地。

(三) 设计文化市场营销组合

文化企业选定目标市场后,就要积极做好市场营销组合工作,尽快进入该市场,开展生产经营活动,实现经营目标。市场营销组合是指文化企业在选定的目标市场上,综合考虑环境、能力、竞争状况,对企业自身可以控制的因素加以最佳组合和运用,以完成企业的目标与任务的一项综合性工作。

市场营销组合是企业市场营销战略的一个重要组成部分,是指将企业可控的基本营销措施组成一个整体性活动。市场营销的主要目的是满足消费者的需要,而消费者的需要很多,要满足消费者需要所应采取的措施也很多。因此,企业在开展市场营销活动时,就必须把握住那些基本性措施,合理组合,并充分发挥整体优势和效果。

在20世纪50年代初，根据需求中心论的营销观念，麦卡锡教授把企业开展营销活动的可控因素归纳为四类，即产品、价格、销售渠道和促销，因此，提出了市场营销的4P组合理论。

到80年代，随着大市场营销观念的提出，人们又提出了应把政治力量（Political Power）和公共关系（Public Relation）也作为企业开展营销活动的可控因素加以运用，为企业创造良好的国际市场营销环境，因此，就形成了市场营销的6P组合理论。

到90年代，又有人认为，包括产品、价格、销售渠道、促销、政治力量和公共关系的6P组合是战术性组合，企业要有效地开展营销活动，要有为人们（People）服务的正确的指导思想，又要有正确的战略性营销组合［市场调研（Probing）、市场细分（Partitioning）、市场择优（Prioritizing）、市场定位（Positioning）］的指导。这种战略的4P营销组合与正确的指导思想和战术性的6P组合就形成了市场营销的11P组合。

20世纪90年代，美国市场学家罗伯特·劳特伯恩提出了以"4C"为主要内容的作为企业营销策略的市场营销组合，即4C理论：针对产品策略，提出应更关注顾客的需求与欲望；针对价格策略，提出应重点考虑顾客为得到某项商品或服务所愿意付出的代价；并强调促销过程应该是一个与顾客保持双向沟通的过程。

文化企业要在目标市场上竞争取胜，不能只依靠某一生产经营因素。企业必须通过营销组合的方法，从多方面入手，形成综合性的营销战略，提高自己的综合竞争能力。文化企业依据自己的营销战略、企业营销环境、目标市场的特点和企业资源情况等因素，制定适合自己的营销组合战略。

（四）管理文化市场营销活动

在制定出科学的营销组合战略后，文化企业要做好营销规划及各项具体政策的执行和控制工作，保证营销战略的实施。具体表现为：

1. 执行市场营销计划。指文化企业将营销计划转变为具体营销行动的过程，即把企业的经济资源有效地投入到企业营销活动中，完成计划规定的任务、实现既定目标的过程。

文化企业要有效地执行市场营销计划，必须建立起专门的市场营销组织。同时，要合理安排营销力量，协调企业营销人员的工作，提高营销工作的有效性。执行营销计划，还需要积极与制造、财务、研究与开发、采购和人事等部门的管理人员配合，促使公司的全部职能部门和所有员工同心协力，千方百计地满足目标顾客的需要，保质保量地完成市场营销计划。

要保证计划的正确执行，文化企业的营销部门还要做好营销人员的管理工作。只有制定了科学的营销人员管理政策，充分调动营销人员的工作积极性和创造性，增强其责任感和奉献精神，把计划任务落实到具体部门、具体人员，才能保证在规定的时间内完成计划任务。

2. 控制营销活动。科学的营销计划是保证营销目标实现的前提。但要保证目标顺利实现，还需要在营销活动过程中做好控制工作，保证营销活动能够完全按照计划的要求展开。营销控制就是文化企业用于监督营销活动过程的每一个环节，确保营销活动能够按照计划目标运行的一套完整的工作程序。营销控制主要包括年度计划控制、赢利控制、效率控制和战略控制。

3. 营销效益管理。营销效益一般指文化企业在营销活动中的投入与其产出的比较，是企业营销活动所追求的目标。根据营销效益目标的不同，营销效益可以分为经济效益、文化效益、社会效益等。

营销效益管理是指文化企业营销管理者主要以价值形式对营销活动及环节进行的计划、控制与监督等工作的总称。其主要内容是制定文化企业的营销效益计划体系，并将计划分解到相关的营销组织部门和个人。同时，制定相应的效益管理和督促政策，督促和推动营销组织和个人积极执行营销计划、实现营销目标。

第四节 文化市场营销计划与控制

市场营销计划指文化企业在研究目前市场营销状况，分析文化企业所面临的机会与威胁、优势与劣势及存在问题的基础上，对财务目标与市场营销目标、市场营销战略、市场营销行动方案及预计利润表的确定与控制，根据资源供应和环境条件确定在一定时期、一定区域内的营销目标，并为实现这一目标安排相应的营销活动和控制措施。

一、市场营销计划的主要内容

完整的市场营销计划是文化企业营销战略的体现，是企业营销目标实现的保证，必须具备科学性和准确性。一般而言，企业营销计划的主要内容包括前言、内容提要、当前市场营销状况分析、机会与威胁分析、计划目标、市场营销战略、行动方案、营销预算、预计的利润表和计划的组织、执行与控制。

在营销过程中，计划目标的实现首先是通过计划执行体现出来的。执行过程需要注意一系列问题。

二、市场营销计划的实施程序

市场营销计划的实施程序通常包括四个步骤：

1. 制定行动方案。为了有效实施市场营销计划，市场营销部门以及有关合作单位必须先行拟订行动方案。方案必须明确市场营销计划的关键性环境、措施和任务，并将任务和责任分散到个人或单位，且应包含具体的时间表，确定落实每一项措施的确切行动时间。

2. 规划与调整组织结构。在市场营销计划的实施过程中，组织结构有着至关重要的作用。它把计划实施的任务分配给具体的部门和人员，明确职责界限和信息沟通途径，协调文化企业内部的各项决策和行动。因此，组织结构应该与计划任务保持高度的一致，同文化企业自身特点、所处环境相适应。换个角度讲，必须根据文化企业战略及市场营销计划的需要，适时改变、完善组织结构。

3. 制定规章制度。为了保证计划能够落在实处，必须设计相应的规章制度。在这些规章制度之中，必须明确与计划有关的各个环节、岗位，人员的责、权、利分配，各种要求，以及奖惩措施。

4. 协调各种关系并最终付诸行动。为了有效实施市场营销战略和行动方案，组织结构、规章制度等因素必须协调一致，相互配合，最终将计划要求各个工作岗位上的人员及组织应承担的责任和具体工作加以落实，通过实践操作切实实现计划目标。

三、市场营销计划的控制

随着市场竞争的不断加剧，文化企业经营管理工作难度不断增加，文化企业营销部门内部职责也日趋专门化和差异化，营销控制工作需要不断强化，并成为整体营销管理工作中的重要组成部分。

营销控制工作涉及营销组织和个人，也涉及营销经营管理的每个环节，内容涉及面较广。从营销工作重点出发，营销控制工作的内容主要包括四个方面。

（一）年度计划控制

年度计划控制是通过对年度计划实施过程中，实际的结果与预定目标的对照检查，寻找差距及形成差距的原因，有针对性地提出改进措施并加以实施，从而达到控制目的的活动。其内容是对销售额、市场占有率、费用率等进行控制。其运行过程可分为四个步骤，即：确定年度计划中的月度目标或季度目标；监督市场营销计划的实施情况；如果市场营销计划在执行过程中有较大偏差，则要找出原因；根据原因，采取必要的补救措施或进行适当调整，缩小计划与实际之间的差距。

1. 销售分析。即衡量并评估实际销售额与计划销售额之间的差距。主要包括三个方面的内容：一是对实际销售业绩与计划进行对比分析，以确定总体执行情况；二是销售差异分析，即分析不同影响因素对销售的影响程度，包括产品销售量、销售价格等；三是销售深度分析，即将销售总体情况分解为各产品或各地区具体销售指标并加以分析，以便最终确定造成实际与计划差异的原因。

2. 市场占有率分析。文化企业销售业绩并不能充分反映出文化企业相对于竞争者的经营优劣，因此，进一步分析市场占有率十分必要，如此方可揭示文化企业同竞争者之间的相对关系。在正常情况下，市场占有率上升表示市场营销业绩的提高，在市场竞争当中处于优势；反之，则说明在市场竞争中失利。由于造成市场占有率波动的原因很多，因此应从实际出发具体分析。例如，市场占有率的下降，既可能是由文化企业所作的战略决策所致，也可能是由于新竞争对手进入市场所致；又如，外界环境因素对参与竞争的各个文化企业的影响方式和程度往往不同，各个文化企业的市场占有率必然会因此发生变化。另外，分析市场占有率，还应结合市场机会考虑，市场机会大的文化企业，除非效率有问题，否则其市场占有率一般应高于市场机会小的竞争对手。

3. 营销费用分析。即检查与销售有关的市场营销费用，以确定文化企业在达到营销目标时的费用支出是否与预算要求基本吻合。营销费用检查通常利用营销费用率分析来进行。根据营销组合的不同，需要计算分析的具体指标也不尽相同，常用指标包括销售费用率、广告费用率、促销费用率、市场调研费用率、销售管理费用率等。对各项费用不仅应进行分析，还应将其控制在一定限度内。如果费用变化不大，在安全范围内，可以不采取任何措施，但如果变化幅度过大，上升速度过快，接近或超出上限，就必须采取措施。

文化企业一旦发现营销实践结果与年度计划目标有显著差异，就应采取措施：或是调整计划指标，使之更切合实际；或是调整市场营销战略、战术，以利于计划目标的实现。如果上述方面没有问题，则应在计划实施过程中寻找原因。

（二）赢利率控制

除了年度计划控制外，文化企业还需要衡量不同产品、地区、顾客群、销售渠道和定货量的赢利率。这些工作将帮助文化企业管理层决定哪些产品或营销活动应该扩大，哪些应收缩甚至取消，以便最大限度地提高文化企业赢利能力。具体控制工作主要包括以下内容：

1. 营销成本控制。文化企业市场营销成本是指与市场营销活动有关的各项费用支出总和。这些费用支出直接影响文化企业利润，因此，文化企业不仅要控制销售额和市场占有率，还要控制营销成本。营销成本包括直接营销费用、推广费用、仓储费用以及其他与营销相关的支出，营销成本的控制可以按销售地区、产品系列类型分别加以落实。

2. 赢利性分析。赢利性分析是按市场营销业务的各个方面计算纯利润额，如针对每个用户、每个销售人员或每种产品,然后把每种分析对象的实际业务所得同预计目标进行比较,对于那些低于预计目标的项目进行分析,提出改进措施。应用赢利性分析对营销进行控制能更有效地行使市场营销各种职能。通过分析每一项营销措施能为文化企业带来的利润情况,经过改进,使文化企业取得更大的经济利益。

3. 最佳调整措施的选择。赢利能力分析的目的,在于找出妨碍获利的因素,以便采取相应措施,排除或者削弱这些不利因素的影响。由于可供选择的调整措施很多,文化企业必须在全面考虑之后作出正确选择。

(三) 效率控制

假如赢利率分析显示文化企业在若干产品、地区或者市场方面的赢利情况不乐观,那么就应进一步研究是否存在更有效的方法来管理销售队伍、广告、促销和分销等活动。针对性地开展效率控制工作,主要从四个方面着手。

1. 销售队伍效率控制。各级销售经理一般都掌握其所在地区销售队伍的关键指标。如每个推销员平均每天推销访问的次数,每次推销访问所需的平均时间,每次推销访问的平均收入、平均成本、销售队伍成本占总成本的百分比,等等。这些指标的统计分析将会产生若干有意义的问题结论,如推销员每天访问量是否过低,每次访问所花费的时间是否太多,是否支出了不合理或不必要的费用,是否没有能够留住老顾客,等等。通过调查销售队伍的效率,容易对其加以有效控制并发现需要改进的地方。

2. 广告效率控制。由于广告涉及的影响因素众多,难以充分把握,因此广告效率控制难度较大。文化企业应尽量设法掌握以下信息:每种媒体和工具接触一定数量观众花费的广告成本,观众对于广告内容及其效果的看法,观众在广告前后对品牌、产品的态度变化,广告引发观众关注的程度,等等。在此基础上,文化企业可设法采取进一步措施来强化广告效果。

3. 促销效率控制。促销的目的在于激发买主购买的兴趣和行动。为了提高促销效果,加强促销效率控制十分必要。有关人员应记录每次促销活动及其成本对销售的影响,尤其应注意使用不同促销方式的效果,以便为寻求改善促销效果的方法提供指导。

4. 营销渠道效率控制。主要要求文化企业能够对营销渠道的选择效果进行合理评估,并确定改进办法。具体应注意的问题包括:销售网点的市场覆盖面,营销渠道中各级各类成员的作用与发展潜力,营销渠道的结构、布局以及改进方案,存货控制、仓库位置和不同运输方式的效果,等等。

(四) 战略控制

营销战略控制是文化企业高层管理者最重要的控制工作,目的在于检查文化企业的营销目标和战略是否与营销环境相适应。一般通过文化企业审计负责人对文化企业的营销环境、营销目标、营销战略等进行定期、全面的检查和评价，并提出报告。在进行战略控制时，文化企业主要运用营销审计这一重要工具。

四、市场营销计划控制的程序

市场营销管理者要依据科学的程序，对市场营销计划的执行情况进行监督和控制，看看计划与实际是否一致，如果不一致或没有完成计划，就要找出原因，并采取适当措施和正确行动，以保证市场营销计划的完成。

营销控制的动态性、系统性是市场营销控制程序的基本特征，该程序包含五个具体步骤（图11-2）：

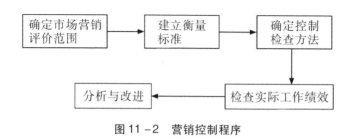

图11-2　营销控制程序

1. 确定应该评价的市场营销业务范围。评价不应当是泛泛而谈，而应当根据需要各有侧重。

2. 建立衡量标准。评价要有一个总的尺度，用以衡量营销目标和计划的完成情况。文化企业在制订目标和计划时，要考虑到如何衡量完成工作的好坏。营销控制的衡量标准指文化企业的主要战略目标，以及为达到战略目标而规定的战术目标，如利润、销售量、市场占有率、顾客满意程度等各种指标。评价标准应根据文化企业的具体需要而设立。

3. 确定控制检查的方法。评价绩效需要建立检查方法。最基本的方法是文化企业建立并积累营销活动以及与此相关的原始资料。另一种重要的检查方法是直接观察法。

4. 依照标准检查工作绩效。这一步需要防止虚报绩效。对完成得好的要予以总结，在以后的实践中加以推广；对完成得较差的要在下一步中解决。

5. 提出分析和改进的对策、建议。对工作绩效进行差异分析、对比分析，编写分析报告，提出改进方案。

本章小结

文化市场营销活动本身是一个完整的过程，由许多环节组成，参与市场营销活动的部门和人员较多。文化企业必须从整体高度出发,将市场营销工作作为企业生产经营的一个重要环节,处理好营销活动与其他生产经营活动、营销活动内部各项活动和环节之间的关系,才能确保营销活动每个环节都能按照要求顺利展开。因此,做好营销管理工作,是文化企业的重要任务。

本章从两个方面介绍了市场营销管理工作。一是市场营销宏观管理,主要包括文化企业营销战略制定和战略管理过程,文化企业营销组织建设;二是微观管理,特别是需求管理,详细介绍了市场营销管理过程,同时,介绍了营销控制的类型和主要方法。

资料链接

文化市场营销策划书

营销策划是文化企业为实现某一营销目标或解决营销活动的问题,对将要发生的营销行为进行超前规划和设计,并为文化企业提供一套系统营销方案的具体行动措施。营销策划是文化企业营销活动成功的基石,是营销计划的依据。营销策划书是文化企业营销管理部门用以反映已经制定出的科学有效的营销策划的载体,对文化营销活动具有指导作用。一份完整的营销策划书主要包括封面和正文。

一、封面

策划书的封面可提供以下信息:①策划书的名称;②被策划的客户;③策划机构或策划人的名称;④策划完成日期及本策划适用时间段。

二、正文

策划书的正文部分主要包括七个方面。

(一)策划目的

文化企业根据市场特点及营销需要策划一套营销计划。

(二)分析当前的营销环境状况

1. 当前文化市场状况及市场前景分析:①文化产品的市场性、现实市场及潜在市场状况。②文化市场成长状况,文化产品目前处于市场生命周期的哪一个阶段。对于不同市场阶段上的产品,文化企业的营销侧重点如何,相应营销策略效果怎样,需求变化对产品市场的影响如何。③消费者的接受性,这一内容需要策划者凭借已掌握的资料分析产品市场发展前景。

2. 对文化产品市场影响因素进行分析。主要是对影响产品的不可控因素进行分析,如宏观环境、政治环境、居民经济条件、消费者收入水平、消费结构的变化、消费心理等,对一些受政策和社会文化因素影响较大的产品,还需要考虑其发展趋势的影响。

(三)市场机会与问题分析

营销方案,是对文化市场机会的把握和策略的运用,因此,分析市场机会就成了营销策划的关键。只要找准了市场机会,策划就成功了一半。

1. 针对文化产品目前的营销现状进行问题分析。一般营销中存在的具体问题,表现在八个方面:①文化企业知名度不高、形象不佳,从而影响产品销售;②文化产品质量不过关,功能不全,被消费者冷落;③文化产品包装太差,提不起消费者的购买兴趣;④文化产品价格定位不当;⑤销售渠道不畅,或渠道选择有误,使销售受阻;⑥促销方式不对,消费者不了解企业产品；⑦服务质量太差，令消费者不满；⑧售后保证缺乏，消费者购后顾虑多。

2. 针对文化产品特点分析优、劣势。从问题中找劣势予以克服，从优势中找机会，发掘其市场潜力。分析各文化目标市场或消费群特点并进行市场细分，对不同的文化消费需求尽量予以满足，抓住主要消费群作为营销重点，找出与竞争对手的差距，把握利用好市场机会。

（四）营销目标

营销目标是在营销目的、任务基础上文化企业所要实现的具体目标，即营销策划方案执行期间，经济效益目标应达到的市场占有率总销售量、预计毛利、利润率等。

（五）营销战略（具体行销方案）

1. 营销宗旨。一般文化企业可以注重这样几方面：①以强有力的广告宣传攻势，顺利拓展市场，为产品准确定位，突出产品特色，采取差异化营销策略；②以文化产品主要消费群体为产品的营销重点；③建立起点广面宽的销售渠道，不断拓宽销售区域；等等。

2. 文化产品策略。通过产品市场机会与问题分析，提出合理的产品策略建议，形成有效的4P组合，达到最佳效果。

（1）产品定位。文化产品市场定位的关键是在顾客心目中寻找一个空位，使产品迅速进入市场。

（2）文化产品质量功能方案。产品质量就是产品的市场生命。企业对产品应有完善的质量保证体系。

（3）文化产品品牌。要形成一定的知名度、美誉度，树立消费者心目中的知名品牌，必须有强烈的创牌意识。

（4）文化产品包装。包装作为产品给消费者的第一印象，需要有能令消费者满意的包装策略。

（5）文化产品服务。策划中要注意产品服务方式、服务质量的改善和提高。

3. 价格策略。强调几个普遍性原则：①拉大批零差价，调动批发商、中间商的积极性；②给予适当数量的折扣，鼓励多购；③以成本为基础，以同类产品价格为参考，使产品价格更具竞争力，以产品价格为营销优势的文化企业则更应注重价格策略的制定。

4. 销售渠道。文化产品目前销售渠道状况如何，对销售渠道的拓展有何计划，采取一些实惠政策鼓励中间商、代理商的销售积极性或制定适当的奖励政策。

5. 广告宣传。

（1）原则。①服从文化企业整体营销宣传策略，树立产品形象，同时注重树立企业形象。②长期化。广告宣传商品个性不宜变来变去，否则，消费者会不认识商品，老主顾也会觉得陌生，所以，在一定时段上应推出一致的广告宣传。③广泛化。在选择广告宣传媒体多样化的同时，注重抓宣传效果好的方式。④不定期地配合阶段性的促销活动，掌握适当时机，及时、灵活地进行，如重大节假日、企业有纪念意义的活动等。

（2）实施步骤。①策划期内推出产品形象广告。②销后适时推出诚征代理商广告。③节假日、重大活动前推出促销广告。④把握时机进行公关活动，接触消费者。⑤积极利用新闻媒介，善于创造、利用新闻事件提高企业产品的知名度。

6. 具体行动方案。根据策划期内各时间段特点，推出各项具体行动方案。行动方案要细致、周密，操作性强又不乏灵活性。还要考虑费用支出，一切量力而行，尽量以较低费用取得良好效果为原则。尤其应该注意季节性产品淡季、旺季营销侧重点，抓住旺季营销优势。

（六）策划方案各项费用预算

这一部分记载的是整个营销方案推进过程中的费用投入，包括营销过程中的总费用、阶段费用、项目费用等，其原则是以较少投入获得最优效果。企业可凭借经验，具体分析制订。

（七）方案调整

这一部分是策划方案的补充部分。在方案执行中都可能出现与现实情况不相适应的地方，因此方案贯彻过程中必须随时根据市场的反馈及时对方案进行调整。

文化企业产品不同，营销目标不同，则所侧重的各项内容在编制上也可有详略取舍。

（赵泽润编写）

思考与练习

1. 市场营销战略的管理过程中，几个主要环节如何才能相互衔接好？
2. 市场营销组织的演变过程体现出企业发展的哪些特征？
3. 市场营销管理的实质为什么是"需求管理"？
4. 市场营销管理过程怎样才能保证科学规范？
5. 营销计划执行中出现的问题与控制工作的关系如何？

第十二章　文化产品的国际市场营销

● **知识要点**

了解国际市场营销的内涵。

了解我国文化产品的国际营销现状。

理解中国文化产品的国际市场营销环境。

掌握文化产品国际营销的产品策略、价格策略、分销策略及促销策略。

打好营销组合拳，推动文化企业"走出去"

2014年11月29日，昆明新知集团尼泊尔加德满都华文书局开业。这是这家坐落在昆明市的民营图书、音像制品连锁发行企业继柬埔寨、老挝、马来西亚、缅甸、斯里兰卡、泰国之后开设的第7个国际连锁华文书局，也是其"走出去"发展战略的又一次尝试。

昆明新知集团有限公司是以图书、音像制品和文体用品经营为主的连锁发行企业，成立于1991年5月。公司建设了覆盖云南、四川、贵州、湖南四省和柬埔寨首都金边、老挝首都万象、马来西亚首都吉隆坡、缅甸第二大城市曼德勒、斯里兰卡首都科伦坡的71个连锁书城，总营业面积16万多平方米，员工2200多人，经营图书、音像制品35万多种，是目前全国规模最大的民营实体连锁书店，先后荣获"云南省优秀文化企业"、"第三届中国出版政府奖"、"第五届全国服务农民、服务基层文化建设先进单位"、"国家文化出口重点企业"、"重点项目"等荣誉称号。

一、文化"走出去"，初期需要靠投入培育市场

新知集团在东南亚的柬埔寨金边、老挝万象、缅甸曼德勒、马来西亚吉隆坡等地开设华文书局，每年都要投入大量资金，但不一定会马上产生经济效益。因此，许多人认为这就是一种砸钱行为。然而在集团董事长李勇看来，他的钱"砸"得很值。

"责任比利润更重要，使命比责任更重要。我们要把一个完整真实的中国呈现给世界，将中华文化传播出去，华文书局就是一个窗口，一个永不落幕的中国书展。"李勇告诉记者,"文化不是生活必需品,更不是快销品,前期必须投入一定量的钱'养'着,慢慢培育市场。"据了解,2011年开业的柬埔寨金边华文书局直到现在才基本实现投入与产出持平并略有赢利,要弥补前面的亏损还需要时间;2012年开业的老挝万象华文书局、缅甸曼德勒华文书局目前接近持平状态;2013年开业的马来西亚吉隆坡华文书局和斯里兰卡科伦坡华文书局至今仍处于亏损状态。李勇说:"尼泊尔华文书局可能前两年都会亏本,第三年才能实现持平,第四年才能实现赢利。文化企业'走出去'要耐得住寂寞,没有点忍耐力是不行的。"

李勇说:"别的国家文化企业进入本国市场,对方会很敏感,有一种警惕心理。需要做很多耐心细致的沟通工作,首先要让对方理解和接受。所以,云南文化企业'走出去'要切忌浮躁,必须沉下心,了解当地人的需求,推出优质服务,用打造百年老店的心态经营企业,才能慢慢让人接受,逐步得到当地读者的认可和信赖。"

二、建造文化综合体,打好营销组合拳,才能在国外市场上活下去、活得好

如果单纯销售图书或文化制品,新知集团要想在已经布局的东南亚市场上活下来,特别是活得好,着实有许多困难。用卖场、展览"养"书店,是新知集团多年"走出去"的一个新的经营思路。

"对于境外书店,我们采取了更加灵活的经营方式。比如金边华文书局,我们租下了整栋九层楼,不仅开书店,还用两层楼开辟了中文培训班和孔子课堂,设有展厅、书法教室、健身中心、多媒体会议室、茶文化体验中心等,可承办多形式、多功能的文化活动。我算了一下,因为楼层多,我们还有部分楼层可以转租给商户作为卖场。重要的是这栋楼我们签了20年的租约,如此算下来,20年可以赢利2600万元左右。"李勇说。

李勇介绍,尼泊尔加德满都华文书局是在闹市区租了两层楼,一层销售图书、文化体育用品和家居用品,另一层开设了中文培训班、孔子课堂。聚集一定人气后,还会举办小型展览,展出中国古玩字画。只有把所有资源都利用起来,企业"走出去"才能尽快在当地打响知名度,尽快获利。

(赵泽润改编自《昆明日报》2014年12月23日,作者:吕惠钧)

中国文化"走出去"既是历史使命,也是时代主题。2011年3月14日第十一届全国人民代表大会第四次会议批准的《中华人民共和国国民经济和社会发展第十二个五年规划纲要》提出,要构建以优秀民族文化为主体、吸收外来有益文化的对外开放格局,积极开拓国际文化市场,创新文化"走出去"模式,增强中华文化国际竞争力和影响力,提升国家软实力。《国家"十二五"时期文化发展规划纲要》强调,要实施文化"走出去"工程,完善支持文化产品和服务"走出去"政策措施,进一步扶持文化出口重点企业和重点项目，培育一批具有国际竞争力的外向型文化企业和中介机构，形成一批有实力的文化跨国企业和著名品牌。扩大版权贸易，保持图书、报纸、期刊、音像制品、电子出版物等出口持续快速增长，支持电影、电视剧、纪录片、动画片等出口。逐步改变主要文化产品进出口严重逆差的局面。积极扩大文化产品和服务出口规模，推动开拓国际市场。

因此，我国的文化产品"走出去"，进军国际市场，不仅为本土文化产品的市场化发展寻找了另一出路，同时也是传播中华文化的重要路径，势在必行。

第一节　国际市场营销概述

一、国际市场营销的内涵

国际市场营销是指商品和劳务流入一个以上的国家或者地区消费者和用户手中的过程，是一种涉及多个国家或者地区的管理过程，是企业通过计划、生产、促销等创造产品和价值，并在国际市场上进行交换，以满足多国消费者的需要并获取利润的活动。国际市场营销是世界经济发展到一定阶段的必然产物。与国内市场营销相比较，国际市场营销的特点主要有：

1. 国际市场环境的不可控性。国际市场营销环境包括政治环境、经济环境、法律环境和社会文化环境等。市场环境的构成要素多、内容复杂，国内任何一个企业都不可能全面知晓并控制这些环境要素的发展变化。面对多变的市场环境，企业只能通过自己的努力，在了解环境变化趋势的基础上，尽可能调整自己的生产经营目标和行为，以适应环境的变化。

2. 国际营销市场具有较强的排他性。尽管世界贸易组织等国际组织为打破各国的贸易保护作出了很多的努力，但各国仍然从保护本国利益的目的出发，制定出各种各样的贸易保护政策和措施，从多方面限制他国企业到本国市场上开展营销活动。即使允许外国企业进入本国市场，也会为本国企业制定一系列优惠政策，使得他国企业在市场竞争中处于不平等地位。这种措施的实施具有明显的排他性。

3. 国际营销活动的结果具有不可预料性。由于在主观上要保护本国的市场，各国政府往往会随着国内、国际市场的发展变化作出贸易保护政策的调整，外国企业面对这种调整往往没有时间和能力作出主动变革，只能被动地适应，或者退出该国市场。

4. 国际市场结构日益变化，具有较为明显的多样性和多元性。随着科学技术的不断发展，企业产品生产经营的水平不断提高。同时，各国经济发展速度不一，各国消费者的消费需求和结构也变得越来越不一样。发达国家和发展中国家的消费需求差距越来越大。消费市场也由此开始变得日益复杂和多样。

二、国际市场营销的研究对象和任务

尽管国际市场营销活动是一个企业的具体活动，但其涉及的内容非常多。企业必须充分确定市场营销活动的对象，探求如何运用科学的经营管理手段，增强自己产品和服务的国际竞争实力，以打入国际市场。

从企业开展市场营销活动的过程看，国际市场营销研究的主要内容包括三个方面：国际市场营销理论研究、国际市场营销实务研究和国际市场营销管理研究。具体来说，主要包括企业开展国际市场营销的基础理论、国际营销环境、市场机会、市场营销策略和方法措施，以及国际营销管理，等等。

研究国际市场营销内容的主要任务是企业通过分析国际政治力量、法律结构、社会文化发展水平、科技状况、竞争力量和经济状况等不可控制的要素，掌握国际市场的总体发展变化趋势。同时，通过开展市场细分、目标市场定位等工作，寻找最佳的国际市场机会。在开展国际市场营销活动的过程中，把产品、价格、分销渠道和促销策略等能够被公司控制的因素进行有效的组合，形成综合竞争力，以在国际市场营销中更好地作出营销决策。为了实现企业的营销目标，企业还需要从生产经营过程，特别是从营销过程出发，对营销活动的每一个环节，如采购、生产、分等、标准化、储存、运输、销售、风险承担等方面开展认真的分析和研究，以提高对营销活动的掌控能力。

第二节　文化产品的国际市场营销环境

国际市场营销环境是一个国家的企业在他国开展市场营销活动时所面临的各种对营销活动产生直接和间接影响的要素的总和，包括国际市场营销宏观环境和微观环境。

宏观环境是指企业在他国从事国际营销活动时面临的难以控制、也较难影响的营销大环境，主要包括人口环境、经济环境、政治法律环境、技术环境、社会文化环境等。微观环境是一国企业在他国的不同目标市场进行营销活动时直接面临的各种影响要素的总和，具体包括产业要求、竞争对手、客户要素、资源来源（包括供应商、贷款人、劳动力）等要素。

国际市场营销的宏观环境和微观环境具有较大的复杂性和差异性、程度不同的相关性，以及控制、把握、利用和影响的较大难度等特点。由于不同企业的微观环境差异较大，此处主要分析宏观环境因素。

一、人口因素

人口是社会生活的主体，又是市场的组成部分。市场大小主要取决于人口的多少。人口因素是社会物质生活条件之一，它在社会发展中占有重要的地位。分析人口因素要有针对性地考虑总人口、人口增长率、人口的区域分布、人口的年龄结构、人口的性别结构及家庭数目等指标，同时，还要关注人口的质量及其发展变化的规律。

视野拓展

好莱坞的全球化策略与中国电影的发展

好莱坞在美国的全球化战略中扮演着重要的角色。美国电影的全球化不仅创造着巨大的经济利益，而且创造了美国式的"世界趣味"。中国由于人口众多、经济潜力巨大，在当今的全球化格局中，国际地位举足轻重。因而，在美国的"单极化"战略中，中国具有重要战略地位。据国际问题专家分析，世界上三个人口大国——中国、俄罗斯和印度，都极力保持本国独特的社会文化和政治制度，与美国保持着某种抗衡关系，同时，三国的经济也正呈现复兴和发展趋势，在新世纪同美国的差距将会缩短。因此，中国电影市场历来都受到好莱坞的重视。好莱坞将中国看作最具潜力的国际电影市场，并借助国家力量和经济实力，采用多种策略培育和开拓这一市场。

在20世纪的头50年里，美国人对中国的电影市场曾经做过系统而详细的调查，并写下了大量的文字。例如，美国商业部对内对外贸易司从1927年1月开始定期发表有关世界各国电影市场的调查报告，而它的第一份报告便是关于中国电影市场的。该报告对中国电影市场做了相当细致的调查、分析和研究，统计了当时中国电影屏幕和电影观众的数量、分布，阐述了中国电影发展的过程，介绍了中国电影的法规、广告、教育和杂志等方面的状况，并特别分析了政治不稳定、交通不发达、经济落后、国产电影竞争等美国电影进入中国的障碍；报告在讨论中国人的电影趣味时还指出中国观众经历了从打斗片到西部片的变化，三角恋爱和两代冲突之类的题材因违反传统伦理而不受中国人欢迎，但一般爱情片和历史题材的影片，尤其是喜剧片和以儿童做主角的影片都很卖座；报告将"大团圆"、"善恶分明"等叙事特点总结为美国电影能够占据中国电影市场的原因；报告还特别提醒美国片商不要把丑化中国人的影片运到中国来。这份报告最长的部分是关于上海、香港、天津、北京、广州、厦门、汉口、福州、大连、哈尔滨、长沙、曲阜、济南、安东、汕头和青岛等地的影院情况调查，提供了从影院数量到座位数量的具体数字。这份报告对好莱坞电影制片人和发行人了解中国电影市场提供了重要依据，其对中国电影市场调查的细致和深入程度在当时甚至在现在连中国人自己可能都没有做到。

(改编自尹鸿、萧志伟:《好莱坞的全球化策略与中国电影的发展》,载《当代电影》2001年第4期)

二、社会文化因素

社会文化是一个涵盖面非常广泛的概念,是一种复杂的总体,包括知识、信仰、艺术、道德、法律、风俗和任何人作为一名社会成员获得的所有能力和习惯。这其中既有物质的外壳,又有精神的内核。社会文化深远地影响着人们的生活方式和行为模式。消费者的任何欲望和购买行为都深深地印有文化的烙印,例如,华人的春节和西方人的圣诞节是有着两种不同文化背景的消费高峰期,不同的节日风俗使他们的节日消费各具特色。同时,营销者本身也深受文化的影响,表现出不同的经商习惯和风格。

文化差异是影响品牌国际化成败的重要因素。在跨国经营中取得成功的企业无一不在跨文化管理中取得了成功。文化的适应性要求企业在开展国际营销时,一定要充分考虑当地的文化习俗,特别要注意不要触及他们的文化禁忌。可口可乐的每一次营销活动无不体现着美国文化,使其品牌成为美国文化的象征,因此,喝起它常常会有一种享受美国文化的感觉。麦当劳为什么会取得如此巨大的成功,它卖的仅是面包加火腿吗?显然不是,它卖的是美国快捷时尚个性化的饮食文化。

视野拓展

《大长今》的跨文化营销传播策略

2005年9月1日,湖南卫视率先在国内独家播放《大长今》,此举既出,全国同时段的收视率便由湖南卫视抢去了风头。一时间,对《大长今》的议论便如雨后春笋般出现,来自普通公众的,来自影视剧圈子里人士的,来自文化传播研究专家的,褒贬不一。《大长今》中的家庭温情、爱情、友情等情感都追求至真至美,而相对应的对手之间的恨与之形成了鲜明对比;曲折的故事情节将各种情感通过演员精湛的演技表现出来,受众在欣赏的过程中获得了共鸣。在现实生活中人们对文化产品的消费,往往是以主体和对象之间的情感共鸣为基点的。人们通过对文化产品的消费,产生喜、怒、哀、乐和情感上的强烈震撼,同时又将这种思想情感投射到欣赏对象上,即根据自己的思想感情和生活经验来理解、欣赏和评判对象,从而达到主体与对象之间的思想感情的对流、升华。

《大长今》作为一种社会文化产品,传递给中国受众韩国社会的主流价值观,而这种价值观又与其历史文化有着千丝万缕的联系。综观韩国发展史,其早期文化与中国古代历史渊源颇深。《大长今》中，韩国文化与中国历史文化的交流、人文思想与民族传统的融合，真实地再现了一个平凡女性在男尊女卑的社会背景下如何发展及取得成功。

"韩剧正是利用和挖掘了这种文化上的同源性，把伦理文化和道德美感作为影视剧的文化灵魂，以人伦、爱情、友谊等作为故事结构主线，在平凡的生活故事中，渗透儒教中'孝悌仁爱'、'乐善好施'、'己所不欲，勿施于人'、'老吾老以及人之老，幼吾幼以及人之幼'这些具有普世价值的伦理观。"这在儒家文化圈乃至佛教文化圈内具有更大的文化共鸣感。儒家文化圈包括亚洲的中国、日本、韩国、朝鲜及东盟十国。相近的文化渊源、地理空间和价值观念，使韩国文化与这些国家和地区的文化具备了接近性的特点，存在着相互交流与沟通的基础。在大众传播过程特别是跨文化传播过程中，"要传而通，首先要传播双方对传播符号有共同的符号本，即有相同的编码和译码"。而在视听媒介中，接近性是观众收看（听众收听）节目的重要心理因素，因此，韩国带来的文化产品具备了良好的亲和力。特别是韩剧中精心设计的故事情节、漂亮的男女主人公、时尚的人物装扮、清新素洁的场景、悠扬动人的音乐、委婉含蓄的情感表露，更兼以浪漫而富有节奏的叙述，为观众呈现出一个近乎纯美的世界，让人流连。

（摘自吴垠：《从〈大长今〉看营销传播》，载《首席市场官》2006年第5期）

社会文化的影响深远而广泛，在国际营销活动中尤其如此。国际营销是跨国界、跨文化的活动，不同国家文化差异对其影响很大：在本国市场上成功的营销策略在他国市场中可能行不通，甚至招来厌恶、抵制；在本国文化中属于表层文化的因素，在他国文化中可能是必须严肃对待的"禁区"；等等。这所有的一切，都需要营销者仔细分析，并在充分尊重他国文化的基础上，创新性地实现跨文化营销目标。那些有民族特色，又不对他国文化构成利害冲突的营销努力往往会受到欢迎。具体说来，社会文化因素包含了四个层面。

1. 物质文化。物质文化质量的高低和完善程度直接影响了国际营销的方式、规模，如运输、能源、沟通媒体（包括广告促销策略）、商业设施（包括分销渠道选择）等。国际营销者在把握东道国的物质文化时，要注意到各国不同的物质文化水平直接影响购买者对其所需产品的质量、品种、使用特点及其生产、销售方式的要求。

2. 语言。语言是文化的镜子，是文化的核心组成部分。语言折射出民族的价值观和世界观，反映了某一文化的本质特性，也是经济活动沟通的桥梁，以及表达思想、传递感情的工具，需要适时、适地而用。

3. 审美。美是一种高层次的人类心理需求，是关于美、审美认识的观念，是文化的重要组成部分。在不同的文化环境中，美有不同的评价标准，人的审美活动如对数字、色彩、图案、形体、运动、音乐旋律与节奏、建筑式样等艺术表现形式的喜好和忌讳，对产品设计和营销有很大影响，是营销活动的重要工具。国际营销者对自己的产品、包装、广告、工厂布置应符合当地的审美偏好，依据营销环境的审美观来设计产品和包装、广告，进行工厂和店铺布置。

4. 亚文化群。每一种文化内部都包含若干亚文化群，即那些有着共同生活经验或生活环境的人类群体，如青少年、知识分子等。这些亚文化群的信念、价值观和风俗习惯既与整体社会文化相符合，又因为他们各有不同的生活经历和环境，而表现出不同的特点。这些不同的人群也是消费者群，根据各亚文化群所表现出来的不同需求和不同消费行为，营销人员可以选择这些亚文化群作为他们的目标市场。

图腾文化是民族文化的源头。图腾是一种极其古老的东西，简单地说，就是原始社会作为整个部落或氏族血统的标志并当作祖先来崇拜的动物或植物等。古老的图腾文化渗透到现代文化中，形成各种风俗习惯和禁忌，进而形成特别的消费习惯。例如，由于古文化中对牛的崇拜，一些民族至今不吃牛肉；中华民族对龙凤呈祥、松鹤延年的美好祈盼，在消费者对产品设计、包装、商标、色彩和推销方式的特殊心理偏好上都有所反映。

三、经济因素

国际市场营销的经济环境是各种直接或间接影响和制约国际市场营销的经济因素的集合，是国际市场营销环境的重要组成部分，具有国际市场营销环境的各种特征。国际市场营销人员应对各国的经济制度、经济发展水平、经济基础结构、外汇汇率等进行认真的研究。

1. 经济制度。世界上大体有两种经济制度，即资本主义经济制度和社会主义经济制度。在当代社会中，各种迅速积累财富的经济制度、游戏规则，在表面上似乎已经与文化现象相脱离，但在这种制度、规则得以顺利运行的背后，仍然是以深厚的文化底蕴为基础的。经济建设和现代化进程不仅仅是一个物质的问题、技术的问题，还有一个文化的、精神的、价值的层面。共同的理想信念、文化精神是促进社会和谐发展的内在动力。文化构塑着经济主体，为经济发展提供精神动力和智力支持。

2. 经济发展水平。文化产业具有双重性，它一方面生产物质产品，另一方面还生产精神产品，即文化产品。这是任何一个部门、任何一个产业门类所不能达到的。而一个民族文化产业的繁荣程度标志着这个民族经济水平的发展程度，所以，以什么样的文化产品进入哪一个国家的市场，就需要了解它们的国民经济发展情况。

3. 经济基础结构。经济基础结构指的是一国的设施、机构、资源供应、交通运输和通信设施、商店、银行、金融机构、经销组织等作为国民经济基础的结构状况，其数量越多、业务量越大、业务水平越高，整个经济的运行就越顺利有效。

4. 外汇汇率。货币兑换率或者说一个国家对另一个国家货币的价格，是由政府根据供求关系和当时的经济状况决定的。一个国家货币对另一个国家货币的比率定得很低，那么该国必须为进口支付更多的本国货币，对于一些依赖进口原料和生产零件的国家会造成很大的困难。反过来，如果货币升值，通常也会给出口国带来困难，因为这使它的商品在进口国市场上的价格上升，从而直接影响商品在国际市场上的竞争能力。货币兑换率也是一种国际经济因素，企业必须掌握汇率波动特点，全面衡量货币对出口销售产生的影响，努力做好出口销售工作。

四、法律与政治因素

不同经济制度的国家，其政治和法律体制也不相同。这种不同表现在许多方面。

1. 国际政治环境。国际市场营销的政治环境指各种直接或间接影响和制约国际营销的政治因素的集合，包括全球的国际政治环境和东道国的政治环境，它们对企业的国际营销活动产生重大的影响和制约作用。具体包括各国政府和政党体制、政府政策的稳定性、民族主义、政治风险。

一国的政治制度、政府类型和政党体制影响了其政府政策的稳定性，与世界经济一体化相对立的经济的民族主义是企业从事国际营销最关键的政治影响因素。

（1）政治的稳定性。政局的稳定与政策的连续性是增强投资者信心与信任感的重要因素。

（2）对国际贸易和国际投资的态度。有些国家对国际贸易极感兴趣，愿意提供鼓励经济往来的宽松环境；有些国家则相反，对外贸领域的事情处处小心谨慎，许多规定极为严格，没有任何伸缩性。

2. 国际法律环境。文化产业发展的法律环境包括两个方面：从纵向来看，它包括文化产业的立法、司法、执法等各方面；从横向来看，则主要包括文化产业的投资法律环境、税收法律环境以及文化市场管理的法律环境等，具体又包括国内法律、国际法律、东道国法律和解决国际营销争端的途径。

在传统的法律分类中，文化法并不是一个独立的法律部门，本书所说的文化法是指以宪法为核心，横跨行政法、民商法、社会法、刑法等多部门多层次的调整文化关系的法律规范的总称。文化法律渊源包括下列几部分：

（1）宪法关于文化方面的规定，如"国家发展为人民服务、为社会主义服务的文学艺术事业、新闻广播电视事业、出版发行事业、图书馆博物馆文化馆和其他文化事业，开展群众性的文化活动"；国家保护名胜古迹、珍贵文物和其他重要历史文化遗产；保障公民享有言论、出版的自由以及进行科学研究、文学艺术创作和其他文化活动的自由。宪法的这些规定可以看作文化法的渊源。

（2）民事法律中有关著作权保护的规定，是重要的文化法律规范。世界相关组织及国家都围绕著作权等制定了相关的法律、法规，对著作权等进行了规范和保护。《保护工业产权巴黎公约》等一批国际公约是国际市场上对文化产品实施保护的重要支柱。

（3）行政法中关于管理文化事务的法规，是主要的文化法律规范。

（4）民商法中关于市场主体资格，市场主体权利、义务和行为规定的一般性规定，为文化产品的生产和交换奠定了法律基础。社会法对于保障文化从业者的劳动权利和社会权利具有十分重要的作用。刑法对传播精神垃圾的犯罪行为进行惩治。

国内的相关制度主要有：①出口控制，即限制、管制、管理出口许可证制度；②进口控制，即通过关税、非关税、配额制严格控制进口产品和数量，对国际收支赤字国这方面的控制尤其严格；③外汇管制，即外汇供需和使用管制，包括限制本国出口商所能持有和获得的外汇数额，限制国外投资者所能汇出的利润数额，等等。

国际法是调整交往中国家间相互关系并规定其权利和义务的原则和制度的法律。国际法的主体即权利和义务的承担者是国家，依据是国际条约、国际惯例、国际组织的决议、有关国际问题的判例。对国际市场营销活动影响较大的国际经济法有保护消费者利益的立法（国际产品责任法），确定生产者和销售者对其生产或出售的产品所应承担的责任，保护消费者的合法权益；保护生产制造者和销售者的立法（工业产权法），包括专利法和商标法；保护公平竞争的立法如国际反托拉斯法、限制性商业惯例、保护竞争法；调整国际经济贸易行为的立法，包括各种国际公约、条约、惯例、协定、议定书、规则；等等。

东道国法律是影响国际市场营销活动最经常、最直接的因素，东道国法律对国际营销的影响主要体现为产品标准、定价限制、分销方式和渠道的法律规定和促销法规限制。

第三节　文化产品的国际市场营销策略

文化企业要走向国际市场，除了需要对国际市场营销环境做全面的调查研究、把握其发展变化的趋势和规律外，还需要制定出科学的国际市场营销策略，搞好自己的生产经营活动，为国际市场提供符合市场需要、价格具有竞争优势、分销渠道顺畅的产品，以顺利地开发国际市场，并在市场竞争中获得利益。一个完整的国际市场营销策略主要包括四个方面。

一、产品策略

产品是文化企业开展市场竞争的核心。由于各国消费环境各不相同,其消费者对产品的认识和要求也不一样,文化企业必须认真分析国际市场的文化产品需求,并设计和生产出符合国际市场需求的文化产品,才能满足消费者的需求。

(一) 国际视角的产品观念

1. 整体产品的观念。市场营销学所研究的国际市场营销产品是整体产品。整体产品的概念包括三个方面的内容,即实质产品(又称核心产品)、形式产品和延伸产品。实质产品是产品的基本需求效用;形式产品是指产品的实体外在形态,包括品质、特征、式样、包装、商标和厂牌等;延伸产品则是针对产品本身的商品特性而产生的各种服务保证。市场营销学的产品价值观就是消费者的需要,产品的整体概念体现着以用户为中心的思想。正因为这样,国际营销者在开展营销活动的过程中,要不折不扣地考虑如何使产品的各个方面适应消费国的顾客需要,否则在策略的运用上便有失策的可能。

例如,《大长今》把民众喜闻乐见的饮食、医疗题材融入剧中,贴近百姓日常生活,具有浓郁的家庭气息,观众们可以从剧中学到许多实用的烹饪常识和养生之道,便于边学边用、活学活用。这种家庭式的定制,弥补了以往宫廷剧脱离老百姓生活的缺陷,受到了观众的欢迎。

2. 产品的组合观念。所谓产品组合,即指文化企业所经营的全部产品的构成,或者是各种类产品的数量比例。国际市场营销要求每一个国家或企业,一定要根据国际市场的需求和自己的资源、技术条件来确定产品的经营范围及产品的结构。如果一个企业不能根据国际市场情况充分发挥本国优势(避开劣势)确定产品的出口结构,就不能利用国际经济条件为企业的建设发挥作用。所以,出口什么产品、限制和发展什么产品对己有利,营销者必须心中有数。

3. 产品的周期观念。文化产品从在市场上出现到消失的过程被称作产品的市场生命周期。就同类性质的产品而言,大类的产品与大类的某种产品以及某个牌号的产品的生命周期是不同的。对一个国家或一个企业来说,向国际市场提供的产品一般都是某种产品或某种牌号的产品,这就要求产品的经营者不仅要考虑到自己经营产品的经营周期,还要考虑到该种产品及该类产品的生命周期。文化企业的市场营销战略必须适应产品的这种周期变化并符合各种类型产品周期间的内在关系,这是文化企业在动态的市场上求得生存和持续发展的关键。

（二）国际视角的文化产品策略

1. 固有产品策略。以本企业原有的文化产品直接打入国际市场，即为固有产品策略。运用此策略的产品范围是有限的，并不是任何固有产品都可行销国外。凡可直接销往国外的产品，一般都具有某种需求共性。下述三类产品可用于此策略：①传统产品。如景德镇瓷器、法国葡萄酒、美国的可口可乐。②矿产品及某些原材料产品。如石油、煤炭等。③某些已畅销国内市场的产品。由于此策略大大方便了营销者，诸如无需另行研究开发和可以降低成本等，所以非常具有吸引力。

2. 产品更改策略。这是基于改变整体产品要素的思想而产生的产品策略。国际市场的需求与国内市场的需求是有很大不同的，很多产品在某些方面必须作出相应的改变，才能适应国际市场的需要。当然，更改整体产品的哪个部分和如何更改，需要根据国际市场情况而定。正因如此，在变化无常的国际市场上，在产品的个性化方面，该策略显示了很高的灵活性。一般产品的更改应着眼于下述五个方面：

（1）功能的更改。这是一项能给消费者提供更多利益的产品内容的更改。如在国外发行的报纸，除了提供相关信息外，还增加了学习汉语的相关知识，这就增加了报纸的功能。

（2）外观的更改。这主要是对式样、颜色进行更改。更改的原因是因为产品使用国的条件特殊和文化环境不同。如我国出口到不同国家的图书，可以根据各国的欣赏习惯，对图书的版式、色彩等进行修改。

（3）包装的更改。包装的更改与销售地的自然状况和产销两地的运输距离有直接关系，但国际市场营销特别强调包装，是因为消费国的风俗习惯和消费水平更为重要。

（4）商标、厂牌和标签的更改。在这方面的更改，除有不同的文化要求外，消费国的法律也有这方面的规定。如加拿大要求商标必须用英、法两种文字书写其内容。从营销学的角度来说，商标画面的设计必须要有艺术性和吸引力，要与个性化的包装及产品相呼应。

（5）服务的更改。做好产品的服务工作（如保修、供应零配件等），对保证产品的销售十分重要。作为整体产品的一部分，良好的服务可以增强用户的购买信心，提高产品的声誉，打开市场、扩大销路。

3. 专门产品策略。这种新产品策略不主张开发普通的大众化产品。这种策略不仅可以及时设计与投产新产品以适应新兴的市场需要，而且充分反映了市场细分化的观点。一般性产品生产批量大、品种少、市场面大，方便企业的生产，但应变性差，一旦在竞争中被淘汰，就会招致重大损失。因此，在新技术革命条件下，从经营一般产品转向经营专门化产品已成为国际潮流。

二、分销策略

同国内的市场营销一样,任何文化企业在进行国际市场营销时,也必然会面临分销的决策问题。分销是指文化企业将产品或服务从生产者向消费者转移的过程。国际分销与国内分销的重要区别在于,国际分销是跨越国界的营销活动,而国内的分销活动则仅限于一国的国境之内。因此,国际分销要比国内分销复杂得多,决策也将困难得多。然而,分销却是国际市场营销策略组合中一个必不可少的因素。因此,文化企业需要对国际分销渠道做全面的分析,并制定出相应的分销渠道策略。一般来说,文化企业制定国际市场分销渠道策略,需要重点关注三个方面的内容。

(一) 国际分销渠道的长度

国际分销渠道的长度就是指文化企业的产品或服务从生产者到最终消费者或用户所经过的渠道层次数。从国际分销渠道长度来看,文化企业选择的渠道结构有直接分销渠道与间接分销渠道,或长渠道与短渠道之分。国际市场直接分销渠道是指文化产品在从生产者流向国外最终消费者或用户的过程中,不经过任何中间商,而由生产者将产品直接销售给国内出口商、国外消费者或用户的渠道模式。直接分销渠道是两个层次的分销渠道,也是最短的分销渠道。间接分销渠道则是文化产品在从生产者流向国外最终消费者或用户的过程中,要经过三个或三个以上的商品流转层次的渠道模式。

例如,《大长今》在区域选择、代理商选择、营销模式以及代理费用等方面下足了功夫。它首先确定了中国香港、台湾,日本、美国等国家和地区作为代理的区域,而这些地方都是华人聚居地,与《大长今》文化的欣赏消费习惯比较吻合,具有极强的辐射扩散功能。

《大长今》的国际营销市场分为四个等级:一级市场为中国内地及港台地区,二级市场是全球华人散布的区域及有中国文化根源的外籍华裔聚居地,三级市场为欧美市场,四级市场为受欧美国家文化影响的世界其他国家。四个等级之间有着层层策动的关系:一级市场与韩国有着文化和地域的贴近性;二级市场的受众又与一级市场有着千丝万缕的联系,因此一级市场开启了,二级市场也就自然打开了。同时,二级市场的受众不论经商或从政,都在当地有一定的影响力,都能在一定程度上引领当地的文化消费时尚,这其中包括了欧美地区的亚裔受众群,这也就带动了三级、四级市场的开启。四级市场层层递进、互为引擎。

(二) 国际分销渠道的宽度

国际分销渠道的宽度是指分销渠道的各个层次中所使用的中间商数目。依据渠道的宽度，国际分销策略可以被区分为宽渠道策略与窄渠道策略。同一层次同类型中间商数量较多的，称为宽渠道策略；反之，则称为窄渠道策略。

（三）影响文化企业选择国际分销渠道的因素

文化产品和服务营销者在选择国际分销渠道时一般要考虑六个因素：成本（Cost）、资金（Capital）、控制（Control）、覆盖（Coverage）、特征（Character）和连续性（Continuity）。这六个因素被称为分销渠道决策的六个"C"。

1. 成本。这里是指分销渠道的成本，即开发渠道的投资成本和维持渠道的维持成本。在这两种成本中，维持成本是主要的、经常的。它包括维持文化企业自身销售队伍的直接开支，支付给中间商的佣金，物流中发生的运输、仓储、装卸费用，各种单据和文书工作的费用，提供给中间商的信用、广告、促销等方面的支持费用，以及业务洽谈、通信等费用。

2. 资金。这是指建立分销渠道的资本要求。如果制造商要建立自己的国际市场分销渠道，使用自己的销售队伍，通常需要大量的投资。

3. 控制。文化企业自己投资建立国际分销渠道最有利于渠道的控制，但会增加分销渠道成本。如果使用中间商，文化企业对渠道的控制将会相对减弱，而且会受中间商愿意接受控制的程度的影响。一般来说，渠道长度越长，渠道宽度越宽，文化企业对价格、促销、顾客服务等的控制就越弱。

4. 覆盖。指渠道的市场覆盖面，即文化企业通过一定的分销渠道所能达到或影响的市场。对于文化企业来说，市场覆盖面并非越宽越好。市场覆盖面的大小主要看是否合理、有效，并最终能否给文化企业带来较好的经济效益。国外不少文化企业在选择分销渠道时，并不是以尽可能地拓展市场的地理区域为目标，而是集中力量在核心市场尽可能地进行渗透。

5. 特征。文化产品和服务营销者在进行国际市场分销渠道设计时，必须考虑自身的企业特征、产品特征以及进口国的市场特征、环境特征等因素。

6. 连续性。一个文化企业国际市场分销渠道的建立往往需要付出巨大的成本和营销努力，而且一个良好的分销渠道系统，不仅是企业重要的外部资源，也是企业在国际市场中建立差异优势的基础。因此，维持渠道的连续性对于企业营销者来说是一项重要的任务和挑战。

三、定价策略

价格策略是国际营销组合的四大要素之一。合理定价，是文化产品和服务顺利销售、文化企业取得预定营销目标的关键因素。此外，价格还是国际市场竞争的有力武器，适当的价格竞争可以提高文化企业的竞争力。因此，文化企业在国际市场上的定价决策至关重要。

（一）定价方法

由于文化产品具有市场性和非市场性两方面的特征，而且效用和价值难以确定，所以，其价格就有可能与成本发生偏离。例如，一部影片的定价主要是基于目标消费者对影片的期望，经过成功的营销之后，它的票房收入有可能高出其制作成本许多倍；但对于一个博物馆来说，主要考虑的是如何能为更多的人提供观赏的机会，它的定价有可能会低于成本。因此，文化产品正常的定价方法应该选择需求导向定价法，同时考虑产品的生产成本等因素。

（二）新产品定价

在市场经济条件下，市场供求会在一定程度上决定产品价格。同时，市场价格又可能反过来影响产品的市场供求。文化企业向国际市场推出新产品时，一定要注意国际市场上同类或者相关产品的市场供求状况，以作出正确的价格决策。

文化企业向国际市场推出新产品时，通常选择撇脂定价或市场渗透定价。撇脂定价指文化企业在新产品投放市场初期，就把产品价格定得很高，以赚取尽可能多的利润，并尽早收回投资。这种定价策略只是一种短期性的定价策略，并且通常只适用于生产能力不大或有专利权、专有技术或需求弹性小的产品。市场渗透定价则是文化企业在新产品进入市场初期，把价格定得相对较低，以迅速打开国际市场销路，吸引大量顾客，提高市场占有率，待新产品打开销路深入市场后，再逐步提高价格。它适用于市场需求弹性大，顾客对文化产品的价格极为敏感，而且低价不致引起竞争者的报复和指控的情况。

（三）价格调整

价格调整是文化企业扩大国际市场份额和获取更高利润的重要策略。文化产品价格制定后，由于客观环境发生变化，文化企业必须不断对价格加以调整。而无论是提价还是降价，都会影响到本企业、顾客、竞争者和分销商多方面的利益。尤其需要考虑的是消费者对价格变化可能作出的反应。

四、促销策略

与普通物质产品的促销不同，文化产品的广告、人员推销、公共关系等沟通促销手段与文化产品本身是一种相辅相成的关系。一方面，广告等沟通促销手段实际上是文化产品的一种表现形式，可以体现出文化产品的特点和风格；另一方面，广告等沟通促销手段可以比文化产品本身更广泛和迅速地送达目标顾客，在文化产品推出之前就帮助其树立形象，并在文化产品推出后不断强化其市场定位和产品形象。

1. 广告。国际广告活动究竟是采取有差异的个性广告，还是无差异的标准化广告，文化企业应根据产品或服务的性质、各国市场的同质或异质性、各国政府的限制和社会文化差异大小等来决定，绝对的标准化广告策略或绝对的个性化广告策略都是不正确的。此外，国际市场营销应根据产品的性质和各国市场的特殊性，选择不同的广告媒体传递文化产品和服务信息。

2. 人员推销。国际市场营销中，人员推销最受目标市场国家的社会、文化和语言等因素的制约。人员推销在缺乏广告媒体的外国市场或工资水平较低的发展中国家作用较大，特别是在生产资料的销售中。文化企业在国际市场开展人员推销工作，需要做好多方面的准备工作，具体包括销售人才来源、销售人员培训、销售人员激励策略等。

3. 公共关系。在国际市场营销中，公共关系促销策略的地位越来越高。文化企业的公共关系部门可以开展多种多样的公关活动，以获取当地政府和社会公众的认可与支持。具体地说，文化企业的公关活动主要有以下方式：

（1）尊重和支持当地政府，与当地政府保持良好的关系，让当地政府认识到国际企业的经营活动有利于当地经济的发展。

（2）利用各种宣传媒体，以第三者身份正面宣传文化企业的经营活动和社会活动，使当地人对国际企业产生好感。

（3）积极参加东道国的各种社交活动，对当地教育事业、文化活动、慈善机构等定期捐助，并积极组织国际教育和文化交流。

（4）协调文化企业内部的劳资关系，尊重当地雇员的社会文化偏好、习惯和宗教信仰，调动当地雇员的积极性。

此外，争取政府支持开拓国际市场，积极参加与本企业有关的综合性和专业性国际博览会，积极参加或主办国际巡回展览，也是文化企业开展国际营销的重要手段。

国际博览会是一种很好的促销平台，通过参加博览会，文化企业可以快速和大规模地把产品介绍给国际市场，宣传和树立文化企业和产品的良好国际形象，利用各种机会，就地开展交易活动。

我国加入世界贸易组织，给文化企业带来的不仅仅是国外大型企业集团的挑战，同时也带来了进入国际市场的机遇。目前，我国文化企业还难以与国外大型企业集团进行直接的正面竞争，因而应当采取差异化的竞争策略。我国文化企业相对于国外企业，最大的竞争优势在于具有我国的民族特色。因此，我国文化企业应立足于民族特色求发展。一方面，对于不熟悉我国民族文化的西方国家，可以通过经典的文化产品向他们宣传和介绍中国文化；另一方面，对于那些比较了解和熟悉中国文化的东亚及东南亚国家，则应当进行文化产品的规模化推广。

本章小结

我国文化产品进军国际文化市场,既是中华文化国际化的一个标志,也是我国国民经济发展壮大的重要路径,更是我国文化企业发展壮大的必经之路。文化企业要把产品国际化作为发展目标之一,从市场营销方面做好工作。

本章第一节简要介绍了国际市场营销的内涵以及国际市场营销的研究对象和任务。第二节全面介绍了中国文化产品的国际市场营销环境,重点介绍了宏观环境的构成要素及对市场营销的影响。第三节有针对性地介绍了文化产品国际营销的产品策略、定价策略、分销策略及促销策略。

资料链接 >>>

国务院关于加快发展对外文化贸易的意见

各省、自治区、直辖市人民政府,国务院各部委、各直属机构:

近年来,随着改革开放的推进,我国对外文化贸易的规模不断扩大、结构逐步优化,但核心文化产品和服务贸易逆差仍然存在,对外文化贸易占对外贸易总额的比重还较低,有待进一步加强。加快发展对外文化贸易,对于拓展我国文化发展空间、提高对外贸易发展质量,对于继续扩大改革开放、转变经济发展方式,对于稳增长促就业惠民生、提升国家软实力、全面建成小康社会具有重要意义。为进一步做好有关工作,现提出以下意见。

一、总体要求

(一)指导思想

立足当前,着眼长远,改革创新,完善机制,统筹国际国内两个市场、两种资源,加强政策引导,优化市场环境,壮大市场主体,改善贸易结构,加快发展对外文化贸易,在更大范围、更广领域和更高层次上参与国际文化合作和竞争,把更多具有中国特色的优秀文化产品推向世界。

(二)基本原则

坚持统筹发展。将发展文化产业、推动对外文化贸易与促进经济结构调整、产业结构优化升级相结合,与扩大国内需求、改善人民群众生活相结合,促进服务业发展、拉动消费和投资增长。

坚持政策引导。切实转变政府职能,依法监管,减少行政干预,加大政策支持力度,营造对外文化贸易发展的良好环境。

坚持企业主体。着力培育外向型文化企业,鼓励各类文化企业从事对外文化贸易业务,到境外开拓市场,形成各种所有制文化企业积极参与的文化出口格局。

坚持市场运作。进一步发挥市场在文化资源配置中的积极作用,激发社会活力,创新文化内容和文化走出去模式,努力打造我国文化出口竞争新优势。

(三)发展目标

加快发展传统文化产业和新兴文化产业,扩大文化产品和服务出口,加大文化领域对外投资,力争到2020年,培育一批具有国际竞争力的外向型文化企业,形成一批具有核心竞争力的文化产品,打造一批具有国际影响力的文化品牌,搭建若干具有较强辐射力的国际文化交易平台，使核心文化产品和服务贸易逆差状况得以扭转，对外文化贸易额在对外贸易总额中的比重大幅提高，我国文化产品和服务在国际市场的份额进一步扩大，我国文化整体实力和竞争力显著提升。

二、政策措施

（一）明确支持重点

1. 鼓励和支持国有、民营、外资等各种所有制文化企业从事国家法律法规允许经营的对外文化贸易业务，并享有同等待遇。进一步完善《文化产品和服务出口指导目录》，定期发布《国家文化出口重点企业目录》和《国家文化出口重点项目目录》，加大对入选企业和项目的扶持力度。

2. 鼓励和引导文化企业加大内容创新力度，创作开发体现中华优秀文化、展示当代中国形象、面向国际市场的文化产品和服务，在编创、设计、翻译、配音、市场推广等方面予以重点支持。

3. 支持文化企业拓展文化出口平台和渠道，鼓励各类企业通过新设、收购、合作等方式，在境外开展文化领域投资合作，建设国际营销网络，扩大境外优质文化资产规模。推动文化产品和服务出口交易平台建设，支持文化企业参加境内外重要国际性文化展会。鼓励文化企业借助电子商务等新型交易模式拓展国际业务。

4. 支持文化和科技融合发展，鼓励企业开展技术创新，增加对文化出口产品和服务的研发投入，开发具有自主知识产权的关键技术和核心技术。支持文化企业积极利用国际先进技术，提升消化、吸收和再创新能力。

（二）加大财税支持

1. 充分发挥财政资金的杠杆作用，加大文化产业发展专项资金等支持力度，综合运用多种政策手段，对文化服务出口、境外投资、营销渠道建设、市场开拓、公共服务平台建设、文化贸易人才培养等方面给予支持。中央和地方有关文化发展的财政专项资金和基金，要加大对文化出口的支持力度。

2. 对国家重点鼓励的文化产品出口实行增值税零税率。对国家重点鼓励的文化服务出口实行营业税免税。结合营业税改征增值税改革试点，逐步将文化服务行业纳入"营改增"试点范围，对纳入增值税征收范围的文化服务出口实行增值税零税率或免税。享受税收优惠政策的国家重点鼓励的文化产品和服务的具体范围由财政部、税务总局会同有关部门确定。

3. 在国务院批准的服务外包示范城市从事服务外包业务的文化企业，符合现行税收优惠政策规定的技术先进型服务企业相关条件的，经认定可享受减按15%的税率征收企业所得税和职工教育经费不超过工资薪金总额8%的部分税前扣除政策。

（三）强化金融服务

1. 鼓励金融机构按照风险可控、商业可持续原则探索适合对外文化贸易特点的信贷产品和贷款模式，开展供应链融资、海外并购融资、应收账款质押贷款、仓单质押贷款、融资租赁、银团贷款、联保联贷等业务。积极探索扩大文化企业收益权质押贷款的适用范围。鼓励金融机构对符合信贷条件的国家文化出口重点企业和项目提供优质金融服务。

2. 支持符合条件的国家文化出口重点企业通过发行企业债券、公司债券、非金融企业债务融资工具等方式融资。积极发挥专业增信机构作用，为中小文化企业发行中期票据、短期融资券、中小企业集合票据、中小企业私募债券等债务融资工具提供便利。支持符合条件的文化出口项目发行非金融企业资产支持票据和证券公司资产证券化产品。鼓励有跨境投资需求的文化企业在境内发行外币债券。支持文化出口企业在国务院批准的额度内，赴香港等境外人民币市场发行债券。

3. 鼓励保险机构创新保险品种和保险业务，开展知识产权侵权险，演艺、会展、动漫游戏、出版物印刷复制发行和广播影视产品完工险和损失险，团体意外伤害保险、特定演职人员人身意外伤害保险等新型险种和业务。对国家文化出口重点企业和项目，鼓励保险机构提供出口信用保险服务，在风险可控的前提下可采取灵活承保政策，优化投保手续。

4. 鼓励融资性担保机构和其他各类信用中介机构开发符合文化企业特点的信用评级和信用评价方法，通过直接担保、再担保、联合担保、担保与保险相结合等方式为文化企业提供融资担保服务，多渠道分散风险。利用中小企业发展专项资金等对符合条件的融资性担保机构和担保业务予以支持。

5. 推进文化贸易投资的外汇管理便利化，确保文化出口相关跨境收付与汇兑顺畅，满足文化企业跨境投资的用汇需求。支持文化企业采用出口收入存放境外等方式提高外汇资金使用效率。简化跨境人民币结算手续和审核流程，提升结算便利，降低汇率风险。鼓励境内金融机构开展境外项目人民币贷款业务，支持文化企业从事境外投资。

（四）完善服务保障

1. 尽快培育国家文化出口重点企业成为海关高信用企业，享受海关便捷通关措施。对图书、报纸、期刊等品种多、时效性强、出口次数频繁的文化产品，经海关批准，实行集中申报管理。为文化产品出口提供24小时预约通关服务等便利措施。对文化企业出境演出、展览、进行影视节目摄制和后期加工等所需暂时进出境货物，按照规定加速验放。对暂时出境货物使用暂准免税进口单证册（ATA单证册）向海关申报的，免于向海关提供其他担保。

2. 减少对文化出口的行政审批事项，简化手续，缩短时限。对国有文化企业从事文化出口业务的编创、演职、营销人员等，不设出国（境）指标，简化因公出国（境）审批手续，出国一次审批、全年有效。对面向境外市场生产销售外语出版物的民营文化企业，经批准可以配置专项出版权。

3. 加强相关知识产权保护，研究开展文化知识产权价值评估，及时提供海外知识产权、法律体系及适用等方面咨询，支持文化企业开展涉外知识产权维权工作。加强对外文化贸易公共信息服务，及时发布国际文化市场动态和国际文化产业政策信息。着力培养对外文化贸易复合型人才，积极引进各类优秀人才。建立健全行业中介组织，发挥其在出口促进、行业自律、国际交流等方面的作用。

三、组织领导

建立健全由商务、宣传文化、外交、财税、金融、海关、统计等部门组成的对外文化贸易工作联系机制，加强统筹协调，整合资源，推动相关政策措施的落实，依法规范对外文化贸易工作。加强对外文化贸易统计工作，完善文化领域对外投资统计，统一发布对外文化贸易和对外投资统计数据。结合《文化及相关产业分类（2012）》，修订完善文化产品和服务进出口统计目录。

各地区、各有关部门要按照本意见的要求，切实加强对外文化贸易工作的组织领导，明确任务落实责任,尽快制定具体实施方案,完善和细化相关政策措施,扎实做好相关工作,确保取得实效。

国务院

2014 年 3 月 3 日

思考与练习

1. 文化产品的国际市场宏观环境一般包括哪些因素?
2. 选择国际分销渠道的时候,需要考虑哪些要素?
3. 文化产品行销国际市场,有哪些促销策略可供选择?

参 考 书 目

[1] （美）科特勒. 现代营销学之父菲利普·科特勒经典译丛：市场营销 [M]. 俞利军，译. 北京：华夏出版社，2003.

[2] （美）科特勒，等. 市场营销原理（亚洲版）[M]. 何志毅，等译. 北京：机械工业出版社，2006.

[3] 李思屈. 文化产业概论 [M]. 杭州：浙江大学出版社，2007.

[4] （美）科特勒，（美）阿姆斯特朗. 市场营销原理 [M]. 郭国庆，等译. 北京：清华大学出版社，2007.

[5] 郭国庆，陈凯. 市场营销学通论 [M]. 北京：中国人民大学出版社，2005.

[6] 李康化. 文化市场营销学 [M]. 台北：学海出版社，2006.

[7] 张廷兴. 中国文化产业概论 [M]. 北京：中国广播电视出版社，2008.

[8] 王方. 市场营销策划 [M]. 北京：中国人民大学出版社，2006.

[9] 李穗豫，陈玮. 中国本土市场营销精选案例与分析 [M]. 广州：广东经济出版社，2006.

[10] 陈修齐. 国际市场营销 [M]. 北京：中国电力出版社，2009.

[11] （美）菲利普·R. 凯特奥拉，（美）约翰·L. 格雷厄姆. 国际市场营销学（原书第 11 版） [M]. 周祖城，等译. 北京：机械工业出版社，2003.

[12] 蒋继春. 迪士尼帝国：全球娱乐业之王的经营策略与成功秘诀 [M]. 北京：中国戏剧出版社，2001.